中国财税研究报告2018

# 中国社会经济转型与财政发展
## ——改革开放40年回顾与思考

主编 马海涛 马金华

中国财经出版传媒集团
中国财政经济出版社

## 图书在版编目（CIP）数据

中国社会经济转型与财政发展：改革开放40年回顾与思考：中国财税研究报告．2018／马海涛，马金华主编．—北京：中国财政经济出版社，2018.9

ISBN 978－7－5095－8374－6

Ⅰ．①中…　Ⅱ．①马…②马…　Ⅲ．①财税－研究报告－中国－2018　Ⅳ．①F812

中国版本图书馆CIP数据核字（2018）第157791号

责任编辑：胡　博　　　　　封面设计：孙俪铭

中国财政经济出版社 出版

URL：http：//www.cfeph.cn
E－mail：cfeph@cfeph.cn

（版权所有　翻印必究）

社址：北京市海淀区阜成路甲28号　邮政编码：100142
营销中心电话：010－88191537　北京财经书店电话：64033436　84041336
中煤（北京）印务有限公司印刷　各地新华书店经销
889×1194毫米　16开　12.5印张　307 000字
2018年9月第1版　2018年9月北京第1次印刷
定价：78.00元
ISBN 978－7－5095－8374－6
（图书出现印装问题，本社负责调换）
本社质量投诉电话：010－88190744
打击盗版举报热线：010－88191661　QQ：2242791300

# 中国特色财政改革的伟大实践
## ——改革开放 40 年回顾与思考

2018 年中国迎来了改革开放 40 周年的重要历史时刻。40 年来，中国特色社会主义道路建设披荆斩棘、砥砺奋进，取得了一个又一个胜利，国家发生了翻天覆地的巨变。中国从一个封闭落后的国家转变为一个开放自信、综合实力不断增强、国际影响力和领导力日益增强的国家。尤其是中国共产党第十九次全国代表大会的召开，中国人民站在新的历史起点，更加自信地迈进中国特色社会主义新时代。回顾改革开放 40 年的历程，习近平总书记指出："改革开放之初，我们党发出了走自己的路、建设中国特色社会主义的伟大号召。从那时以来，我们党团结带领全国各族人民不懈奋斗，推动我国经济实力、科技实力、国防实力、综合国力进入世界前列，推动我国国际地位实现前所未有的提升，党的面貌、国家的面貌、人民的面貌、军队的面貌、中华民族的面貌发生了前所未有的变化，中华民族正以崭新的姿态屹立于世界的东方。"

回顾 40 年中国改革开放，中国特色社会主义市场经济伟大实践大体经历了这样五个阶段：高度集中的计划经济时期、计划经济向市场经济探索时期、市场经济确立完善时期、市场基础性地位巩固时期、国家治理现代化与全球治理时期。在每个阶段的改革中，财政改革始终站在改革的前沿，是社会经济改革的突破口和先行军，始终发挥着基础性、制度性和保障性作用。与改革开放的进程相适应，我国财政改革也相应地经历了统收统支财政体制、包干制财政体制、分税制财政体制、公共财政体制的巩固完善和现代财政制度创建五个重要时期。

在中国改革开放 40 周年的重要历史节点，回顾和思考中国特色财政改革具有重要的历史意义。财政改革是中国故事的重要组成部分，本书回顾和梳理改革开放 40 年来经济转型与财政改革的历程和基本轨迹，并力求进一步概括财政改革的基本经验，探求改革背后的基本规律，总结可供借鉴的经验。

### 一、中国改革开放的基本历程

中国共产党是中国特色社会主义事业的领导核心，改革 40 年来取得的巨大成就是在中国共产党的正确领导下取得的。中国共产党全国代表大会是中国共产党的最高领导机关，肩负讨论和决定重大问题的职责。我国改革开放进程中的历次重大决策，均由中国共产党全国代表大会做出。1978 年至 2018 年，期间经历了 9 次全国代表大会，从十一大至十九大。根据改革开放的重要历史节点，加之改革开放前的时期，大体上可以划分为五个时期。

1. 改革开放前的高度集中计划经济时期

1949年至1978年的29年间,我国处于计划经济体制建立与运行时期。从资本主义和社会主义两种对立的社会制度和意识形态属性来认识计划和市场关系,这一在苏联社会主义经验基础上形成的传统理论和实践,长期以来对包括中国共产党在内的世界各国共产党人产生了重要的理论影响和制度吸引。新中国成立后,受这一理论的影响,我国理论界也普遍认为,"社会主义经济不同于资本主义经济的地方,即废除了私有制,没有了剥削以外,就在于以计划代替了市场,以计划分配代替了买卖。"[1] 这一时期是排斥市场的高度集中的计划经济体制时期,是全能政府时期。实质上适应了当时中国工业化发展的起始阶段经济粗放式发展的需要。由于当时经济结构比较简单,经济目标比较单纯,所以计划经济对于国民经济的恢复和集中力量发展国民经济发挥了重要作用。我国经济建设随着经济社会的发展变化而不断加以调整,取得了巨大的成就,但也出现了严重的失误。

1949年9月,第一届中国人民政治协商会议颁布了《中国人民政治协商会议共同纲领》(以下简称《共同纲领》),规定了新中国的经济制度是多种经济成分并存,国营经济是主导经济成分。1950年6月,根据《共同纲领》提出的"有步骤地将封建半封建的土地所有制变为农民的土地所有制"方针,中共中央颁布了《中华人民共和国土地改革法》。1952年底,土地改革的完成废除了延续两千多年的地主土地所有制,实现了"耕者有其田"。1954年,我国第一部宪法规定计划经济体制是我国法定的经济体制。1957年,第一个五年计划结束,国民经济取得了重大进步,初步建立了社会主义工业化的基础,为我国现代化经济建设奠定了坚实基础。1956年底,我国完成了农业、手工业和资本主义工商业的社会主义改造。之后,由于"大跃进"与人民公社化运动,我国国民经济发展遭受挫折。由于缺乏经验以及对战争时期经验的过度依赖,党内当时对于如何建设社会主义,脱离苏联道路之后应该采取怎样的发展模式并没有清晰明确的认识,经济建设上的"极左思潮"很快波及政治文化领域,并爆发了"文化大革命",极大地阻碍了我国经济发展步伐,使计划经济的效益显著下降。粉碎"四人帮"后,我国国民经济建设才逐步回升,步入正轨。

2. 计划经济体制向市场经济体制的探索时期

1978至1992年,是我国改革开放初始到社会主义市场经济体制建立之前的时期,也是我国从高度集中的计划经济、有计划的商品经济向社会主义市场经济探索的时期。十一届三中全会以后,中国进入改革开放发展的新时期,经济成分从单一公有制经济向包括私营经济在内的多种经济成分转变,社会从封闭到开放转变,经济增长方式从粗放型向集约型转变,人民群众消费需求开始趋于多样化、分散化。这些历史性的社会变化使得以政府垄断经济资源和通过行政指令来运行的高度集中的计划经济体制客观上已经不再适应经济发展的需要,随着全面改革的展开,我们党对中国国情与中国社会发展阶段的认识逐步深化,经济资源配置方式也从计划经济体制逐步向市场经济体制迈进。

1981年6月,党的十一届六中全会通过的《关于建国以来党的若干历史问题的决议》第一次提出:我们的社会主义制度还处于初级的阶段。1982年1月1日,中共中央批转《全国农村工作会议纪要》,我国政府不断稳固和完善家庭联产承包责任制,鼓励农民发展多种经营,使广大农村地区逐步走上富裕的道路。1984年10月召开的党的十二届三中全会提出"坚持有计划的商品经济的改革方向,逐步实现计划经济与商品经济、计划调节与市场调节的有机结合"等新的论

---

[1] 薛暮桥:《薛暮桥回忆录》,天津人民出版社1996年版。

断。1986 年 12 月，国务院做出《关于深化企业改革增强企业活力的若干规定》，提出全民所有制小型企业可积极试行租赁、承包经营。全民所有制大中型企业要实行多种形式的经营责任制，推动城市经济体制改革。1987 年 10 月，党的十三大系统地阐述了社会主义初级阶段理论，并明确概括了党在社会主义初级阶段的基本路线，提出"以经济建设为中心，坚持四项基本原则，坚持改革开放"，即"一个中心两个基本点"的基本路线。制定了到 21 世纪中叶分三步走、实现现代化的发展战略，并提出了政治体制改革的任务。十三大是党的十一届三中全会以来路线的继续、丰富和发展，实现了马克思主义中国化的新飞跃，开辟了具有中国特色的社会主义建设之路。

社会主义市场经济体制目标的确定，大致经历了四个阶段。一是 1979 年后"计划经济为主、市场调节为辅"阶段。强调经济的主体仍然是计划经济，同时发挥市场的调节作用，发展市场经济，充分表明改革的渐进性。二是 1984 年后强调社会主义经济是有计划的商品经济阶段。随着市场的不断扩大，适时调整了计划与市场的主辅关系，计划与市场应是内在统一的，国家通过计划引导市场，市场引导企业。三是 1987 年后强调社会主义商品经济的发展离不开市场体制。由于此时东欧剧变、苏联解体，中国是否要继续进行经济体制改革产生了激烈的争论，尤其是对于市场的认识。邓小平同志"南方谈话"指出，计划多一点还是市场多一点，不是资本主义和社会主义的本质区别。计划经济不等于社会主义，资本主义也有计划，市场经济不等于资本主义，社会主义也有市场，两者都是手段，为这一争论画上了句号。四是 1992 年党的十四大把社会主义市场经济体制确定为中国经济改革的目标。

在改革开放初期的 14 年内，多项重大改革开放措施启动。1979 年设立深圳、珠海、汕头和厦门经济特区；1982 年家庭联产承包责任制得到中央认可并在全国推广，开启了农村改革；1984 年提出有计划的商品经济，改革由农村转向城市；1986 年启动全民所有制企业改革；1987 年提出"一个中心、两个基本点"（即以经济建设为中心，坚持四项基本原则，坚持改革开放）基本路线；1988 年提出"科学技术是第一生产力"，启动科技体制改革。

3. 社会主义市场经济体制确立和不断完善时期

1992 年 10 月，党的十四大总结了十一届三中全会以来 14 年改革开放的实践经验，决定抓住机遇，加快发展；确定中国经济体制改革的目标是建立社会主义市场经济体制；提出用邓小平同志建设有中国特色社会主义理论武装全党，并将建设有中国特色社会主义的理论和党的基本路线写进党章。把计划和市场作为发展生产力的工具和手段，而不是不同社会制度和意识形态的本质属性，这是中国从计划经济向市场经济转型过程中在认识上的创新性飞跃。1992 年 12 月，江泽民在全国计划工作会议上讲得更加清楚："建立社会主义市场经济体制，是要改革过去那种计划经济模式，但不是不要计划，就是西方市场经济国家也很重视计划的作用。我们是社会主义国家，更有必要和可能正确运用必要的计划手段。"[①] 1993 年 11 月，党的十四届三中全会通过《关于建立社会主义市场经济体制若干问题的决定》（以下简称《决定》），正式确立了社会主义市场经济的改革方向和基本内容。《决定》指出，建设社会主义市场经济体制，必须大力培育和发展市场，逐步完善市场体系。市场体系是相互联系的各类市场的有机统一体。市场体系必须具有统一性、开放性、竞争性和有序性，这是市场体系的本质要求，是市场体系最基本的特征。市场体系包括消费品市场、金融市场、劳动力市场、房地产市场、技术市场、信息市场等。要建立主要由市场形成价格的机制，建立起良好的市场运行秩序。社会主义市场经济还必须有健全的宏观调

---

① 《江泽民思想年编》，中国文献出版社 2010 年版。

控体系，它既是社会化大生产的客观要求，又是克服市场经济缺陷的必须要求。宏观调控的主要任务是：保持经济总量的基本平衡，促进经济结构的优化，引导国民经济持续、快速、健康发展，推动社会全面进步。

各领域的市场化改革和开放逐一展开。1992年城镇和农村医疗卫生系统改革相继启动，核心思路是放权让利，扩大医院自主权；1993年国务院做出了建立"产权清晰、权责明确、政企分开、管理科学"的现代企业制度的决定，以及关于金融体制改革的决定；1994年国务院做出了关于进一步深化对外贸易体制改革的决定，建立适应国际经济通行规则的运行机制；1994年分税制财政管理体制推行，同年国务院做出关于深化城镇住房制度改革的决定，开启了城镇住房商品化的大门，标志着中国全面推进住房市场化改革的确立；1995年9月，中共十四届五中全会召开，会议提出两个具有全局意义的根本性转变，即经济体制从传统的计划经济体制向社会主义市场经济体制转变，经济增长方式从粗放型向集约型转变，标志着我国经济建设将朝着深化体制改革、提高质量的方向发展；1996年外汇管理体制改革取得重大进展，实行人民币经常项目下的可兑换；在建立社会主义市场经济体制的过程中，1997年党的十五大报告无疑是又一份具有里程碑意义的重要文献，它确立了社会主义初级阶段的基本经济制度，实现了所有制理论的重大突破。江泽民在报告中指出："以公有制为主体、多种所有制经济共同发展，是我国社会主义初级阶段的一项基本经济制度。""要全面认识公有制经济的含义。公有制经济不仅包括国有经济和集体经济，还包括混合所有制经济中的国有成分和集体成分。""国有经济起主导作用，主要体现在控制力上。""公有制实现形式可以而且应当多样化。一切反映社会化生产规律的经营方式和组织形式都可以大胆利用。要努力寻找能够极大促进生产力发展的公有制实现形式。股份制是现代企业的一种资本组织形式，有利于所有权和经营权的分离，有利于提高企业和资本的运作效率，资本主义可以用，社会主义也可以用。""非公有制经济是我国社会主义市场经济的重要组成部分。"指出建设有中国特色社会主义的经济，就是在社会主义条件下发展市场经济，不断解放和发展生产力。1999年明确非公有制经济是社会主义市场经济的重要组成部分，提出西部大开发战略。2001年中国经过15年的艰苦努力正式成为世贸组织（WTO）成员，中国的对外开放进入了一个新阶段。2001年推行所得税改革。2002年党的十六大报告明确指出，坚持社会主义市场经济的改革方向，使市场在国家宏观调控下对资源配置起基础性作用。社会主义市场经济体制不断完善。

4. 市场基础性地位发挥巩固时期

在党的十四大提出市场作用的定位之后，我们党一直在继续探索适应改革和发展客观实际变化要求的准确定位。2002年11月，党的十六大提出完善社会主义市场经济体制和建成更具活力、更加开放的经济体系的战略部署，要求加快推进改革，进一步解放和发展生产力，为经济发展和社会全面进步注入强大动力。按照统筹城乡发展、统筹区域发展、统筹经济社会发展、统筹人与自然和谐发展、统筹国内发展和对外开放的要求，更大程度地发挥市场在资源配置中的基础性作用，为全面建设小康社会提供强有力的体制保障。

随后，2003年党的十六届三中全会《关于完善社会主义市场经济体制若干问题的决定》对建设完善的社会主义市场经济体制做出全面部署，指出完善社会主义市场经济体制的主要任务是：完善以公有制为主体、多种所有制经济共同发展的基本经济制度，建立有利于逐步改变城乡二元经济结构的体制，形成促进区域经济协调发展的机制，建设统一开放竞争有序的现代市场体系，完善宏观调控体系、行政管理体制和经济法律制度，健全就业、收入分配和社会保障制度，建立促进经济社会可持续发展的机制。深化经济体制改革，必须以邓小平理论和"三个代表"重要思想为指导，坚持社会主义市场经济的改革方向，坚持尊重群众的首创精神，坚持正确处理改革发展稳定的关系，坚持统筹兼顾，坚持以人为本，树立全面、协调、可持续的发展观，促进经济社会和人的全面发展。2007年党的十七大报告全面分析了当前我国发展的阶段性特征。提出"从制度上更好发挥市场在资源配置中的基础性作用"。指出以公有制为主体、多种经济成分共同发展的基本经济制度已经形成，社会主义市场经济体制初步建立，我国仍处于并将长期处于社会主义初级阶段的基本国情没有变，人民日益增长的物质文化需要同落后的社会生产之间的矛盾这一社会主要矛盾没有变。同时要看到，社会主义市场经济体制还不完善，影响发展的体制机制障碍依然存在，改革攻坚面临深层次矛盾和问题。强调根据社会主义市场经济规律形成宏观调控体系。

我国在诸多具体领域开始更大程度地发挥市场经济基础性作用。2003年提出振兴东北地区等老工业基地战略，2004年颁布推进资本市场发展的"国九条"，2004年推进国有商业银行进行股份制改革，2004年在东北地区启动增值税转型试点改革，2005年废止实施了近50年的农业税条例，2005年启动股权分置改革试点，2006年做出构建社会主义和谐社会重大决定，2007年出台《物权法》，2008年内外资企业所得税法合并，2009年推行以"大部制"为特点的行政管理体制改革，2010年出台鼓励和引导民间投资的若干意见，2011年出台深化经济体制改革重点工作意见。

5. 国家治理现代化与全球治理时期

2012年党的十八大召开，提出"经济体制改革核心是处理好政府与市场的关系，更加尊重市场，更好发挥政府作用"，"更大程度更广范围发挥市场在资源配置中的基础性作用"。2013年党的十八届三中全会做出《中共中央关于全面深化改革若干问题的决定》（以下简称《决定》），深刻剖析了我国改革发展稳定面临的重大理论和实践问题。为此，中央从理论上对政府和市场关系进一步做出定位，把市场在资源配置中的"基础性作用"修改为"决定性作用"，做出"使市场在资源配置中起决定性作用"的定位。《决定》明确提出全面深化经济体制、政治体制、社会体制、文化体制和生态文明五个方面的改革。指出，紧紧围绕使市场在资源配置中起决定性作用深化经济体制改革，坚持和完善基本经济制度，加快完善现代市场体系、宏观调控体系、开放型经济体系，加快转变经济发展方式，加快建设创新型国家，推动经济更有效率、更加公平、更可持续发展。《决定》提出了20年来尺度最大的一揽子改革方案：市场的作用获得前所未有之肯定。关于全面深化改革的系统部署中，以前所未有的历史高度定位财政，赋予了财政"国家治理的基础和重要支柱"的特殊定位。科学的财税体制是优化资源配置、维护市场统一、促进社会公平、实现国家长治久安的制度保障。必须完善立法、明确事权、改革税制、稳定税负、透明预算、提高效率，建立现代财政制度，发挥中央和地方两个积极性。要改进预算管理制度，完善税收制度，建立事权和支出责任相适应的制度。

党的十八大之后，各项改革继续深入推进。2014年，通过了《深化财税体制改革总体方案》，提出到2020年基本建立现代财税制度。2014年，通过了《中共中央关于全面推进依法治国若干重大问题的决定》。2014年5月，习近平总书记视察河南时首次提出经济新常态，以习近平同志为核心的党中央综合分析世界经济长周期和我国发展阶段性特征及其相互作用，做出了我国经济发展进入新常态的重大判断。新常态具有新特征。经济发展进入新常态，主要体现为三大特征：速度——"从高速增长转为中高速增长"，结构——"经济结构不断优化升级"，动力——"从要素驱动、投资驱动转向创新驱动"。2015年，提出供给侧结构性改革，从提高供给质量出发，用改革的办法推进结构调整，提高社会生产力水平；把过去对于经济增速的关注，真正回归到提高经济发展的质量和效益上来、回归到转变发展方式促进转型升级。2015年，出台了

《关于农村土地征收、集体经营性建设用地入市、宅基地制度改革试点工作的意见》《生态文明体制改革总体方案》《深化国防和军队改革总体方案》《深化文化体制改革实施方案》。2016 年，我国全面推行营业税改征增值税。2017 年 10 月，党的十九大召开，首次明确提出，中国特色社会主义进入新时代，这是我国发展的新的历史定位，并给出当前和今后一段时间的路线图、时间表、任务书。十九大报告强调"坚持社会主义市场经济改革方向""加快完善社会主义市场经济体制"，并指出"经济体制改革必须以完善产权制度和要素市场化配置为重点，实现产权有效激励、要素自由流动、价格反应灵活、竞争公平有序、企业优胜劣汰"。这些重要论述，在党的十八届三中全会提出"使市场在资源配置中起决定性作用和更好发挥政府作用"的基础上，进一步深化了对社会主义市场经济规律的认识，进一步坚定了社会主义市场经济改革方向，明确了加快完善社会主义市场经济体制的重点任务，是习近平新时代中国特色社会主义思想在经济体制改革领域的具体体现。

目前全球经济格局正在发生巨大变化，发展中国家的地位在不断上升，全球经济治理体系的变革越来越突出。全球经济增长动能不足、发展失衡，全球经济治理滞后是当前不可忽视的重要问题。全球经济治理的滞后性已经难以适应世界经济的新变化。作为世界第二大经济体，中国正在为发展中国家代言，立足人类命运共同体，秉承共商共建共享的发展理念，深度参与全球经济治理变革，推动世界各国在各个领域上的互联互通，共同发展、共享繁荣，致力于从根本上解决世界经济增长、治理、发展模式中存在的问题，为国际经济秩序的不断完善做出努力。

在贸易投资领域，中国积极维护 WTO 作为世界贸易多边体制的主渠道地位，推动多哈回合取得进展，同时寻求与有关贸易伙伴谈判和签署双边或区域贸易协议，促进贸易投资的便利化。在国际税收领域，中国在实施增长友好型的税收政策的同时，帮助发展中国家提高税收征管能力，促进包容性发展。在国际货币体系领域，中国正积极推进人民币国际化进程，通过自己的力量修正现有的国际货币体系，促成一个更加包容与多元化的国际货币新体系。中国推动建立亚投行，逐步完善现有的国际经济体系，这不仅有助于提升新兴经济体在全球经济体系中的影响力，同样有助于世界经济成果的共享。针对全球经济增长动能不足问题，中国着眼于"人类命运共同体"，倡议共建"一带一路"，同一大批国家的联动发展，促使全球经济发展更加平衡。

**二、中国财政改革的主要脉络**

与改革开放的五个阶段相对应，中国财政体制改革大体上也经历了五个重要时期：统收统支财政体制、包干制财政体制、分税制财政体制、公共财政体制的构建和现代财政制度建设。

1. 统收统支财政体制

从 1949 年新中国成立至 1978 年改革开放前夕，新中国的财政制度也经历了从无到有、不断调整完善的过程，充分体现出计划经济体制下财政制度建设摸索前进的时代特征。这一时期，财政制度的执行与调整，为我国解决极为严峻的经济形势与困难问题提供了有力的资金支持，积极尝试应对财政负担的可行举措，也是我国构建现代财政制度的早期探索实践。

从总体上来说，计划经济时期中国的财税体制可以用"统收统支"来概括，即高度集中的财税体制。

随着社会经济的发展，诞生于新中国成立初期的财税体制，其在运行中必然会产生种种问题，需要通过改革予以解决。产生的问题一方面源于制度建设本身的少许缺陷，如"统收统支"体制下中央对地方控制过死，地方有些问题无法得到及时解决。另一方面则是因为随着经济发展，新中国的经济形势堪称日新月异，原有的财税制度很快无法完全适应变化的环境，因而催生了数次改革来完善原有的制度。

在三大改造完成、所有制结构发生根本性改变的情况下，1958年的税制改革将原有14个税种简化为9个，改变了1950年《全国税政实施要则》的相关规定。此次改革的一个背景是，原有的税制主要面向私有制经济，随着公有制在国民经济中占绝对优势，国营企业利润全部上缴作为国家财政收入的主要来源，因此国营企业收入逐渐超过了税收收入在整个财政收入中的比重，再花成本去设计一个复杂的税制已无必要。相反，税制越简单，国家在税收征管环节的费用也就越少。

为了解决中央财政和地方财政之间的矛盾，计划经济时期历次财税改革或多或少对财政权力的划分做出调整。例如1958年施行的《关于改进财政管理体制的规定》，将"一五"计划时期的"分级管理，收入分类分成"的原则调整为"以收定支，五年不变"，将更多的财政权力下放给地方，以调动地方的积极性；而在国民经济调整时期，为了纠正"大跃进"过程中财政权力过度下放的问题，财政恢复了三级管理体制，财政原则也变为"总额分成，一年一变"，收紧了地方的财政权力；而在国内局势紧张、国民经济发展停滞的1968年，我国还一度恢复了"统收统支"的财政原则，几乎将全部财政权力收回中央，以适应国家恶劣的经济形势。

总体而言，计划经济时期的财政制度改革一直未脱离高度集中的财税体制的藩篱，地方财政始终缺乏自主权。但是，从"一五"计划的"分级管理，收入分类分成"，打破"统收统支"体制开始，历次财税改革对于财政体制的调整，都在试图达到一种中央与地方的平衡。改革开放后，为了放活地方经济，调动地方积极性，党和国家开始了财政分权化改革。而计划经济时期一次次"放权"的探索，为新时期的改革埋下了制度的伏笔，积累了经验和教训。计划经济时期的财政制度改革为改革开放时期的财税体制改革做了必要探索。

2. 包干制财政体制

改革开放前，我国实行统收统支的财政体制，该体制有利于中央集中财力，统筹安排，兴办大型建设项目，在我国社会主义建设事业中发挥了重要作用。但在这一体制下，由于中央财政集权，对地方、企业和农民管的过多、过死。地方收支不挂钩，完全处于被动地位，不利于调动地方的积极性，也不利于中央集中力量发挥财政在国民经济管理中的宏观调控作用。企业生产完全依赖上级指令，不利于企业积极性的发挥，也不利于更好地满足社会需求。农民要按规定完成生产任务，并向国家缴纳公粮。

自十一届三中全会以后，中国经济快速发展。在此期间，我国财政体制大体经历了从"分灶吃饭"到"包干制"再到分税制的变化，紧密结合同时期的经济形势变化和内在发展要求，不断对原有制度进行调整，减少对迅速发展的社会经济体制的束缚，以财政分权改革为核心的市场化改革，推动了我国改革开放后30多年的经济增长。党的十一届三中全会做出了改革开放的重大决策后，财政改革作为中国总体改革的"突破口"之一和重要组成部分，既为改革"打头"，又为改革"殿后"，有力地支持了经济发展、社会稳定和各项事业全面进步以及配套改革的全面实施。

与市场化改革探索阶段相适应，为了解决传统体制"管得过多，统得过死"的问题，改革开放初期，我国财政体制也从中央放权让利、调动地方政府积极性入手，具体表现为由原来的"一灶吃饭"改为"分灶吃饭"，即包干制财政，以此来扩大地方政府对经济资源支配的能力和发展经济的积极性。包干制财政在实践中又经历了不同的阶段，第一阶段是1980年至1984年，实行"划分收支、分级包干"；第二阶段是1985年至1988年，实行"划分税种、核定收支、分级包干"；第三阶段是1988年至1993年，实行多种形式的包干制，如"收入递增包干""总额分成"

"总额分成加增长分成""上解递增包干""定额上解"和"定额补助"等。

财政包干制除了调整中央与地方财政分配关系外，还对政府与国营企业分配关系进行改革。1983 年，在理论上突破了国营企业只能向国家缴纳利润，而不能征收所得税的禁区，成为国家与企业分配关系的一个历史性转折，称为第一步"利改税"。1984 年，又实行了第二步"利改税"，主张完全以税代利，国家财政收入由利税并重转向以税为主，恢复了所得税的功能。第二步"利改税"的同时，还进行了一次全面的工商税制改革，改革了产品税、增值税、营业税和盐税，并开征了资源税、城市维护建设税、房产税、土地使用税和车船使用税。与此同时，通过划分税种重新调整中央与地方收入，形成中央财政固定收入、地方财政固定收入、中央和地方共享收入三类。此外，国务院还发布了外商独资企业和外国企业所得税、集体企业所得税、私营企业所得税、城乡个体工商业户所得税等税收法规，使我国逐步形成多税种、多环节、多层次的复合税制，税收调节经济的杠杆作用日益加强。

1978 年党的十一届三中全会以后，农村开始实行以"家庭联产承包责任制"为主要形式的经济改革。家庭联产承包责任制突破了"一大二公""大锅饭"的旧体制。而且，随着承包制的推行，个人付出与收入挂钩，使农民生产的积极性大增，解放了农村生产力。改革后国家与农民的分配关系主要包括两种形式：一是包干到户。各承包户向国家交纳农业税，交售合同定购产品以及向集体上交公积金、公益金等公共提留。其余产品全部归农民自己所有。二是包产到户。实行定产量、定投资、定工分，超产归自己，减产赔偿。绝大部分地区采用的是包干到户的形式。农村家庭联产承包责任制发挥了集体的优越性和个人的积极性，既能适应分散经营的小规模经营，也能适应相对集中的适度规模经营，因而促进了劳动生产率的提高以及农村经济的全面发展，提高了广大农民的生活水平，也为农业养活工业、农村养活城市提供了更强的动力基础和更广的经济源泉。

这一阶段的改革取得如下成效：一是推动了市场经济体制的建立。财政改革打破了原有的高度集中的市场经济体制，企业和地方政府拥有了一定自主权，商品交易和市场机制得以发展。二是政府职能和资源配置方式开始转变。政府逐步由计划经济体系下生产的直接组织者，转向以制定市场经济规则、为企业生产经营服务、实施宏观管理为主。资源配置也逐步由国家计划配置为主，转向以市场机制配置为主。三是改革财政与国有企业分配关系，调动企业的积极性，使企业逐步成为独立的市场主体。四是改革了国家与农民的分配关系，调动农民的积极性，既促进了农业生产，又增加了国家财政收入。五是改革中央与地方财政关系，充分调动地方政府发展经济社会事业的积极性，促进地方政府为企业和居民提供更多更好的公共产品与服务。

然而，这一时期的财政体制具有鲜明的转型和探索的特征，是一个还不清晰、还不能准确与市场经济对接的形态。这一框架下中央与地方所形成的"一对一"谈判机制，使财政体制具有不规范、不透明、不可持续的缺点，因而导致国家财政收入占国内生产总值、中央财政收入占全国财政收入的比重下滑严重，中央政府的调控能力明显下降。同时，国家与企业税收分配制度也存在着不稳定、不统一的弊端，因而导致国家与企业、中央与地方税收收入的分配中企业侵蚀政府、地方侵蚀中央的财政收入分配局面。

3. 分税制财政体制

随着改革的深入，包干制财政的弊端日益显现：一是导致"两个比重"下降，中央财政恶化，中央控制力下降。二是导致企业竞争环境不公平。我国工商税制内外有别、不同所有制类型有别，企业所得税税负不同，不利于各种性质市场主体的公平竞争和统一市场环境的建立。为此，1993 年 11 月，十四大通过的《关于建立社会主义市场经济体制若干问题的决定》中提出，按照统一税法、简化税制、公平税负和合理分权的原则,推进分税制改革,以期解决上述突出问题,建立起与社会主义市场经济相适应的财政体制。

1994年1月1日起,国务院决定对各省、自治区、直辖市及计划单列市实行分税制改革。主要内容是:划分中央与地方的事权和支出,划分中央与地方的收入;确定中央财政对地方税收返还数额;分税制还对原体制中中央补助、地方上解和有关结算事项的处理,以及过渡时期转移支付进行了规定。

1994年分税制财政改革意义重大,解决了包干制财政的弊端,具体表现为:第一,强化了中央政府的宏观调控能力,扭转了"两个比重"不断下降的局面。分税制改革以来,财政收入占GDP的比重和中央财政收入占全国财政收入的比重逐年提高,中央政府调控经济的财政资源显著增加。第二,中央财政收入和地方财政收入稳定增长。分税制不仅从制度上规范了中央与地方的收入分配关系,而且还通过共享税和增长分成等制度,充分地调动地方发展经济和组织财政收入的积极性,实现了财政收入中央与地方的双赢。第三,分税制淡化了政府与企业的行政隶属关系,规范了政府分配行为。不仅进一步规范了国家与国有企业之间的分配关系,而且公平了各类企业的税负,净化了企业的财政税收分配环境,促进了企业间的平等竞争,对促进现代企业制度的建立起了积极推动作用。第四,分税制通过转移支付制度,进一步平衡地区财力差距,对于弥补地方财权事权失衡、促进基本公共服务均等化发挥了重要作用。总之,1994年的分税制财政改革成功地建立了与社会主义市场经济相适应的财政体制,为今后中国经济持续、快速、健康发展奠定了重要的制度基础。1998年,预算编制改革、国库管理制度改革、财政支出改革相继推开;随着西部大开发战略的提出,我国于2001年又开始进行所得税的分享改革;2002年,又进行了出口退税改革和省以下财政管理体制的完善改革;2003年,农村税费改革推广至全国。

4. 公共财政体制的巩固完善

虽然分税制财政体制改革适应了市场经济体制的建立与发展,但是20世纪90年代中后期,财政支出仍处于大包大揽状态,随着改革开放的深化,一部分由计划转向市场的行业需要公共财政的支出,比如为国有企业亏损提供财政补贴。另一部分属于国家公共支出的部分却难以有效供给,如科教兴国战略、社会保障支出等。国家财政这种既"越位"又"缺位"的局面加剧了财政供给有限性和支出需求无限增长的矛盾。公共财政改革在这一背景下应运而生。

1998年12月,国务院首次提出在我国建立公共财政框架的思路和基本原则,并写入十五届三中全会文件和"十五"时期国民经济与社会发展规划。2003年,十六届三中全会提出进一步健全和完善公共财政体制的战略目标。公共财政以合理界定政府与市场职能为前提,是市场经济制度下财政制度建设的进一步深化。公共财政大大增强了财政收支的"公共性",财政收入由"取自家之财"走向"取众人之财",财政支出由"办自家之事"走向"办众人之事",财政政策由"区别对待"走向"国民待遇"。

随着我国公共财政制度建设的深入,我国调整财政支出结构,不断加大公共服务投入,形成了国防、文化、教育、科技、卫生、社会保障、农村公共服务、环境保护等全方位公共服务体系。上述公共财政形成的基础和核心是公共预算管理制度的改革,包括国有资本经营预算制度的建立、全口径预算管理体系的全面推进。从而深化了预算的"公共性",规范了国家的整个预算体系,增强了国家宏观调控的能力,推动着社会主义市场经济体制改革不断向前发展。

按照党的十六届三中全会关于"分步实施税收制度改革"的部署,新一轮的税制改革自2004年起陆续启动。此轮税制改革的基本思路是:按照"简税制、宽税基、低税率、严征管"的原则,积极稳妥地分步对现行税制进行有增有减的结构性改革。多项税制改革稳步推进:将生产型增值税改为消费型增值税，允许企业抵扣当年新增固定资产中机器设备投资部分所含的增值税进项税金；改革出口退税机制，一批产品的出口退税率将被降低，部分资源性商品和国家限制出口的商品将取消出口退税；完善消费税，对税目进行有增有减的调整，将普通消费品逐步从税目中剔除，将一些高档消费品纳入消费税征税范围，适当扩大税基；统一企业税收制度，改变内资企业和外资企业税负不统一的格局，形成内外资企业公平竞争的税收环境；改进个人所得税，调整工资薪金费用扣除标准；深化农村税费改革，取消农业税；研究开征物业税、环境保护税；建立地方税体系。

5. 现代财政制度建设

2012年中共十八大提出"市场在资源配置中起决定性作用"。2013年，十八届三中全会通过《中共中央关于全面深化改革若干重大问题的决定》（以下简称《决定》），指出全面深化改革的总目标是完善和发展中国特色社会主义制度，推进国家治理体系的建立和实现治理能力现代化。必须更加注重改革的系统性、整体性、协同性，加快发展社会主义市场经济、民主政治、先进文化、和谐社会、生态文明。《决定》以前所未有的高度对财政进行了定位——"财政是国家治理的基础和重要支柱"，并提出建立"现代财政制度"的目标。2014年《深化财税体制改革总方案》对现代财政制度描述如下：建立统一完整、法制规范、公开透明、运行高效，有利于优化资源配置、维护市场统一、促进社会公平、实现国家长治久安的可持续的现代财政制度。

2014年以来，在现代财政制度目标下的新一轮财税体制改革，其影响力、涉及面、复杂性都超过以往历次改革。改革包括改进预算管理制度、完善税收制度、建立事权和支出责任相适应的制度三个方面。

预算管理制度改革包括七个方面的具体内容：以推进预算公开为核心，建立透明预算制度；完善政府预算体系，清理规范重点支出同财政收支增幅或生产总值挂钩事项；改进年度预算控制方式，建立跨年度预算平衡机制；完善转移支付制度；加强预算执行管理；规范地方政府债务管理；全面规范税收优惠政策。

完善税收制度具体要求如下：深化税收制度改革，完善地方税体系，逐步提高直接税比重；推进增值税改革，适当简化税率；调整消费税征收范围、环节、税率，把高耗能、高污染产品及部分高档消费品纳入征收范围；逐步建立综合与分类相结合的个人所得税制；加快房地产税立法并适时推进改革；加快资源税改革；推动环境保护费改税。其中涉及了增值税、消费税、资源税、环境保护税、房地产税和个人所得税六大税种的改革。十八大以来，尤其是十八届三中全会后，2014年出台《深化财税体制改革总体方案》，税制改革进一步深化，具体改革如下：（1）营业税改征增值税，该项改革从2012年上海试点至2016年在全国全面实行，促进了税制结构优化，改革后更加适应经济结构的调整变化，也开启了地方税体系建设的新征程。（2）个人所得税改革，十八届三中全会明确提出逐步建立综合与分类相结合的个人所得税制的改革方向，为重新进行个人所得税制设计，充分发挥其调节收入分配差距的功能提供了历史性机遇，同时也体现出坚定的改革信心。（3）推进资源税改革，由从量征收改为从价征收，定额征收改为比例征收。此外，还进一步扩大征收范围和改革税收收入归属，有效发挥其调节作用，目的在于推动经济结构的调整和发展方式的转变。（4）调整消费税征收范围、环节、税率，把高耗能、高污染产品及部分高档消费品纳入征收范围。（5）环境保护税改革，《中华人民共和国环境保护税法》经由全国人大常委会审议通过，并于2018年1月1日开征。（6）加快房产税立法和改革步伐，提高居民住房保有环节税收。（7）完善地方税体系，改变"营改增"后地方主体税种缺失的问题，深入研究探讨地方税体系建设。（8）深化税收征管体制改革，出台《深化国税、地税征管体制改革方案》，方案提出6大类31项具体举措，以期实现到2020年建成与国家治理体系和治理能力现代化相匹配的现代税收征管体制，降低征税成本，提高征管效率，增强税法遵从度和纳税人满意度。

建立事权与支出责任相适应的制度，包括完善中央与地方事权划分、支出责任划分和省以下事权与支出责任划分的改革任务。合理划分中央与地方财政事权和支出责任是政府有效提供基本公共服务的前提和保障，是建立现代财政制度的重要内容，是推进国家治理体系和治理能力现代化的客观需要。相对于预算制度和税收制度改革，建立事权和支出责任相适应的制度改革难度更大。其主要原则有：体现基本公共服务受益范围，兼顾政府职能和行政效率，实现权、责、利相统一，激励地方政府主动作为，做到支出责任与财政事权相适应。

作为综合实力增强的大国，中国需要突破国内的财政框架体系，在全球视角下重新定位财政职能和财政政策框架。构建大国财政是我国财税改革的重要思路，同时也是中国顺应全球化潮流的必然选择。我国经济总量居世界第二，国际话语权以及国际地位不断提升，新时期的国家治理要求财政建设必须与时俱进。在全球化大背景下，只有明确中国的国际定位、厘清中国扮演的角色和承担的责任，才能有效指导我国财政建设，充分发挥财政在实现国家治理中的基础性作用。这就要求我们放眼全球，加快建立现代财政制度，坚持走大国财政建设之路。大国财政要与我国综合国力相适应，与我国作为具有世界影响力的大国相适应，紧紧围绕我国积极参与全球治理、推动全球治理体系变革的实践需要，支撑我国更好统筹国内国际两个大局，更好推进"一带一路"建设，在改革创新中实现和平发展，在和平发展中谋求世界共赢，在世界共赢中进一步强化我国的大国地位和国际影响力。更为重要的是，国家治理现代化视域下的大国财政建设，将在统筹考虑我国财政改革发展历史路径、现实基础和制度模式的基础上，形成立足中国实践、总结中国经验、体现中国特色的财政体系和财政能力，为进一步发挥中国特色社会主义的制度优势、更好解决人类发展所面临的共同问题做出贡献。

当前，我国仍处于现代财政制度的建设的道路上，各项改革稳步推进，我们对现代财政制度的建设充满信心。现代财政制度的建设必将为我国全面建设小康社会，实现中华民族的伟大复兴提供坚实的保障。

**三、中国财政改革40年的基本经验与规律**

随着中国特色社会主义进入新时代，中国的经济学者应从基本轨迹、基本经验、基本规律三个方面，进行深入的思考，全面总结中国经济建设实践，给出系统回答，讲好中国故事[①]。在对中国改革开放40年来财政改革实践基本轨迹描述的基础上，本书总结归纳了中国财政改革40年的基本经验和基本规律。

（一）坚持中国特色社会主义理论指导

我国40年来的财政改革，始终坚持中国共产党不同时期的理论指导。在改革中既吸收国际先进经验，又不照搬照抄，具有鲜明的中国特色。例如，1978年十一届三中全会决定，将全党的工作重心由"以阶级斗争为纲"转向经济建设；1984年十二届三中全会提出，坚持有计划的商品经济的改革方向，逐步实现计划经济与商品经济、计划调节与市场调节的有机结合；1987年十三大提出社会主义初级阶段理论和"一个中心两个基本点"的基本路线；1992年十四大提出把社会主义基本制度和市场经济相结合，建立社会主义市场经济体制；1997年党的十五大提出，要

---

[①] 高培勇：《新时代中国经济学研究面对的重大问题》，《人民日报》，2018年1月8日。

坚持和完善社会主义市场经济体制，使市场在国家宏观调控下对资源配置起基础性作用；2002年党的十六大提出，完善社会主义市场经济体制，推动经济结构战略性调整，基本实现工业化，大力推进信息化，加快建设现代化，保持国民经济持续快速健康发展，不断提高人民生活水平；2007年党的十七大提出，要深化对社会主义市场经济规律的认识，从制度上更好发挥市场在资源配置中的基础性作用，形成有利于科学发展的宏观调控体系；2012年党的十八大提出，全面建成小康社会，坚决破除一切妨碍科学发展的思想观念和体制机制弊端，构建系统完备、科学规范、运行有效的制度体系，使各方面制度更加成熟、更加定型。可见，中国特色社会主义理论，紧密结合中国改革开放的实践，提出的适合中国各阶段发展需要的理论，是指引中国改革开放事业不断走向胜利的理论保障。我国的财政改革，则始终坚持在上述理论的指导下进行，始终与我国改革开放的实践紧密结合，这是我国财政改革取得胜利的根本保障。

（二）财税改革与其他领域改革统筹兼顾、协同推进

改革是一项系统工程，虽然财税改革在整个改革中处于先导地位，但是必须保持与其他改革的协调推进。财税改革为其他领域的改革开辟了道路，同时其他领域的改革也为财税改革提供支持。纵观40年我国财税改革的历程，一个重要的经验就是，财税改革与其他领域的改革协调推进。财政改革始终与国有企业改革、价格体制改革、金融体制改革、投资体制改革、政府职能改革等相伴，相互支持，共同推进。以国有企业改革为例，财政包干制伴随着国有企业的承包制；分税制改革的同时也开启了产权清晰、权责明确、政企分开、管理科学的现代企业制度改革；公共财政框架下国有企业通过有进有退的结构性调整，进一步增加国有资本的公共性、控制力；现代财政制度的建立同样伴随着进一步提高国有企业在国民经济中的作用和竞争力的混合所有制改革。

（三）坚持由粗到细、逐步深化

从计划经济下的统收统支财政制度到目前提出的现代财政制度，中国财政发生了翻天覆地的变化。经过40年的努力，中国现代财政制度的大厦已屹立眼前。这座大厦的建设同样经历了地基建设、主体构建、分部建设、细节完善等不同阶段。在每一阶段的具体建设中，又经历了反复的论证，其间有争论，甚至停滞，但是中国的财政改革始终坚持实事求是，不断开拓创新。各项改革有快有慢，但改革的脚步却从未停止。每一阶段都必不可少，起着承上启下的作用。正是由于中国财政改革和建设者们，一代接着一代地推进改革，才有了40年后的中国现代财政制度的大厦。

（四）坚持试点先行、逐步推广

由于我国的财税改革是基于中国国情的一项开创性改革，所以在实践中，我国的很多重要改革均采取试点先行的办法，在试点的基础上总结经验，在成功的基础上进一步推广至全国。这一改革方法具有降低改革风险、减少改革阻力、确保改革成功的重要特点。在我国财税改革的过程中，也坚持了这一方法。这一方法是我国所进行的中国特色社会主义改革伟大实践的必然要求。由于我国改革开放是人类历史上一项前无古人的伟大社会变革，为了确保改革的稳妥性和渐进性，需要由点到面，从试点开始。通过试点这一社会政策的"实验"，积累和总结经验，对于改革的顺利推进发挥了重要的作用。例如，增值税转型改革，于2004年在东北三省实行增值税转型试点，2007年进一步扩大至中部六省，2009年在全国实行。"营改增"改革，于2012年在上海交通运输业和部分现代服务业开展试点，之后于2013年和2014年进一步扩大试点省份和行业，并于2016年在全国范围内将所有营业税行业改征增值税。实际上，我国财政的几乎每一项重要改革都遵循着试点先行、逐步推广的改革方法，如预算改革、费改税、政府采购、地方政府

债务等。

（五）努力实现财政集权与分权的均衡

总体来看，40年来我国财政改革是从高度集中的统分统支财政体制走向分级财政体制，而公共财政改革和现代财政制度的建立，也具有财政分权的特征。但是改革的实践也不断地证明，过度的分权，不仅不利于推进改革和促进发展，反而会带来中央控制力下降，地方和部门行为不受约束，影响资源配置，扰乱市场经济运行等一系列问题。例如，曾经严重的部门乱收费、小金库、地方随意减免税、财政资金浪费、预算外资金规模过大、地方债务膨胀等，应该说都是在放权的过程中，缺乏完备的制度和有效监管所出现的问题。对此，及时发现问题，运用改革的手段，特别是通过加强相关制度建设，如实行费改税、推行部门预算、完善收支两条线、实施全口径预算管理、建立政府采购制度、加强地方政府债务管理等一系列改革，有效地解决了因分权产生的问题。由此可见，我国在财政改革的过程中，并不是一味地进行分权，而是在分权的过程中包含着集权，实现集权与分权的有效统一。

（六）财政改革与市场化改革同步

我国经济体制改革的过程，也是对政府与市场关系不断调整、重新认识的过程。总体来看，我国市场化改革不断深入，财政改革中也体现了这一市场化趋势，并表现在多个方面：第一，政府对市场的直接干预不断下降，市场在资源配置中的作用范围不断扩大，作用深度不断加强。第二，政府对市场环境的建设和宏观调控不断加强，促进市场日益公平、有效和稳定。第三，国有企业市场化程度不断深入，不仅没有削弱国有企业的控制力，减少国有资产价值，反而使国有企业在国民经济中的布局更加合理，控制力不断增强，国有资产实现保值增值，不断增强国有财政实力。第四，劳动力的市场化程度不断深入，劳动者由计划经济下对土地和国有企业的依赖，变成更加自由流动的生产要素，劳动力在城乡之间，在城市不同生产部门之间的流动日益流畅，劳动力市场不断完善。个人与国家之间的财政关系也日益成熟，一方面国家通过税收从个人处取得收入，另一方面通过公共支出向个人提供更多的高质量的公共产品和服务。第五，政府本身的活动也日益离不开市场，如政府采购离不开竞争的商品市场，政府发行债券离不开金融市场，国有企业融资离不开资本市场，税收的有效征收离不开会计、税务、法律等中介服务市场等。

（七）财税改革与法治化建设同步

我国改革开放的进程，同时也是市场和政府行为不断法治化的过程。法治化为市场化改革提供了制度支撑和法律保障。随着市场化改革的推进，政府、个人、企业等各市场主体逐渐成为独立的经济实体，它们之间的权利和义务关系也通过法律形式不断加以规范。财政改革同样涉及各利益主体，如中央政府、地方各级政府、各类性质的企业、个人，不同主体之间的财政关系在改革中不断加以调整。与此同时，这些改革都伴随着相关财税法规的制定与出台，例如《企业所得税法》《税收征管法》《预算法》《政府采购法》等。这些法律成为约束和规范各市场主体财税行为的重要依据，并通过法律的强制性，保证财税改革的成果得以落实。同时，随着财政改革的推进，相关法规也需通过法律的规范程序进行修改完善。尤其值得关注的是，税收法定原则的重要意义获得各界的广泛共识，并成为财税法治化建设遵循的基本原则。党的十八届三中全会通过的《中共中央关于全面深化改革若干重大问题的决定》，首次明确提出"落实税收法定原则"；党的十八届四中全会通过的《中共中央关于全面推进依法治国若干重大问题的决定》，又将制定和完善"财政税收"法律作为"加强重点领域立法"的一项任务。在此背景下，我国税收立法进程也不断推进，在不再出台新的税收条例的基础上，有计划地推进新税种的立法和将现行税收条例修改上升为法律并相应废止条例。《预算法》作为财税领域的"龙头法"，对于推进财税改革发挥了重要作用。2014年8月31日,十二届全国人大常委会第十次会议表决通过了修改后的《预算法》,修改后的《预算法》明确了规范政府收支行为、强化预算约束的立法宗旨,细化了全口径预算管理制度、预算公开制度,赋予地方政府有限发债权,在完善预算审查、监督、强化预算责任等方面有明显进步,成为推动新一轮财税改革的"先行军"。

(八)财政改革与国际化进程同步

从40年财政改革实践来看,中国财政制度的制定、实行与管理不仅充分考虑了我国国内的实际情况,而且紧密结合中国的开放进程。一是有效地借鉴和运用各国财政改革的成功经验,为财政改革服务。二是在WTO原则框架等国际规则下改革我国财政制度,实现与国际规则接轨。三是发挥中国大国财政作用,参与和引领国际财政规则和政策的制定,向世界贡献中国财政经验。中国财政改革的进程实际上是不断借鉴各国财税改革成功经验的历程,是逐步实现国际化的过程。我国1994年实行的分税制财政体制,就是按照市场经济国家通行的做法进行的改革,是一次具有初步接轨意义的改革。我国的增值税改革、企业所得税改革、出口退税改革、全口径预算改革、政府采购制度改革、部门预算改革等诸多改革,都吸收了成熟市场经济国家的经验,并与国际规则接轨。随着中国推进"一带一路",中国对外开放进入到一个引领国际化进程的新阶段,在这一过程中,中国积极发挥大国财政作用,设立亚洲基础设施投资银行、丝路基金、金砖国家开发银行,帮助更多的发展中国家提供基础设施等公共产品,促进区域和世界经济社会发展。中国还积极参与应对全球气候变化行动的《巴黎协定》《实施税收协定相关措施及防止税基侵蚀和利润转移(BEPS)的多边公约》等国际财税规则的制定,发出中国声音,更好地维护中国及广大发展中国家的财税利益。

**四、中国财税改革展望**

2017年10月18日,习近平总书记在中国共产党第十九次全国代表大会上做了《决胜全面建成小康社会 夺取新时代中国特色社会主义伟大胜利》的报告,对我国所处的时期和主要矛盾做出新的判断。十九大报告指出,中国特色社会主义进入新时代,我国社会主要矛盾已经转化为人民日益增长的美好生活需要和不平衡不充分的发展之间的矛盾。这是关系历史全局的变化,对党和国家工作提出很多新要求。但是社会主要矛盾的变化,没有改变我们对我国社会主义所处历史阶段的判断,我国仍处于并将长期处于社会主义初级阶段的基本国情没有变,我国是世界上最大的发展中国家的国际地位没有变。中国特色社会主义进入新时代,在中华人民共和国发展史上、中华民族发展史上具有重大意义,在世界社会主义发展史上、人类社会发展史上也具有重大意义。上述判断,与时俱进,对我国所处的时代和主要矛盾做出新的定位和判断,使我们对我国在人类历史、新中国历史、改革开放历史中的定位更加明晰。

十九大报告对我国建设现代化经济体系提出具体要求。我国经济已经由高速增长转向高质量发展阶段,正处在转变发展方式、优化经济结构、转换增长动力的攻关期。要深化供给侧结构性改革,把着力点放在实体经济上,推动互联网、大数据、人工智能和实体经济深度融合。促进我国产业迈向全球价值链中高端。加快建设创新型国家,创新是引领发展的第一动力,是建设现代化经济体系的战略支撑,要瞄准世界科技前沿,强化基础研究,实现前瞻性基础研究、引领性原创成果重大突破。造就一大批具有国际水平的战略科技人才、科技领军人才、青年科技人才和高水平创新团队。实施乡村振兴战略,实施区域协调发展战略。加快完善社会主义市场经济体制,其中对于财税改革,报告提出了明确要求:加快建立现代财政制度,建立权责清晰、财力协调、区域均衡的中央和地方财政关系;建立全面规范透明、标准科学、约束有力的预算制度,全面实施绩效管理；深化税收制度改革，健全地方税体系。

（一）加快建立现代财政制度

加快建立现代财政制度是十九大报告对财政改革提出的时间要求，是深入推进国家治理体系和治理能力现代化的必然要求，是建设新时代中国特色社会主义的必然要求，是实现两个一百年奋斗目标的必然要求。十九大报告清晰明确地提出了两个一百年奋斗目标：到建党一百年时建成经济更加发展、民主更加健全、科教更加进步、文化更加繁荣、社会更加和谐、人民生活更加殷实的小康社会；再奋斗三十年，到新中国成立一百年时，基本实现现代化，把我国建成社会主义现代化国家。

要实现上述目标，作为国家治理体系和治理能力的重要组成部分，财政在调节政府与市场、政府与社会、中央与地方关系中，在促进经济增长、经济结构转型、促进民主政治、加强社会治理、促进生态文明等方面发挥着不可替代的重要作用，必然要在国家目标、方略的指导下，加快建立现代财政制度。

（二）完善中央与地方财政关系

中央与地方财政关系一直处于调整过程中，随着经济社会发展变化、改革的目标和要求的变化，中央与地方的财政关系必然要相应地进行调整。十九大对于中央与地方财政关系的要求非常明确，即权责清晰、财力协调、区域均衡。这是适应我国新时代经济社会发展特征的改革要求，是对当前中央与地方财政关系的一次深化改革。

权责清晰，需要进一步细化中央、省、市、县等多级政府间财政收入、支出、转移支付等财政关系。在财政支出方面，需要推进事权改革，根据公共产品和服务的特点，根据不同层级政府在职能上的比较优势，合理划分事权，实行有区别、相互配合的高效、科学的政府职能和事权体系。在财政收入方面，需要完善分税制，根据税种的属性，在不同层级政府间科学地划分税种和税收收入，在分税制改革的同时，还需要配套进行政府基金收入、债务收入等收入项目的改革。在转移支付方面，进一步减少专项转移支付，增加一般性转移支付，并充分体现转移支付在调节财政收入地区间转移、促进区域公平的作用。财力协调，主要体现为实现事权与支出责任相匹配的要求，保证各级政府有相应的财力实现其事权。区域均衡，对于缩小区域差距、实现共同富裕具有重要意义。财政制度在促进区域间公共服务均等化，消除区域间税收转移，扶持贫苦和落后地区发展等方面发挥着不可替代的重要作用。

（三）深化预算制度改革

现代预算制度是现代财政制度的重要组成部分，十九大对深化制度改革也提出了明确的要求，即"全面规范透明、标准科学、约束有力，全面实施绩效管理"。全面规范透明，需要进一步推进全口径预算管理，统筹基金预算与一般性公共预算，推进统一预算分配权。深化中期预算管理，提高中期财政规划的科学性，增强对年度预算的指导作用。进一步完善跨年度预算平衡机制，严格规范超收收入的使用管理。不断拓展预算公开的内容和范围，加强预算决算公开情况检查，全面提高预算透明度，加强社会监督。标准科学，需要遵循财政预算编制的基本规律，根据经济社会发展目标、国家宏观调控要求和行业发展需要等因素，明确重点支出预算安排的基本规范。深入推进项目支出标准体系建设，发挥标准对预算编制的基础性作用。约束有力，要求严格落实《预算法》，切实硬化预算约束。严格执行人民代表大会批准的预算，严控预算调整和调剂事项，强化预算单位的主体责任。全面实施绩效管理，要求提升财政资金使用效率，将绩效理念和方法深度融入预算编制、执行和监督的全过程，注重成本效益分配，关注支出结果和政策目标实现程度。绩效管理覆盖所有财政资金，体现权责对等，放权和问责相结合。强化绩效目标管理，建立预算安排与绩效目标、资金使用效果挂钩的激励约束机制。推动绩效评价提质扩围，提升公共服务质量和水平，提高人民满意度。

（四）深化税收制度改革，健全地方税体系

税收制度在筹集财政收入、调节收入分配、促进经济发展、维护经济稳定、维护国家税收利益等方面发挥着重要作用。随着我国经济进入新常态，以及推进供给侧结构性改革的要求，税收制度也需要进行深化改革。税收制度的改革需要对现有税收制度的结构和功能进行调整。从结构上来看，需要逐步提高直接税的比重，相应地降低间接税比重。从功能上来看，应逐步提高促进公平的功能，相应地逐步弱化对粗放型经济增长的激励功能。为此，应建立分类与综合相结合的个人所得税改革，通过完善税率和费用扣除制度，加大收入分配调节力度。跟踪世界税改趋势，适时改革中国企业所得税制度，适应经济新发展阶段和全球化竞争态势。开征房地产税收，同时优化房地产相关税收制度，健全地方税体系，建立地方政府主体税种。在提高直接税比重的同时，还应逐步降低间接税比重，并进一步完善间接税制度。首先需要完善增值税制度，科学设置增值税税率档次和水平，完善增值税抵扣链条，完善增值税分享制度。结合地方税改革，改革消费税，调整部分消费品征收环节和收入归属。全面落实税收法定原则。

（五）创新和完善财税调控政策

随着我国社会主义建设进入新时代，我国社会的主要矛盾发生了变化，经济由重增长转向重质量、调结构，实施供给侧结构性改革。与此相适应，财税政策作为国家宏观调控的重要手段，也要相应地发生改变。例如，财税政策不再以促进粗放型经济增长和一味追求 GDP 增长为主要目标，而相应地转向注重创新驱动和经济结构调整优化为主要目标；在经济结构调整中，不再以需求侧管理为主，而是更加注重供给侧改革，以适应基于新科技革命基础上的新一轮经济增长周期；在财政支出政策上，不再是简单地由政府投资调控经济，而是要在市场对资源配置发挥决定作用的基础上，重新审视政府与市场之间的关系，以 PPP 等形式，引入民间和社会资本，参与公共产品和服务的供给中；在税收政策上，通过税制结构的调整，一方面逐步降低间接税比重，一方面相应地提高直接税比重，在保证宏观税负稳定的基础上，降低税收政策对经济效率的刺激，更加趋向于税收中性，同时提高税收政策对于城乡之间、区域之间和不同阶层居民之间收入差距的调节，促进公平与协调发展。这意味着现有的很多基于原有经济战略制定的财税政策均要相应地加以改变，以适应新的经济形势和发展战略。

（六）进一步推进财税法治化建设

财税改革与法治建设密切衔接、相互配合，它们是国家治理的两大核心要素，共同铺就了建立法治化的现代财税制度的必由之路。法治化的财税制度应以人民为中心，从权力本位到权利本位，从管理到服务，从法制到法治，从治民之法到治权之法。为此，应进一步以法治为主导推进财税制度建设，将财税问题纳入法治轨道，约束公共财税权，将政府的一切财税行为都纳入法治轨道，突出财税基础性地位。财税法治化建设贯穿财税改革的各方面，例如预算制度改革、税制改革、政府间财政关系改革，都需要以法律的形式来对政府行为、政府与纳税人行为、中央与各级地方政府财政收支行为加以规范，这一过程伴随着不同主体利益关系的调整，因此，需要以法治的观念和方法加以调整。为此，需要进一步推动财税制度改革、财税立法和各级人大财税立法能力建设。

（七）加强大国财政建设

中国大国财政框架体系的构建仍处于探索阶段，需要围绕经济治理体系改革逐步展开。第一，要提高财政集中性和可持续性。提高财政集中性是实现大国财政的重要保障，提升财政可持续性是大国财政持久性的重要保障。第二，建设大国财政还需要进一步提升财政实力，助力大国财政与大国经济的一体化发展。大国财政体系应当利用其国家治理体系的基础和重要支柱的地位，注重提高对经济运行的驾驭能力和管理能力。财政应当提高国家动员、引导全社会经济资源的能力，提高服务国家重大利益关系调整和重大改革举措的资源配置能力。第三，承担大国责任，不断提升中国话语权。大国责任的承担要求中国提供与自身能力相匹配的国际公共物品；继续加大对于国际组织的参与度；加大在国际组织中的责任分担和投票权；在规划财政收支时，主动将相关国际事务纳入考虑范围，如注重世界范围内公共物品及服务的提供、注意协调国际范围的税收等；将国际财经治理体系建立、国际财经秩序规则形成作为一种最重要的国际公共产品来看待与提供，给予充分的资金保障支持。第四，大国财政还需要增强财税支持，助力我国企业"走出去"。

在本书的撰写中，马海涛和马金华担任主编，马海涛负责总体设计。前言由马海涛、汪昊撰写，第一章由王文静、肖鹏撰写，第二章由温来成、李佳撰写，第三章由李升、杨龙见撰写，第四章由何杨、陈宇撰写，第五章由姜爱华、刘明撰写，第六章由白彦锋、童健撰写。马金华总纂修改，最后由马海涛定稿。由于我们水平有限，书中难免存在缺点和不足，欢迎读者批评指正。

马海涛

2018 年 5 月

# 目 录

**第一章　计划经济时期的建设型财政** …………………………………………（ 1 ）
　　第一节　计划经济体制的确立与发展 ………………………………………（ 1 ）
　　第二节　计划经济时期财政制度的确立与改革 ……………………………（ 8 ）
　　第三节　财政改革服务计划经济的成效 ……………………………………（ 17 ）

**第二章　市场经济探索时期的国家财政** ………………………………………（ 30 ）
　　第一节　市场经济探索时期的经济转型 ……………………………………（ 31 ）
　　第二节　政府与企业关系的调整 ……………………………………………（ 39 ）
　　第三节　财政改革推动市场经济发展 ………………………………………（ 47 ）

**第三章　市场经济确立时期的公共财政构建** …………………………………（ 52 ）
　　第一节　市场经济确立初期的经济转型 ……………………………………（ 53 ）
　　第二节　财税体制改革全面开展 ……………………………………………（ 60 ）
　　第三节　财政改革巩固市场经济体制 ………………………………………（ 72 ）

**第四章　市场基础性地位巩固时期的公共财政完善** …………………………（ 78 ）
　　第一节　市场基础性地位巩固与政府职能转变 ……………………………（ 79 ）
　　第二节　公共财政完善框架下的财政改革 …………………………………（ 86 ）
　　第三节　财政改革健全市场基础性作用 ……………………………………（ 96 ）

**第五章　市场决定性作用与国家治理视野下的现代财政制度** ………………（104）
　　第一节　市场在资源配置中起决定性作用 …………………………………（105）
　　第二节　经济新常态下的供给侧结构改革 …………………………………（106）
　　第三节　新一轮财税体制改革的战略定位 …………………………………（111）
　　第四节　迈向现代财政制度之路 ……………………………………………（117）

第五节　财税改革助推新时代中国特色社会主义建设 …………………………（135）

## 第六章　全球财经治理下的大国财政 …………………………………………（141）
  第一节　转型升级中的中国与全球经济治理变革 ……………………………（142）
  第二节　全球经济治理需要与中国大国财政实践 ……………………………（145）
  第三节　中国大国财政制度框架与风险防范体系 ……………………………（153）
  第四节　中国大国财政建设的路径与方向思考 ………………………………（159）

## 参考文献 ……………………………………………………………………………（169）

# 第一章 计划经济时期的建设型财政

新中国成立之后,我国面临巩固国家政权、维护社会稳定、重建国民经济等严峻而紧迫的时代任务,在此背景下,计划经济体制应运而生。从1949年新中国成立至1978年改革开放前夕,新中国的财政制度也经历了从无到有、不断调整完善的过程,充分体现出计划经济体制下我国财政制度建设摸索前进的时代特征。这一时期,财政制度的执行与调整,为我国解决极为严峻的经济形势与困难问题提供了有力的资金支持,是我国构建社会主义财政制度的早期探索实践时期。

## 第一节 计划经济体制的确立与发展

### 一、新中国成立初期的经济社会状况

新中国成立前,中共七届二中全会的召开确定了党在全国胜利后的一系列政策,指出目前国内基本矛盾是工人阶级和资产阶级的矛盾,并提出初步解决方案。1949年9月,《共同纲领》的颁布,明确规定了新中国的经济制度和基本经济政策,提出建立系统的经济管理机构和经济管理体制。《共同纲领》和中共七届二中全会关于新中国经济制度与经济政策的核心思想如下:所有制上,我国实行多种经济成分并存,具体包括国营经济、合作社经济、农民和手工业者的个体经济、私人资本主义经济和国家资本主义性质的公私合营经济。其中,国营经济体现社会主义性质,是主导经济成分。在经济政策上,全力支持国营经济;扶助和优待合作社经济;对个体经济进行适当的引导,通过互助合作使其走上共同富裕的道路;对于公私合营经济中的私人资本主义经济成分以及私人资本主义经济,通过利用、限制、改造的方法,使其向公有成分改变,促使

在农业方面，新中国成立之初，面临着巩固政权和恢复经济的双重挑战，在财力微弱的形势下，解放受封建制度束缚的农村生产力，在一定程度上促进了农村经济发展，也有利于缓解当时的财政压力。1950年6月，中共中央颁布了《中华人民共和国土地改革法》。1952年底土地改革的完成，标志着新中国废除了延续两千多年的地主土地所有制，铲除了封建统治的经济基础，实现了"耕者有其田"。1949年，我国耕地面积为9788.13万公顷，农作物总播种面积为12428.6万公顷（其中粮食面积为10995.9万公顷）；1950年，我国耕地面积进一步增加至10035.6万公顷，农作物总播种面积为12882.6万公顷，其中粮食面积也进一步增长至11440.6万公顷；1951年，耕地面积和农作物播种面积继续保持增长趋势，尤其是农作物总播种面积与上年相比，增加了400万公顷以上。在农业生产条件不断改善的情形下，农产品产量也逐年显著增长，如表1-1所示。1949—1952年间的农林牧渔业总产值由326亿元迅速增长到461亿元，涨幅达到41.41%[1]。

表1-1 全国主要农业产品产量（1949—1952年） 单位：万吨

| 年份 | 粮食 | 棉花 | 油料 | 黄红麻 | 糖料 | 茶叶 | 水果 | 水产品 |
| --- | --- | --- | --- | --- | --- | --- | --- | --- |
| 1949 | 11318.0 | 44.4 | 256.4 | 3.7 | 283.3 | 4.1 | 120.0 | 44.8 |
| 1950 | 13212.5 | 69.2 | 297.2 | 7.9 | 337.8 | 6.5 | 132.5 | 91.0 |
| 1951 | 14368.5 | 103.1 | 362.0 | 25.0 | 498.9 | 7.9 | 156.4 | 133.0 |
| 1952 | 16391.5 | 130.4 | 419.3 | 30.6 | 759.5 | 8.2 | 244.3 | 166.6 |

资料来源：国家统计局国民经济综合统计司编：《新中国60年统计资料汇编》，中国统计出版社2010年版。

从解放战争开始，我国逐渐开始进行没收官僚资本的工作，到1949年底，没收官僚资本的工矿企业2858个，拥有职工129万人[2]。《共同纲领》规定："中华人民共和国必须取消帝国主义在中国的一些特权。"我国采取代管、征购等多项措施对外国资本主义在华势力进行管制。对于接管的官僚资本和帝国主义资本采取了"原封不动"的过渡原则，原封不动即"保持原职、原薪、原制度"。在顺利接管后，我国对没收上来的官僚资本中不适合当时生产力状况的生产关系进行了改革[3]。

在工业方面，由于受到战争的重创，整体工业基础较为薄弱。新中国成立初期的工业基本情况如表1-2和表1-3所示。可以看到，新中国成立初期，我国主要工业发展处于起步阶段，1949年的工业总产值仅为140亿元，且国有企业和集体企业的贡献比例仅为26.79%。到了1952年，经过三年的经济重建，工业总产值达到349亿元，国有企业和集体企业的贡献占比显著提高至44.81%，也从侧面反映出经济所有制的特征变化。

在工业产品产出方面，新中国成立初期，

---

[1] 国家统计局国民经济综合统计司编：《新中国60年统计资料汇编》，中国统计出版社2010年版。
[2] 萧国亮、隋福民：《中华人民共和国经济史（1949—2010）》，北京大学出版社2011年版，第46页。
[3] 范守信：《中华人民共和国经济恢复史（1949—1952）》，求实出版社1988年版，第13页。

表1-2　全国工业总产值（1949—1952年）

| 年份 | 工业总产值（亿元） | 工业总产值（亿元） | | 工业总产值指数 | |
|---|---|---|---|---|---|
| | | 国有企业 | 集体企业 | (1952=100) | （上年=100） |
| 1949 | 140.0 | 36.8 | 0.7 | 55.7 | 100.0 |
| 1950 | 191.0 | 62.4 | 1.5 | 76.0 | 136.4 |
| 1951 | 264.0 | 91.0 | 3.4 | 104.7 | 137.8 |
| 1952 | 349.0 | 145.0 | 11.4 | 100.0 | 130.3 |

资料来源：国家统计局国民经济综合统计司编：《新中国60年统计资料汇编》，中国统计出版社2010年版。

与基础建设相关的钢铁类工业产品产量增长相对更快，例如，1952年的生铁产量是1949年的7.72倍，粗钢增长了7.44倍，成品钢材增长了7.15倍。与之相比，能源产品（原煤、原油）产量的增速相对较慢，这也是新中国成立初期面临的主要经济发展问题之一。

表1-3　全国主要工业产品产量（1949—1952年）

| 年份 | 纱（万吨） | 布（亿米） | 机制纸及纸板（万吨） | 成品糖（万吨） | 原煤（亿吨） | 原油（万吨） | 天然气（亿立方米） | 发电量（亿千瓦小时） |
|---|---|---|---|---|---|---|---|---|
| 1949 | 32.7 | 18.9 | 11 | 20 | 0.32 | 12 | 0.07 | 43 |
| 1950 | 43.7 | 25.2 | 14 | 24 | 0.43 | 20 | 0.07 | 46 |
| 1951 | 48.7 | 30.6 | 24 | 30 | 0.53 | 31 | 0.03 | 57 |
| 1952 | 65.6 | 38.3 | 37 | 45 | 0.66 | 44 | 0.08 | 73 |
| 年份 | 生铁（万吨） | 粗钢（万吨） | 成品钢材（万吨） | 焦炭（万吨） | 水泥（万吨） | 硫酸（万吨） | 化肥（万吨） | |
| 1949 | 25 | 16 | 13 | 54 | 66 | 4.0 | 0.6 | |
| 1950 | 98 | 61 | 37 | 150 | 141 | 6.9 | 1.5 | |
| 1951 | 145 | 90 | 67 | 203 | 249 | 14.9 | 2.8 | |
| 1952 | 193 | 135 | 106 | 289 | 286 | 19.0 | 3.9 | |

资料来源：国家统计局国民经济综合统计司编：《新中国60年统计资料汇编》，中国统计出版社2010年版。

新中国成立初期，我国经济基础薄弱，财政状况拮据，国家增发货币之后，投机商人乘机投机倒把，造成物价上涨和经济秩序的再次混乱。稳定市场和经济秩序成为恢复国民经济、维持社会秩序的当务之急。为此我国曾采取一系列经济手段和必要的行政手段来遏制上述态势。民族资本主义工商业在经营管理和内部不当竞争等方面的矛盾突出，导致这一阶段资本主义工商业在生产经营上面临较大困难，商品滞销，生产严重萎缩。根据七届三中全会有关文件的指示，我国对民族资本主义工商业调整的重点是调整公私关系、劳资关系、产销关系。"在统筹兼顾的方针下，逐步消灭经济中的盲目性和无政府状态，合理地调整现有工商业，切实而妥善地消灭经济中的盲目性和无政府状态，合理地调整现有工商业，切实而妥善地改善公私关系。"[1]

---

[1] 中共中央文献研究室编：《建国以来毛泽东文稿（第一册）》，人民出版社1987年版，第394页。

## 二、计划经济体制的确立

1953年12月22日，中共中央发布《关于编制一九五三年计划及五年建设计划纲要的指示》，明确表示"工业化的速度首先决定于重工业的发展，因此我们必须以重工业为大规模建设的重点"，"首先保证重工业和国防工业的基本建设，特别是确保那些对国家起决定性作用的，能迅速增强国家工业基础与国防力量的主要工程的完成"。中共中央宣传部发布《为动员一切力量把我国建设成为伟大的社会主义国家而斗争——关于党在过渡时期总路线的学习和宣传提纲》，全党形成了统一明确的认识，即中国必须走以优先发展重工业为特征的社会主义工业化道路①。

1954年我国制定了第一部宪法，第15条规定："国家用经济计划指导国民经济的发展和改造，使生产力不断提高，以改进人民的物质生活和文化生活，巩固国家的独立和安全。"确立了计划经济体制。"一五"计划时期，在国家财力薄弱和经济起步阶段，为保证工业化任务的实现，我国依靠计划经济体制为这一时期的经济发展积蓄保障力量。"一五"计划的顺利实施，初步建立了社会主义工业化的基础，为我国现代化经济建设奠定了坚实基础。1957年我国工业企业达到16.95万个，其中集体企业占比较高。"一五"期间，工业总产值增长了56.44%，其中，国有企业贡献了较高的比例（见表1-4）。尽管这期间工业总产值增长率有所下降，但是工业总产值整体呈增长趋势。

表1-4　全国工业总产值（1953—1957年）

| 年份 | 工业企业单位数（万个） | 工业企业单位数（万个） | | 工业总产值（亿元） | 工业总产值（亿元） | | 工业总产值指数 | 工业总产值指数 |
|---|---|---|---|---|---|---|---|---|
| | | 国有企业 | 集体企业 | 工业总产值（亿元） | 国有企业 | 集体企业 | (1952=100) | (上年=100) |
| 1953 | | | | 450.0 | 193.7 | 17.4 | 130.2 | 130.2 |
| 1954 | | | | 515.0 | 242.7 | 27.5 | 151.4 | 116.3 |
| 1955 | | | | 534.0 | 273.9 | 40.5 | 159.8 | 105.6 |
| 1956 | | | | 642.0 | 350.2 | 109.6 | 204.9 | 128.2 |
| 1957 | 16.95 | 4.96 | 11.99 | 704.0 | 378.5 | 134.0 | 228.3 | 111.4 |

资料来源：国家统计局国民经济综合统计司编：《新中国60年统计资料汇编》，中国统计出版社2010年版。

1956年中共八大第一次会议的政治报告对当时社会的主要矛盾做出科学判断，即我国国内的主要矛盾不再是工人阶级和资产阶级之间的矛盾，而是人民对于建立先进的工业国同落后的农业国的现实之间的矛盾，是人民对于经济文化迅速发展的需要同当前经济文化不能满足人民需要的状况之间的矛盾。

1958年3月中共中央在成都召开会议时，毛泽东首次提出了"多快好省，鼓足干劲，力争上游的总路线"②。1958年5月召开的中共八大二次会议通过了经毛泽东的倡议而提出的"鼓足干劲、力争上游、多快好省地建设社会主义"总路线。刘少奇在会议报告中指出，我国总路线的基本点是"调动一切积极因素，正确处理人民内部矛盾；巩固和发展社会主义的全民所有制和集体所有制，巩固无产阶级专政和无产阶级的国际团结；在继续完成经济战

---

① 萧国亮、隋福民：《中华人民共和国经济史（1949—2010）》，北京大学出版社2011年版，第77页。
② 中共中央文献研究室编：《建国以来毛泽东文稿（第七册）》，中央文献出版社1992年版，第114页。

线、政治战线和思想战线上的社会主义革命的同时,逐步实现技术革命和文化革命;在重工业优先发展的条件下,工业和农业同时并举;在集中领导、全面规划、分工协作的条件下,中央工业和地方工业同时并举,大型企业和中小型企业同时并举,通过这些,尽快地把我国建成为一个具有现代工业、现代农业和现代科学文化的伟大的社会主义国家"。

1958年2月,《人民日报》社论提出国民经济"全面大跃进"。李富春向中央提出的《第二个五年计划要点》中提到:为了实现第二个五年计划的指标,1959年必须争取有一个比1958年更大的跃进。经过"一五"阶段的发展,1957年的工业总产值约为1949年的5倍。1958年工业总产值为1083亿元,与1952年相比,工业总产值指数为353.5,与上年相比,该指数为154.8,有了显著提升。1959年工业总产值达到1483亿元,一年间增长了约400亿元,与1952年相比的工业总产值指数为481.3,与上年相比的指数为136.2,虽然与1958年相比增长速度有所减缓,但是仍然保持了较高水平的增长。"大跃进"以来,工业总产值实现了较大增长,在1960年达到新中国成立以来最高工业总产值水平,但是1961—1962年工业总产值降幅明显①。为顺利完成"大跃进"中制定的种种指标,中央决定更多地放权地方,中央允许各省、市、自治区发行地方建设公债,自行确定招工计划,自行审批大部分的大中型建设项目,决定后只需报备国家计委和国家建委②。

在农业方面,主要农产品产量如表1-5所示。可以看到经历了"一五"时期,粮食有极大的增产,但是"大跃进"时期,粮食产量明显下降。1962年的粮食产量虽然有所回升,但是仍未达到1953年的产出水平,其他农产品也在1959—1962年间出现明显下降,这与三年自然灾害有密切关系。总的来说,1953—1962年间的农业发展整体仍处于较低水平。面对国民经济的困难,中央采取集权措施,上收下放地方财权,集中精力和全国财力,度过国民经济的困难时期。

表1-5 全国主要农业产品产量(1953—1962年) 单位:万吨

| 年份 | 粮食 | 棉花 | 油料 | 黄红麻 | 糖料 | 茶叶 | 水果 | 水产品 |
|------|------|------|------|--------|------|------|------|--------|
| 1953 | 16683.0 | 117.5 | 385.6 | 13.8 | 771.4 | 8.5 | 296.9 | 190.0 |
| 1954 | 16951.5 | 106.5 | 430.5 | 13.7 | 958.1 | 9.2 | 297.8 | 190.0 |
| 1955 | 18393.5 | 151.8 | 482.7 | 25.7 | 970.6 | 10.8 | 255.0 | 190.0 |
| 1956 | 19274.5 | 144.5 | 508.6 | 25.8 | 1030.1 | 12.1 | 310.5 | 190.0 |
| 1957 | 19504.5 | 164.0 | 419.6 | 30.1 | 1189.3 | 11.2 | 324.7 | 190.0 |
| 1958 | 19765.0 | 196.9 | 477.0 | 26.7 | 1563.1 | 13.5 | 390.0 | 281.0 |
| 1959 | 16968.0 | 170.9 | 410.4 | 22.6 | 1214.7 | 15.2 | 425.0 | 309.0 |
| 1960 | 14384.5 | 106.3 | 194.1 | 20.2 | 985.5 | 13.6 | 397.7 | 304.0 |
| 1961 | 13650.0 | 80.0 | 181.4 | 12.3 | 506.5 | 7.9 | 284.1 | 231.0 |
| 1962 | 15441.0 | 75.0 | 200.3 | 13.2 | 378.2 | 7.4 | 271.2 | 228.3 |

资料来源:国家统计局国民经济综合统计司编:《新中国60年统计资料汇编》,中国统计出版社2010年版。

---

① 国家统计局国民经济综合统计司编:《新中国60年统计资料汇编》,中国统计出版社2010年版。
② 柳随年、吴群敢:《中国社会主义经济简史(1949—1983)》,黑龙江人民出版社1985年版,第226页。

## 三、"文化大革命"对经济发展的影响

在1964年第三届全国人民代表大会第一次会议上,周恩来做政府工作报告,宣布调整国民经济的任务已经基本完成,国民经济已经全面好转,并将进入一个新的发展时期。指出:"我们调整了工业和农业的关系,并使工业和其他部门的工作转移到以农业为基础的轨道上来;调整了工业内部的关系,加强了薄弱环节,发展了新兴工业。我国国民经济各部门的关系就在新的基础上比较协调了。"针对此前"大跃进"对人民生产生活和国民经济带来的巨大负面影响,在开始制定"三五"计划时,就把恢复民生放在首要的位置。1962年2月26日,陈云在《目前财政经济的情况和克服困难的若干办法》中提出:"增加农业生产,解决吃、穿问题,保证市场供应,制止通货膨胀,在目前是第一位的问题。"1963年在研究制定"三五"计划时,中央领导计划小组向中央报送的《关于编制长期计划的工作要点》,其中强调了第三个五年计划的奋斗目标应该是集中力量解决人民的吃穿用问题。1964年经毛泽东修改过后的《关于第三个五年计划安排情况的汇报提纲(草稿)》(以下简称"汇报提纲")指出,"第三个五年计划必须立足战争,从准备大打,早打出发,积极备战,把国防建设放在第一位,加快三线建设,逐步改变工业布局",用于国防部门、重工业部门和交通运输方面的投资建设达到628亿元,占比74%,农业占比14%,而轻工业仅占比4.4%[①]。1966年"三五"计划正式按照上述汇报提纲中的指示开展生产工作。

受政治社会环境的影响,"三五计划"的执行严重拖延,生产处于停滞状态,1968年,我国国民经济跌至最低点,各项经济指标在1967年的基础上继续倒退。仅以工业情况来看,即可以看到我国经济的继续衰退情形(见表1-6)。尽管1961—1962年工业总产值明显下降,但是1963—1965年调整过渡时期的工业总产值继续呈增长趋势。进入"三五"时期,1966年工业总产值基本接近1960年的水平,但是受到"文化大革命"等影响,1967—1968年工业总产值再次下降,直到1969年才继续回升超过1966年的水平。"四五"时期,工业发展基本保持增长态势,整体产值有了较大提升。

表1-6　全国工业企业单位数和工业总产值(1963—1977年)

| 年份 | 工业企业单位数(万个) | 工业企业单位数(万个) | | 工业总产值(亿元) | 工业总产值(亿元) | | 工业总产值指数 | 工业总产值指数 |
|---|---|---|---|---|---|---|---|---|
| | | 国有企业 | 集体企业 | | 国有企业 | 集体企业 | (1952=100) | (上年=100) |
| 1963 | 17.02 | 4.73 | 12.29 | 993.0 | 887.1 | 106.0 | 299.1 | 108.5 |
| 1964 | 16.11 | 4.51 | 11.60 | 1164.0 | 1042.3 | 121.8 | 357.9 | 119.7 |
| 1965 | 15.77 | 4.59 | 11.18 | 1402.0 | 1262.8 | 139.2 | 452.2 | 126.4 |
| 1966 | | | | 1624.0 | 1461.5 | 159.5 | 546.9 | 121.0 |
| 1967 | | | | 1382.0 | 1222.5 | 159.5 | 471.5 | 86.2 |
| 1968 | | | | 1285.0 | 1136.2 | 148.8 | 447.7 | 95.0 |
| 1969 | | | | 1665.0 | 1477.0 | 188.0 | 601.2 | 134.3 |

---

① 陈东林:《1966—1976年中国国民经济概况》,四川人民出版社2016年版,第20页。

续表

| 年份 | 工业企业单位数（万个） | 工业企业单位数（万个） | | 工业总产值（亿元） | 工业总产值（亿元） | | 工业总产值指数 | |
|---|---|---|---|---|---|---|---|---|
| | | 国有企业 | 集体企业 | | 国有企业 | 集体企业 | (1952=100) | (上年=100) |
| 1970 | 19.51 | 5.74 | 13.77 | 2117.0 | 1854.7 | 262.3 | 797.1 | 132.6 |
| 1971 | 21.04 | 6.42 | 14.62 | 2414.0 | 2073.9 | 340.1 | 914.2 | 114.7 |
| 1972 | 21.96 | 6.80 | 15.16 | 2565.0 | 2177.2 | 387.8 | 977.1 | 106.9 |
| 1973 | 23.08 | 6.94 | 16.14 | 2794.0 | 2347.5 | 446.5 | 1069.7 | 109.5 |
| 1974 | 24.11 | 7.16 | 16.95 | 2792.0 | 2300.9 | 491.1 | 1076.2 | 100.6 |
| 1975 | 26.29 | 7.50 | 18.79 | 3207.0 | 2600.6 | 606.4 | 1242.9 | 115.5 |
| 1976 | 29.36 | 7.83 | 21.53 | 3278.0 | 2567.7 | 710.3 | 1273.2 | 102.4 |
| 1977 | 32.27 | 8.21 | 24.06 | 3725.0 | 2869.4 | 855.6 | 1459.1 | 114.6 |

资料来源：国家统计局国民经济综合统计司编：《新中国60年统计资料汇编》，中国统计出版社2010年版。

但是"文化大革命"对我国经济发展的阻碍作用不可忽视，1966—1976年间工业总产值增长较为缓慢，落后于同时期世界上主要经济体的发展步伐。企业生产缺乏动力，员工的平均工资连年下降，生产积极性明显降低。从1967年到1976年，工业基本建设资产交付使用率达到新中国历史时期的最低点59.6%，工业企业每百元资金实现的利税由1966年的34.5元降低到1976年的19.3元[①]。

### 四、改革开放前夕的经济转型需求

粉碎"四人帮"后，我国国民经济建设逐步回升，1977年的工业总产值明显呈现增长态势，工业总产值为1966年的2.29倍。1977年7月，邓小平在党的十一届全国代表大会的闭幕式中提到："我们一定要恢复和发扬毛主席为我们党树立的实事求是的优良传统和作风，做老实人，说老实话，办老实事，这是一个共产党员的起码标准。"邓小平的讲话鲜明地提出"实事求是"才是毛泽东思想的精髓，有力地抗争了"左"的路线，为接下来的真理标准大讨论指明了前进方向。1978年5月，经胡耀邦审定，《光明日报》以特约评论员名义公开发表了"实践是检验真理的唯一标准"这篇文章，引起了全国上下关于真理标准的大讨论。此次讨论直接针对"两个凡是"问题，并冲破了它的严重束缚，推动了全国性的马克思主义解放运动。自此，全国出现了研究新情况、解决新问题的新局面，为十一届三中全会的召开，实现新中国成立以来我党历史上具有深远意义的伟大转折奠定了基础。

---

① 杨圣明：《中国当代经济》，中国社会科学出版社1987年版，第387页。

## 第二节　计划经济时期财政制度的确立与改革

### 一、新中国财政制度的初步建立

#### （一）确立"统收统支"高度集中的财政管理体制

新中国成立之初，百废待兴，生产停滞、工人失业、通货膨胀严重，经济萧条。与此同时，解放战争尚未结束，财政支出压力巨大。在国家财力极为有限的条件下，为了迅速恢复国民经济，为新中国的巩固提供物质基础，我国建立高度集中的财政管理体制。国家财政在困境中建立与完善，组建财经管理机构、统一全国财经政策、实行统收统支的财政体制、编制国家财政概算、拟定中华人民共和国税政法制。

1950年，我国正式成立财政部、财政厅局。此时财政部职责范围相当广泛，除了统揽财政事务以外，还包括处理金融事务、物资管理、盐业专卖和粮食管理等。财政部不仅是国家的财政管理中心部门，更是全国经济管理工作的重要部门。1952年，为了集中财政部重点职能，国家将原财政部粮食管理总局从财政部划出，成立了独立的粮食部；将原财政部物资管理总局由财政部划归财政经济委员会领导。财政部的职能逐步集中于统筹国家财政管理、国家经济管理，财政组织制度逐步健全完善。

在百废待兴这一特殊的经济背景之下，为了尽快恢复国家经济，1950年3月通过的《关于统一国家财政经济工作的决定》提出关于统一全国财政收支管理的规定，主要内容有：国家预算管理权和制度决定权在中央，一切收支项目、收支办法、收支范围和收支标准都由中央统一制定；财力集中在中央，预算收支由中央统一掌握和分配。统一财政收支，重点在财政收入，收入除地方税收和其他零星收入充抵地方预算支出外，各项收入均属于中央预算收入；各级政府的财政支出也由中央统一审核，逐级拨付，地方的预算收入和预算支出不发生直接联系，年终结余要全部上缴中央；统一支出的目的在于保证军队和地方人民政府的开支及恢复国民经济的必要投资。1950年3月统一全国财经工作以后，中国开始实行统收统支的高度集中统一的财政管理体制，这对于实现财政收支平衡、稳定市场和国民经济的初步恢复起了保障作用。

1951年3月，中央政务院发布《关于一九五一年度财政收支系统划分的决定》，进一步明确了财政预算制度，主要内容包括：（1）国家财政的收支系统，采取统一领导分级负责的方针，实行中央级财政、大行政区级财政、省（市）财政三级制。专署及县（市）的财政，列入省财政内。县（市）所属的乡村财政，单独编造预算，不列入省财政预算内。中央级财政称中央财政，大行政区级以下财政均称地方财政。（2）地方财政收支，由中央人民政府财政部就指定的收入及核准的各区预算，划分一部分为大行政区的收支；大行政区根据中央划分之收支，按所属各省（市）具体情况，划分为大行政区级与省（市）的财政收支，并报政务院财政经济委员会备案。中央直属省（市）的财政收支，由中央人民政府财政部划分，报请政务院财政经济委员会核准施行。（3）明确规定各级财政支出。（4）明确规定各级财政收入。1951年又陆续颁发《关于划分中央与地方在财政经济工作上管理职权的决定》《预算决算暂行条例》《关于1952年度财政收支系统划分的补充规定》①。

以"统收统支"为特点的、权力高度集中的财政管理体制在短期内改变了过去长期分散管理的局面，平衡了财政收支，稳定了市场物价，保证了解放战争与重点经济重建项目的资金需要，促进了财政经济状况的好转。但这一体制属于在特殊条件下的制度选择，随着国家稳定与政治经济形势的变化，财政管理制度也需要进行相应调整，以更好地适应所处的经济社会环境与国家政策导向。

### (二) 统一税政、确立新中国税制

新中国成立初期财政的首要任务，即为国家建设筹集足够的资金，税收是国家财政的主要来源。结合在整个解放战争时期从农村筹集公粮作为战争经费的经验，我国初步建立起新中国的税收制度框架。1949年《共同纲领》的第十四条规定："国家的税收政策，应以保障革命战争的供给，照顾生产的恢复和发展及国家建设的需要为原则，简化税制，实行合理负担。"1949年11月20日至12月9日，首届全国税务会议在北京召开，会议拟定了《全国税政实施要则（草案）》和《全国各级税务机构暂行组织规则（草案）》。1950年1月30日，政务院发布《关于统一全国税政的决定》的通令，同意以《全国税政实施要则》作为整理和统一全国税收税务的具体方案。这是新中国成立以后统一税政，建立新税制的纲领性文件，对于新中国税制建设至关重要，其主要内容可以概括为以下几个方面②：

(1) 统一全国税政。要求对全国各地税种、税目和税率不一致的情况迅速加以调整，以达到全国税政的统一；依据合理负担的原则，适当平衡城乡负担，以改变农民负担超过工商业负担的情况；明确规定对公营企业、合作社以及外侨企业一律按章征税。

(2) 建设新税制。除农业税外，确定全国统一开征的14种工商税：货物税、工商业税（包括坐商、行商、摊商的营业税及所得税）、盐税、关税、薪给报酬所得税、存款利息所得税、印花税、遗产税、交易税、屠宰税、房产税、地产税、特种行为消费税（包括筵席、娱乐、冷饮、旅店）、使用牌照税。

(3) 规定立法权限。凡全国性的税收条例法令，由政务院统一颁布实施，各地区遵照执行，不得自行修改或变更。凡有关全国性的各种税收条例执行细则，由中央税务机关统一制定，经财政部批准后施行；各地区根据中央颁布的税法精神所制定的稽征办法，要报经大行政区财政部批准。凡有关地方性税收的立法，属于县范围内的，由省转报行政区人民政府批准，报中央备案；属于省（市）范围内的，由大区人民政府转报中央批准。

(4) 加强税务工作。要求各级税收领导机关着重搞好城市税收工作，保证税收按时入库，明确各级税收机关受上级机关与同级政府双重领导，税务局长可以参加同级政府的政务会议，规定各级税务机关必须建立严格的请示报告、税款报解、统计、会计、票照、稽查和奖惩等各项制度。

1950年新税制的成功付诸实践，解决了新中国成立初期全国税制混乱的问题，初步形成了以按产品或流转额征税的货物税和工商业税中的营业税、按所得额征税的所得税作为主体税种，其他税种相辅，在生产、所得、财产等环节实行课征统一的、多税种、多次征的复合税制。为了进一步完善新中国税制，在1950年5月召开的第二届全国税务会议上，对新的税制做了局部调整，主要内容包括：(1) 暂不开征薪给报酬所得税和遗产税，将房产税和地产税合并为城市房地产税。(2) 减少税目。货物税原定品目1136个，经简化合并为358个，对若干品目的税率也加以调整。(3) 降低税率。商业所得税的税率，由

---

① 贾康、刘薇：《构建现代治理基础——中国财税体制改革40年》，广东经济出版社2017年版，第25－26页。
② 余雁刚：《中国税收制度变迁研究》，厦门大学博士论文，2002年。

纯所得100万元以下征收5%，改为300万元以下征收5%；3000万元以上征收30%，改为1亿元以上征收30%。第二届全国税务会议进一步对税制进行调整，完善了新中国成立初期建立的税制，对新中国的经济恢复起了积极作用，并为随后经济建设的发展奠定了财政基础。

## 二、两个五年计划时期的财政体制改革

### （一）"一五"计划时期的财政管理体制

1953年起，我国进入了经济建设的第一个五年计划时期，此时国家的财政体系已经初步建立，国家的财政任务也发生了战略性的转变，由过去为支持战争、恢复经济、巩固政权和稳定社会生活服务，转变为和平时期有计划地为经济建设服务。在此背景下，在"统收统支"实施三年以后，新形势下的预算管理工作一方面要加强中央的统一领导和统一计划，集中资金，保证重点建设，另一方面要逐步扩大地方权限，充分发挥地方组织收入与节约支出的积极性。

在1951年体制调整的基础上，根据"一五"计划时期形势进一步发展需要，周恩来在1953年8月召开的全国财经工作会议上，明确指出：财政体制，要在中央统一领导和计划下，确定财政制度，划定职权范围，分级管理，层层负责。在国家统一预算内实行三级（中央、省市和县）预算制度，划分中央和地方收支范围，按照主次轻重及集中和分散情况，分配中央和地方的大体比例。地方收多于支者上缴，收少于支者补助。地方财政，按照统一制度，凡超过计划的征收和节约，一般归地方支配，但追加预算应经行政系统上两级批准，并报中央财政部备案。民族自治区除重大的国营企业和财政收支仍应归中央掌握外，在财政上应该有一定范围的自治权，并根据需要和可能，不足时由中央补助①。

根据周恩来和邓小平等中央领导的指导精神，我国于1954年开始实行"统一领导、划分收支、分级管理、侧重集中"的预算管理体制，具体内容包括：

（1）预算层级。由原来的中央、大行政区、省（市）三级管理，改为中央、省（市）、县（市）三级管理体制，下放了管理权限，在一定程度上减弱了中央的管理力度。

（2）收入划分。国家采取"分类分成"的政策措施，把国家财政划分为固定收入、固定比例分成收入和调剂收入三类。属于中央调剂收入的有商品流通税和货物税，每年由财政部根据地方财政的实际情况，核定具体的调剂比例。

（3）支出划分。基本上按照隶属关系进行划分。属于中央的企业、事业和行政单位的支出，列入中央预算；属于地方的企业、事业和行政单位的支出，列入地方预算，地方预算每年由中央核定，按照收支划分，地方财政支出首先由地方的固定收入和固定比例分成收入抵补，差额由中央划分给调剂收入弥补。分成比例一年一定。地方财政的年度结余，由各地在下半年度使用，不再上缴。

（4）地方预算核定和收支余缺的处理原则。地方预算由中央每年核定一次。按收支划分，地方的财政支出，首先用地方的固定收入和固定比例分成收入抵补，差额由中央划给调剂收入弥补，分成比例一年一定。

新中国经历三年的过渡期之后，国民经济水平和国家财力有所好转，公有制经济在经济中的比重大幅度上升，出现了经济日益繁荣但税收相对下降的情况，这些新问题进一步对税制改革提出了要求。为此1953年中央进行了税收制度改革与调整，这是在计划经济时期对新中国税制进行的第一次较为重要的税制改革，重点在于对工商税制的改革与调整。此次税制改革的主要内容有：（1）试行商品流通税。从原来征收货物税的税目中，划出一部分

---

① 郑小玲：《中国财政管理体制的历史变迁与改革模式研究（1949—2009）》，福建师范大学博士论文，2011年。

改征商品流通税，即把原来在生产和流通各环节征收的货物税、工商营业税及其附加、印花税，简化合并成流通税。（2）修订货物税。主要对货物税的税目、税率进行了调整。（3）调整营业税。将工商企业应纳的印花税、营业税及营业税附加均并入营业税内，并按合并后的税率计税。对于已经纳入商品流通税征收范围的商品，不再缴纳营业税；对于已经纳入货物税征收范围的货物，在批发或零售时仍征营业税；既不缴纳商品流通税，又不缴纳货物税的货物，按规定缴纳营业税。（4）其他各税的修订。取消了特种消费行为税，将"电影、戏剧及娱乐"税目改征文化娱乐税。取消或停征除牲畜交易税以外的其他交易税，同时将粮食交易税并入货物税，棉花交易税并入商品流通税。经过这次修订后，税收简并为 14 种，具体包括：商品流通税、货物税、工商业税、关税、盐税、印花税、屠宰税、牲畜交易税、利息所得税、城市房地产税、文化娱乐税、车船使用牌照税、农（牧）业税和契税等。

**（二）"二五"计划时期财政制度的探索调整**

1956 年，随着三大改造的基本完成和"一五"计划的顺利进行，生产力与生产关系不断发展，中国社会的主要矛盾发生了重大变化。为了适应全面建设社会主义的需要，"二五"时期国家对财政制度进行了一些新的调整。然而，由于在探索建设社会主义道路过程中出现了一些失误，"二五"时期财政制度的探索调整过程也较为曲折。

1. "二五"计划伊始——1958 年财政权力的下放

"一五"计划是新中国工业化的开始，三大改造彻底改变了国内经济的所有制结构。随着社会化大生产和专业化的不断发展，在部门之间、地区之间、企业之间联系协作关系越来越密切，经济管理体制集中过多、统得过死和不适应生产力发展的矛盾就突出出来了。在新中国建立的高度集中的财政管理体制下，地方的财政自主权可以说相当有限。1956 年，毛泽东《论十大关系》发表，文中指出："应当在巩固中央统一领导的前提下，扩大一点地方的权力，给地方更多的独立性，让地方办更多的事情。"《论十大关系》是主张改变国家财政经济偏重于工业，在工业中特别是偏重于重工业，以及财经管理偏重于集中和统一的做法的理论基础[①]。

为了适应新的经济形势，1957 年末，国务院颁布《关于改进财政管理体制的规定》，在中央和地方的财政关系上采用了"以收定支，五年不变"的原则。《规定》的主要内容有：将财政收入合理划分。财政收入被分为中央财政收入和地方财政收入两部分，而地方财政收入又包括地方固定收入、企业分成收入和调剂分成收入。在地方财政收入来源上，若地方固定收入可满足地方正常财政开支，则不再划给其他收入，结余余额按一定比例上交国家；若地方固定收入不能满足正常财政开支需要，则划给地方企业分成收入，若可满足开支需要，则与地方正常财政开支的差额余额按比例上交国家；若前两者不能满足地方财政开支需要，则划给调剂收入；如果前三者均无法满足地方财政开支的需要，则由中央拨款弥补所缺。对于计算地方正常年度开支，规定财政支出分为中央专案拨款和地方正常的年度开支。计算地方正常年度开支，不应将重大灾荒的救济、堵口、复堤和国家计划的大规模移民垦荒等特殊性支出的数字包括在内。出于中央与地区之间统筹安排的目的，地方基本建设投资，也不应计入正常年度开支内。分成的计算方法和分成比例 3 年不变（后改为 5 年不变）。地方收入和地方支出，统一以 1957 年年度预算所列的地方收入和地方支出数字为根据。地方财政对于财政收入超过支出部分，拥有一定的使用自主权。当年财政结余部分全部留给地方，供地方下年使用。

---

[①] 贾康、刘薇：《构建现代治理基础——中国财税体制改革 40 年》，广东经济出版社 2017 年版，第 50 页。

1958年,财政管理体制进一步下放了财权,增加了地方的机动财力,同以前财政管理体制相比较,有以下三个区别:在收入划分方面,过去中央企业的收入地方不分成,这次体制规定地方参与分成;过去各种税收的分成比例,是一种税一个比例,这次体制规定,除地方税收外,其余的税收都作为调剂收入,分成比例在一个省(市)范围内是一个比例。在支出划分方面,过去地方支出中包括基本建设拨款,新规定改为全部由中央专案拨款。地方所需的基本建设拨款,不算在地方正常支出基数以内。过去每年地方的支出先由中央来确定,然后根据支出划给一定的收入项目,并确定分成的比例。这次体制改为中央把地方财政的收入项目和分成比例确定以后,五年不变,在五年内,地方可以按照收入情况自行安排支出①。

《关于改进财政管理体制的规定》客观反映了财政权力过于集中的问题,并给予了有效的解决措施。在保证中央财政领导地位的情况下,下放一定的财政权力给地方,有利于调动地方的积极性,提高财政行政效率和质量,避免原有体制的许多弊端。但遗憾的是,由于"大跃进"极"左"的特殊历史环境所致,原本的有限放权变成了随意放权,地方的机动财力超过了原有预期,中央的财政权力受到了较大的冲击,在一定程度上导致了中央财政较大的赤字规模。而这一原本富有建设性的《规定》仅仅实行了一年。

2. "大跃进"中的调整——稳定放权,放中有缩

1958年开始的"大跃进"运动是全面建设社会主义时期的一次较大的失误,原本健康发展的国民经济受到了较大的冲击,经济结构呈现畸形发展的趋势。在这一时期,整个经济建设呈现出一种病态,极"左"思潮一时涌起。

在这样的大环境下,原本有序进行的财政管理体制改革进程被打乱,有限的财政放权在执行过程中,变成了毫无原则的随意放权,有些地方甚至以放权的彻底与否作为衡量"左"不"左"的标准。为了稳定财政秩序,纠正"大跃进"中财政管理体制改革过程中的工作失误,国务院于1958年9月通过了《关于进一步改进财政管理体制和银行信贷管理体制的几项规定》,决定从1959年起实施"收支下放、计划包干、地区调剂、总额分成、一年一变"(简称"总额分成、一年一变")的财政管理体制,该规定的主要内容有:

实行收支下放。在收入方面,取消1958年实行的地方财政收入按照不同类别划给地方固定收入、企业分成收入和调剂收入的体制,除了一些由中央直接管理的大型企业或者电力、海关等不便按地区划分的收入,全部下放地方作为地方的财政收入。在支出方面,除了少数由中央负责的支出,如国防费、援外支出等,财政支出全部下放地方,包括地方基本建设拨款和企业定额流动资金等支出。自此不再区分地方正常财政支出和中央专案拨款。地方财政收大于支的部分,按照一定比例上缴国家,不足部分由中央拨款补助,归省包干使用。地方上缴中央的收入,除了少数用于中央财政的必要开支外,主要用于补助经济落后、少数民族和收入少建设多的地区。在中央和地方的财政关系上,采用新的"总额分成、一年一变"原则代替1958年实行的"以收定支、五年不变"。总的来说,1959年的财政管理体制,基本上是适应"大跃进"形势发展需要、稳定放权的体制,但为了避免放权过重对全局平衡的影响,在放中做了一些收缩。

这一体制在一定程度上改善了财政环境,平衡了中央和地方的财政权力。但是在当时的历史环境下,这一规定并未从根本上解决"大跃进"中"左"的错误导致的地方财政权力过大的问题,而这一问题直到"八字方针"指导下的国民经济调整时期才得以

---

① 郑小玲:《中国财政管理体制的历史变迁与改革模式研究(1949—2009)》,福建师范大学博士论文,2011年。

解决。

3. 1958年税收制度改革与调整

随着三大改造的基本完成，我国企业的所有制结构已经发生了根本性的变化，国营经济和集体经济占据了绝对的主体地位。在经济规模迅速扩大、生产关系发生重大变化的情况下，过去的税收制度已经不能完全适应全面建设社会主义的需要。同时，在"大跃进"期间，"非税论"的论调变得流行，认为社会主义的税本质上不是税，在这一思想的基础上，一些人提出了简化税制甚至取消税收的改革论调。基于"基本在原有税负上简化税制"的指导思想，国家在1958年进行了一次较为重大的税制改革。税制改革主要分为两个方面，一是对工商业试行工商统一税，二是统一农业税收制度。

在工商业方面，将原有的商品流通税、货物税、营业税和印花税合并为工商统一税；将所得税从原有的工商业税中分离出来，建立工商业所得税；在基本保持原税负的基础上，调整了少数原有税率不甚合理的产品的税率；减少征税环节，对工农业产品原本的多次征税调整为生产和流通两次征税；对一些特殊单位、特殊业务的工商统一税给予税收减免。在农业税方面，国务院于1958年6月颁布施行《中华人民共和国农业税条例》。条例规定，全国实行分地区的差别比例税制，取代过去的比例税制与累进税率并存的制度；维持农业征收额基本不变，实现"增产不增税"的政策，鼓励农业发展；另行规定各省、自治区、直辖市的农业平均税率，根据各地区实际情况制定适合的农业税率。1958年的税制改革，减少了税收种类（由14种减少为9种），简化了征税环节，改变了原有的多税种、多次征的税收制度，使税制结构出现了以流转税为主体的格局。一方面简化税制可以降低征管成本，另一方面过于简化的税制也导致税收对经济的调节功能下降，从长远来说并不利于国民经济的健康发展。

### 三、国民经济调整时期财政制度的变化

由于"大跃进"与人民公社化运动的失误，加上三年严重自然灾害、苏联方面撕毁援助合同，我国国民经济出现严重困难。为了扭转国民经济的严峻形势，1960年召开了上海会议、北戴河会议等，开始调整国民经济，纠正"大跃进"中的某些错误。1961年1月，党的八届九中全会批准了"调整、巩固、充实、提高"的八字方针，开始了对国民经济的全面调整。在"大跃进"时期，原本财政权力适度、有限的下放变成了随意放权，国家财政秩序受到了巨大的冲击，中央财政出现较大赤字，1960年财政收支差额-71.39亿元，是1950年以来的最高值①。在放权的同时，财政管理体制逐渐变得松弛，腐败、财政虚假等问题开始凸显，国民经济建设受到负面影响。为了纠正过于松散的财政体制，在国民经济调整时期，党和国家不断将财政权力收回中央，同时实施严格的财政管理体制。

1961年1月15日，中共中央转批了财政部党组《关于改进财政体制、加强财政管理的报告》。报告指出："目前在财政管理和财政体制方面，相当突出地存在着财政纪律松弛、财政管理偏松、资金使用分散和财权分散等现象。"为了纠正以上问题，《报告》强调要"改进预算管理体制，适当紧缩预算外资金，加强预算管理"。并提出了以下意见：国家财权应当基本上集中在中央，大区和省、市、自治区三级，缩小专、县（市）、公社的财权，但留有必要的机动，以调动地方积极性。对各省、市、自治区财政，继续实行"收支下放、地区调剂、总额分成、一年一变"的办法。统一国家财政预算。从中央到地方实行上下一本账，坚持"全国一盘棋"。各级财政预算安排

---

① 国家统计局国民经济综合统计司编：《新中国60年统计资料汇编》，中国统计出版社2010年版。

应当坚持收支平衡，略有结余，不打赤字预算。严控基本建设规模。凡是未经国家计划部门批准，未纳入国家计划的，不得增加基本建设投资。地方当年财政结余用于基本建设，应当报经批准。对各地区、各部门和单位的预算外资金，采取"纳、减、管"的办法进行整顿。加强财政监督，严格财政纪律①。

1962年，根据《关于严格控制财政管理的决定》（即"财政六条"），财政部门又建立健全了一些必要的规章制度，基本上改变了"大跃进"时期财权分散、制度不严、管理松弛的现象。在八字方针的指导下，中央和地方积极地对国民经济进行调整，经济秩序得到了维护，国民经济稳定恢复。1965年，为了适应当时逐渐好转的经济形势，财政体制又做了一些小的调整：财政收入恢复了"总额分成"和"小固定"的办法。财政支出方面，地方各项支出，包括基本建设在内，都列入预算基数参与收入分成，只保留临时性的特大防汛、抗旱和特大救济支出作为专案拨款。预算调剂权方面，各项事业经费，财政上只下达分类的财政指标，地方有权调剂；地方企业的流动资金、水库移民建房支出和优抚救济费，中央分类下达总数，由地方具体安排②。

截至1965年，国民经济各项指标已经达到或超越了"大跃进"以前的最高水平，调整工作基本结束。国民经济调整时期财政管理体制呈现出了明显的收权——放权的调整路径。前期的收权主要是为了解决"大跃进"造成的财政秩序混乱。在调整的后期阶段，由于国民经济秩序的重新稳定，财政管理体制又有限地将权力下放给地方，以调动地方的积极性，提高行政效率，最大程度发挥出财政支援国民经济建设的作用。总的来说，这一阶段我国的财政权力变得更为集中。

### 四、"文化大革命"时期财政制度的迂回调整

1966年，国民经济调整已经基本完成，我国开始实施第三个五年计划。"文化大革命"使得国民经济发展进入相对停滞的时期，原有的财政管理体制也受到了极为严重的冲击。为了保证国家财政职能的正常履行，同时适应形势的发展需要，国家在1966—1970年这五年里实施了较为特殊的财政管理体制。1966年与1967年，基本上保持了"总额分成、一年一变"财政体制。1968年，国民经济形势十分严峻，许多地区的财政都遇到了很大的困难。在这一背景下，国家采取了"收支两条线"的做法，收入全部上交，完全由中央支配（类似于新中国成立初期的"统收统支"体制）。1969年国民经济形势好转，政局也相对稳定，又恢复了"总额分成、一年一变"的体制。1970年，财政体制再次发生新的变化，《关于下放工商税收管理权的报告》指出，下放部分权力给企事业单位，实行中央领导下的中央、省、县三级管理，扩大了地方减税、免税的批准权和部分管理权。同时，相比于1969年、1970年的财政体制，增加了"定收定支"，以适应下放后财政管理体制的需要。

财政工作在"四五时期"经历了两次较大的调整，分别为1971—1973年初步调整时期、1974—1975年全面整顿时期。"四五时期"的前三年，由于林彪反革命集团被粉碎，"文化大革命"形势出现了新的转机，国家财政在批判"左"的思潮中开始了调整，使得"四五时期"有了积极的开端。在这一阶段，周恩来严肃整顿财政工作，采取了一系列措施进行调整，财政经济状况也有了新的进展。

---

① 高培勇：《共和国财税60年》，人民出版社2009年版，第106-107页。
② 郑小玲：《中国财政管理体制的历史变迁与改革模式研究（1949—2009）》，福建师范大学博士论文，2011年。

## （一）1971—1973 年初步调整时期

### 1. 财政工作在整顿中出现转机

在"文化大革命"初期，因受到极左错误的影响，机构大批裁撤，人员大量精简。例如，"国家税务局变成财政部所属的一个业务组，建设银行并与人民银行。北京市 18 个区县的税务干部由原来的 1964 人，精简到 583 人，减少 73%。沈阳 1969 年 4 月把财政、税务、工商、物资四个单位合并组成税政系统革命委员会，人员由原来的 335 人，精简到 22 人，仅占原来的 6%。"[①] 中央在批林整风过程中，采取了一系列措施，恢复和加强财政、税务系统的规模。1971 年 1 月，中央明确批示"财政工作要加强，税务机构要建立"。1972 年 6 月，财政部发出《关于税务助征员列入国家编制的通知》，根据这一通知，恢复了国家税务局的建制，从财政部下的业务组单独划出，各地恢复税务机构，充实税务人员。同时财政部建议恢复建设银行总行，各省、市、自治区和大中型建设工程所在地恢复建设银行分行，进一步加强财政与基建战线的结合。机构的恢复和人员的充实，给财政工作带来了新的生机和活力。

### 2. 预算管理体制的适时调整

"文化大革命"前期，预算管理体制基本上实行的是"收支挂钩，总额分成"的办法。然而随着"文化大革命"的进行，国民经济遭到了严重破坏，财政收入不稳定，中央和地方政府财政都在困难中勉强维持。"收支挂钩，总额分成"很难有效落实。1971 年，进入"四五时期"，中央对各级部门适当下放权力。国家预算管理做出相应变更，实行"收支包干"的办法，即中央对各省、市、自治区实行"定收定支，收支包干，保证上缴（或差额补贴），结余留用，一年一定"的办法。财政部于 1971 年 3 月 1 日发出《关于实行财政收支包干的通知》，规定了财政收入和支出在中央和地方的划分界限；地方预算由各省、市、自治区提供建议数，中央审核；预备费，中央按支出总额 5%、地方按支出总额 3% 设置。实行预算包干，可以一定程度地调动地方积极性，但在这种动荡年代，政治环境的高度不稳定性以及财政收入的高度不确定性，使得包干政策也很难符合实际。为此，1972 年对包干政策进行了局部修改，3 月 31 日财政部发出《关于改进财政收支包干办法的通知》，其核心依旧是进一步实行企业下放，进一步实行权力下放。在执行预算过程中，超收和结余归地方留用，短收和超支由地方自求平衡。

### 3. 税制改革持续进行

"文化大革命"期间，中国的税收体制遭到了严重破坏，税收被说成是反动统治阶级剥削劳动人民的工具。在"文化大革命"中期，按照"合并税种，简化征收方法，改革不合理的工商税收制度"的指导思想，进行了新中国成立以后的第三次大规模税种改革。从 1968 年开始持续到 1973 年，经历了 3 个阶段：最初将企业缴纳的各种税收合并起来，在原税负的基础上试行"综合税"，即一个企业用一个税率征税；继而发展为一个行业用一个税率征税；最后试行工商税，按照不同的行业和产品设计不同的税率。在此期间，工商税收管理权限再次全面下放[②]。

## （二）1974—1975 年全面整顿时期

1975 年中共十届二中全会召开，邓小平主持党政日常工作，努力排除"四人帮"的干扰，着手从各方面进行全面整顿。财政工作在全面整顿中采取一系列措施，取得新的进展。

### 1. 将财政工作纳入正轨

1975 年初，第四届全国人民代表大会任

---

[①] 赵梦涵：《新中国财政税收史论纲》，经济科学出版社 2002 年版。
[②] 刘佐：《新中国税制 60 年》，中国财政经济出版社 2009 年版，第 56 页。

命张劲夫为财政部部长,同时撤销财政部军事管理委员制,恢复"文化大革命"前的组织建制,并发布《关于进一步加强财政工作和严格检查 1974 年财政收支的通知》,标志着财政工作逐步纳入正轨。《通知》的发布扭转了财政收支不正常的情况,纠正了违反财经纪律的现象,有利于推动 1975 年财政工作的进一步展开。

2. 进一步调整预算管理体制

鉴于 1973 年体制仍有不适应形势发展的地方,中央又将预算方法改为"收入按固定比例留成,超收另定分成比例,支出按指标包干"。这一方法使地方财力有了固定收入,但是收支分离,不利于地方财政根据每年收入预计下一年支出,达不到增收节支的作用,因此,在政治环境较为稳定之后又改为了"收支挂钩,总额分成"的办法。

3. 深入整顿税收工作

"文化大革命"时期在反革命集团的破坏下,税收制度遭到了破坏,偷税漏税情况严重,并且由于大量税种合并取消以及之前的大量税务机构裁撤精简,税务干部的积极性明显被打压,造成稽征管理不严格,税收收入波动不稳定。因此,1975 年 4 月,财政部专门召开全国税务工作会议,肯定了税收的地位,并对如何加强税收工作进行了讨论。这次会议整顿了税收体制,揭露了混乱的税收管理,为税收工作的恢复以及税收收入的稳定打下基础。

4. 整顿财政金融工作

根据邓小平全面整顿的精神,财政部起草了《关于整顿财政金融的意见》。该《意见》指出,要加强资金管理,加强信贷管理,调整财政收入,努力使企业扭亏为盈,控制货币发行等。

**五、改革开放前夕的财政制度概况**

经历了十年"文化大革命",国家的管理体制、法律制度遭到了一定程度的破坏。在此期间,财政制度发挥了基本职能,并未脱离计划经济体制的框架。虽然调整过程曲折,但是仍在一定程度上适应了社会发展需要,并取得一定成绩。"文化大革命"时期的破坏,使得国家财政收入长期不稳定,国库亏空。为更好地发挥财政促进经济恢复发展的积极推动作用,充实国力,国家决定采取增收节支的从紧政策。为国家增收,对税制进行整顿,加强税收管理,控制税源。国务院于 1977 年 11 月 13 日转发了财政部《关于税收管理体制的规定》,收缩税收管理权限,改变税收政策、实施和颁布税法等一系列权力收归中央,由国务院统一做出规定,并且控制非生产性开支。1977 年 3 月国务院批转财政部、国家计委、商业部、全国供销合作总社《关于坚决压缩和严格控制社会集团购买力的报告》,同年 12 月上述四个单位又联合发布《社会集团购买力管理办法》,要求各地区、各部门对社会集团购买力要注意管理和控制,并提出对社会集团购买力进行计划管理、限额控制等。

1976 年至 1978 年,国家为了改善财政状况,更好地发挥财政促进经济的积极推动作用,采取了增收节支的方案。在增收这一项上,国务院于 1977 年 11 月 13 日转发了财政部《关于税收管理体制的规定》,该《规定》集中收缩了税收管理权限,向各地申明,凡改变税收政策,实施和颁布税法,开征和停征税种,增减和调整税目税率,其管理权限归中央,由国务院统一做出规定。"凡属在省、市、自治区范围内对某种产品和行业的减免税皆由财政部批准。对县办'五小'企业、社队企业和个别单位有困难,需要在纳税上给予减免的,或因自然灾害的影响需在自然灾害上给予税收照顾的,必须经由省、市、自治区批准。财政部还就当时某些企业偷漏税问题发出通知,做出相应处理规定。"[①]

---

① 宋新中:《当代中国财政史》,中国财政经济出版社 1997 年版。

## 第三节 财政改革服务计划经济的成效

### 一、计划经济发展过程中的财政需求变化

我国的计划经济体制于1956年社会主义三大改造完成而正式确立,一直延续至1978年改革开放。可以说,计划经济时期是新中国成立初期最重要的一个经济过渡时期,在实现国民经济、财政力量稳步上升的同时,为随后社会主义市场经济的快速发展奠定了坚实的基础。

表1-7列出了1952—1977年间我国的国内生产总值,可以看到,计划经济时期的经济发展存在较为曲折的过程,受国内外政治与经济环境影响较大。但是在全力发展经济的时期,经济增长速度较快,为我国计划经济转型奠定了一定的发展根基。与此同时,财政为新中国经济建设筹集所需资金,随着计划经济的发展,我国财政制度也不断摸索调整。改革开放前夕,1977年国内生产总值已达到3221.1亿元,是1952年的4.74倍,人均国内生产总值也增长了约1.86倍。计划经济时期,产业结构也由第一产业为主转变为第二产业为主,发生了重要转型。

表1-7　　国内生产总值(1952—1977年)　　单位:亿元

| 年份 | 国民总收入 | 国内生产总值 | 第一产业 | 第二产业 | 工业 | 建筑业 | 第三产业 | 交通运输、仓储和邮政业 | 批发和零售业 | 人均国内生产总值(元/人) |
|---|---|---|---|---|---|---|---|---|---|---|
| 1952 | 679.0 | 679.0 | 346.0 | 141.8 | 119.8 | 22.0 | 191.2 | 29.0 | 70.1 | 119 |
| 1953 | 824.2 | 824.2 | 381.4 | 192.5 | 163.5 | 29.0 | 250.3 | 35.0 | 102.4 | 142 |
| 1954 | 859.4 | 859.4 | 395.5 | 211.7 | 184.7 | 27.0 | 252.2 | 38.0 | 106.6 | 144 |
| 1955 | 910.8 | 910.8 | 424.8 | 222.2 | 191.2 | 31.0 | 263.8 | 39.0 | 104.9 | 150 |
| 1956 | 1029.0 | 1029.0 | 447.9 | 280.7 | 224.7 | 56.0 | 300.4 | 46.0 | 115.3 | 166 |
| 1957 | 1069.3 | 1069.3 | 433.9 | 317.0 | 271.0 | 46.0 | 318.4 | 49.0 | 116.1 | 168 |
| 1958 | 1308.2 | 1308.2 | 449.9 | 483.5 | 414.5 | 69.0 | 374.8 | 71.0 | 120.9 | 200 |
| 1959 | 1440.4 | 1440.4 | 387.2 | 615.5 | 538.5 | 77.0 | 437.6 | 94.0 | 129.3 | 216 |
| 1960 | 1457.5 | 1457.5 | 343.8 | 648.2 | 568.2 | 80.0 | 465.5 | 104.0 | 120.3 | 218 |
| 1961 | 1220.9 | 1220.9 | 445.1 | 388.9 | 362.1 | 26.8 | 387.0 | 69.2 | 96.4 | 185 |
| 1962 | 1151.2 | 1151.2 | 457.2 | 359.2 | 325.4 | 33.9 | 334.8 | 57.4 | 67.6 | 173 |
| 1963 | 1236.4 | 1236.4 | 502.0 | 407.6 | 365.6 | 42.0 | 326.8 | 55.0 | 64.5 | 181 |
| 1964 | 1455.5 | 1455.5 | 564.0 | 513.5 | 461.1 | 52.4 | 378.0 | 58.4 | 81.7 | 208 |

续表

| 年份 | 国民总收入 | 国内生产总值 | 国内生产总值 | | | | | | | 人均国内生产总值（元/人） |
|---|---|---|---|---|---|---|---|---|---|---|
| | | | 第一产业 | 第二产业 | 第二产业 | | 第三产业 | 第三产业 | | |
| | | | | | 工业 | 建筑业 | | 交通运输、仓储和邮政业 | 批发和零售业 | |
| 1965 | 1717.2 | 1717.2 | 656.9 | 602.2 | 546.5 | 55.7 | 458.1 | 77.4 | 104.6 | 240 |
| 1966 | 1873.1 | 1873.1 | 708.5 | 709.5 | 648.6 | 60.9 | 455.1 | 85.1 | 132.1 | 255 |
| 1967 | 1780.3 | 1780.3 | 720.6 | 602.8 | 544.9 | 57.9 | 456.9 | 72.3 | 138.6 | 236 |
| 1968 | 1730.2 | 1730.2 | 732.8 | 537.3 | 490.3 | 47.0 | 460.0 | 70.5 | 126.1 | 223 |
| 1969 | 1945.8 | 1945.8 | 742.8 | 689.1 | 626.1 | 63.0 | 513.9 | 84.9 | 149.0 | 244 |
| 1970 | 2261.3 | 2261.3 | 800.4 | 912.2 | 828.1 | 84.1 | 548.7 | 100.2 | 162.8 | 276 |
| 1971 | 2435.3 | 2435.3 | 833.7 | 1022.8 | 926.6 | 96.2 | 578.7 | 108.4 | 162.5 | 290 |
| 1972 | 2530.2 | 2530.2 | 834.8 | 1084.2 | 989.9 | 94.3 | 611.2 | 122.9 | 176.6 | 294 |
| 1973 | 2733.4 | 2733.4 | 915.6 | 1173.0 | 1072.5 | 100.5 | 644.7 | 131.0 | 192.0 | 310 |
| 1974 | 2803.7 | 2803.7 | 953.7 | 1192.0 | 1083.6 | 108.4 | 658.1 | 132.2 | 188.2 | 311 |
| 1975 | 3013.1 | 3013.1 | 979.8 | 1370.5 | 1244.9 | 125.6 | 662.8 | 148.3 | 160.2 | 329 |
| 1976 | 2961.5 | 2961.5 | 975.7 | 1337.2 | 1204.6 | 132.6 | 648.6 | 147.1 | 134.4 | 318 |
| 1977 | 3221.1 | 3221.1 | 950.6 | 1509.1 | 1372.4 | 136.7 | 761.4 | 165.2 | 195.1 | 341 |

注：按照当年价格计算。

资料来源：新中国60年统计资料汇编。

从对外贸易关系来看，如表1-8所示，在计划经济体制下我国进出口贸易逆差与顺差之间交替发展，经过反复的调整，在改革开放前夕，1977年的进出口贸易总额达到272.5亿元人民币，约为1950年的6.6倍，实现6.9亿元人民币的贸易顺差。这一阶段的进出口贸易发展，为我国1978年实施改革开放奠定了一定的贸易基础和贸易经验。

表1-8　　　　　　　　　　全国进出口贸易总额（1950—1977年）

| 年份 | 人民币（亿元） | | | | 美元（亿美元） | | | |
|---|---|---|---|---|---|---|---|---|
| | 进出口总额 | 出口总额 | 进口总额 | 差额 | 进出口总额 | 出口总额 | 进口总额 | 差额 |
| 1950 | 41.3 | 20.0 | 21.3 | -1.3 | 11.3 | 5.5 | 5.8 | -0.3 |
| 1951 | 59.5 | 24.2 | 35.3 | -11.1 | 19.6 | 7.6 | 12.0 | -4.4 |
| 1952 | 64.6 | 27.1 | 37.5 | -10.4 | 19.4 | 8.2 | 11.2 | -3.0 |
| 1953 | 80.9 | 34.8 | 46.1 | -11.3 | 23.7 | 10.2 | 13.5 | -3.3 |

续表

| 年份 | 人民币（亿元） | | | | 美元（亿美元） | | | |
|---|---|---|---|---|---|---|---|---|
| | 进出口总额 | 出口总额 | 进口总额 | 差额 | 进出口总额 | 出口总额 | 进口总额 | 差额 |
| 1954 | 84.7 | 40.0 | 44.7 | -4.7 | 24.4 | 11.5 | 12.9 | -1.4 |
| 1955 | 109.8 | 48.7 | 61.1 | -12.4 | 31.4 | 14.1 | 17.3 | -3.2 |
| 1956 | 108.7 | 55.7 | 53.0 | 2.7 | 32.1 | 16.5 | 15.6 | 0.9 |
| 1957 | 104.5 | 54.5 | 50.0 | 4.5 | 31.0 | 16.0 | 15.0 | 1.0 |
| 1958 | 128.7 | 67.0 | 61.7 | 5.3 | 38.7 | 19.8 | 18.9 | 0.9 |
| 1959 | 149.3 | 78.1 | 71.2 | 6.9 | 43.8 | 22.6 | 21.2 | 1.4 |
| 1960 | 128.4 | 63.3 | 65.1 | -1.8 | 38.1 | 18.6 | 19.5 | -0.9 |
| 1961 | 90.7 | 47.7 | 43.0 | 4.7 | 29.4 | 14.9 | 14.5 | 0.4 |
| 1962 | 80.9 | 47.1 | 33.8 | 13.3 | 26.6 | 14.9 | 11.7 | 3.2 |
| 1963 | 85.7 | 50.0 | 35.7 | 14.3 | 29.2 | 16.5 | 12.7 | 3.8 |
| 1964 | 97.5 | 55.4 | 42.1 | 13.3 | 34.7 | 19.2 | 15.5 | 3.7 |
| 1965 | 118.4 | 63.1 | 55.3 | 7.8 | 42.5 | 22.3 | 20.2 | 2.1 |
| 1966 | 127.1 | 66.0 | 61.1 | 4.9 | 46.2 | 23.7 | 22.5 | 1.2 |
| 1967 | 112.2 | 58.8 | 53.4 | 5.4 | 41.6 | 21.4 | 20.2 | 1.2 |
| 1968 | 108.5 | 57.6 | 50.9 | 6.7 | 40.5 | 21.0 | 19.5 | 1.5 |
| 1969 | 107.0 | 59.8 | 47.2 | 12.6 | 40.3 | 22.0 | 18.3 | 3.7 |
| 1970 | 112.9 | 56.8 | 56.1 | 0.7 | 45.9 | 22.6 | 23.3 | -0.7 |
| 1971 | 120.9 | 68.5 | 52.4 | 16.1 | 48.4 | 26.4 | 22.0 | 4.4 |
| 1972 | 146.9 | 82.9 | 64.0 | 18.9 | 63.0 | 34.4 | 28.6 | 5.8 |
| 1973 | 220.5 | 116.9 | 103.6 | 13.3 | 109.8 | 58.2 | 51.6 | 6.6 |
| 1974 | 292.2 | 139.4 | 152.8 | -13.4 | 145.7 | 69.5 | 76.2 | -6.7 |
| 1975 | 290.4 | 143.0 | 147.4 | -4.4 | 147.5 | 72.6 | 74.9 | -2.3 |
| 1976 | 264.1 | 134.8 | 129.3 | 5.5 | 134.3 | 68.5 | 65.8 | 2.7 |
| 1977 | 272.5 | 139.7 | 132.8 | 6.9 | 148.0 | 75.9 | 72.1 | 3.8 |

资料来源：国家统计局国民经济综合统计司编：《新中国60年统计资料汇编》，中国统计出版社2010年版。

计划经济体制下，通货膨胀和就业是不容忽视的经济问题。稳定物价是新中国成立初期的核心经济任务之一，表1-9列出了1952—1977年我国居民消费水平与指数情况，可以看到1968年之前，全国居民消费水平上下波动，在1968—1977年间保持上升状态。表1-10列出了全国就业人员情况，与经济迂回发展的趋势有所差异的是，除了"大跃进"时期就业人员下降，整体呈增长趋势，且以第一产业就业为主。

表 1-9　全国居民消费水平及指数（1952—1977 年）

| 年份 | 绝对数（元） | | | 指数（上年=100） | | | 指数（1952=100） | | |
|---|---|---|---|---|---|---|---|---|---|
| | 全国居民 | 农村居民 | 城镇居民 | 全国居民 | 农村居民 | 城镇居民 | 全国居民 | 农村居民 | 城镇居民 |
| 1952 | 80 | 65 | 154 | | | | 100.0 | 100.0 | 100.0 |
| 1953 | 91 | 72 | 188 | 107.5 | 102.8 | 115.1 | 107.5 | 102.8 | 115.1 |
| 1954 | 92 | 73 | 191 | 100.6 | 101.2 | 100.7 | 108.1 | 104.0 | 115.9 |
| 1955 | 99 | 80 | 198 | 106.8 | 108.7 | 103.7 | 115.5 | 113.1 | 120.2 |
| 1956 | 104 | 81 | 212 | 105.0 | 101.3 | 107.0 | 121.3 | 114.6 | 128.6 |
| 1957 | 108 | 82 | 222 | 102.7 | 102.0 | 102.4 | 124.5 | 116.8 | 131.7 |
| 1958 | 111 | 86 | 212 | 101.6 | 102.5 | 95.8 | 126.5 | 119.8 | 126.2 |
| 1959 | 104 | 70 | 224 | 91.7 | 80.8 | 100.8 | 116.0 | 96.8 | 127.2 |
| 1960 | 111 | 73 | 236 | 94.7 | 95.5 | 89.4 | 109.9 | 92.4 | 113.7 |
| 1961 | 124 | 87 | 248 | 93.7 | 101.3 | 87.2 | 103.0 | 93.6 | 99.1 |
| 1962 | 126 | 93 | 248 | 103.7 | 106.9 | 102.8 | 106.8 | 100.1 | 101.9 |
| 1963 | 124 | 94 | 240 | 109.4 | 107.5 | 116.3 | 116.8 | 107.6 | 118.5 |
| 1964 | 127 | 99 | 253 | 105.6 | 105.8 | 111.3 | 123.4 | 113.8 | 131.9 |
| 1965 | 133 | 104 | 259 | 109.8 | 110.0 | 109.3 | 135.4 | 125.2 | 144.2 |
| 1966 | 139 | 111 | 262 | 103.1 | 104.1 | 101.6 | 139.6 | 130.3 | 146.5 |
| 1967 | 143 | 115 | 268 | 103.3 | 104.2 | 102.4 | 144.2 | 135.8 | 150.0 |
| 1968 | 139 | 111 | 266 | 96.8 | 95.9 | 99.1 | 139.6 | 130.2 | 148.7 |
| 1969 | 142 | 113 | 272 | 102.7 | 103.0 | 102.9 | 143.4 | 134.2 | 153.0 |
| 1970 | 147 | 119 | 281 | 104.0 | 104.8 | 103.5 | 149.1 | 140.6 | 158.3 |
| 1971 | 150 | 121 | 287 | 101.3 | 101.2 | 102.2 | 151.1 | 142.3 | 161.8 |
| 1972 | 155 | 121 | 315 | 102.8 | 99.7 | 109.4 | 155.3 | 141.9 | 177.0 |
| 1973 | 162 | 128 | 325 | 104.7 | 105.4 | 103.3 | 162.6 | 149.5 | 182.9 |
| 1974 | 163 | 128 | 334 | 99.9 | 99.1 | 102.2 | 162.4 | 148.2 | 186.9 |
| 1975 | 167 | 130 | 349 | 102.2 | 101.5 | 103.9 | 166.0 | 150.4 | 194.2 |
| 1976 | 171 | 131 | 365 | 102.1 | 100.7 | 104.6 | 169.5 | 151.4 | 203.1 |
| 1977 | 175 | 130 | 390 | 101.3 | 99.8 | 103.7 | 171.7 | 151.1 | 210.6 |

注：绝对数按当年价格计算，指数按不变价格计算。
资料来源：新中国 60 年统计资料汇编。

表 1-10　　全国就业人员情况（1952—1977年）　　单位：万人

| 年份 | 就业人员 | 按城乡分 | | 按三次产业分 | | |
|---|---|---|---|---|---|---|
| | | 城镇 | 乡村 | 第一产业 | 第二产业 | 第三产业 |
| 1952 | 20729 | 2486 | 18243 | 17317 | 1531 | 1881 |
| 1953 | 21364 | 2754 | 18610 | 17747 | 1715 | 1902 |
| 1954 | 21832 | 2744 | 19088 | 18151 | 1882 | 1799 |
| 1955 | 22328 | 2802 | 19526 | 18592 | 1913 | 1823 |
| 1956 | 23018 | 2993 | 20025 | 18544 | 2468 | 2006 |
| 1957 | 23771 | 3205 | 20566 | 19309 | 2142 | 2320 |
| 1958 | 26600 | 5300 | 21300 | 15490 | 7076 | 4034 |
| 1959 | 26173 | 5389 | 20784 | 16271 | 5402 | 4500 |
| 1960 | 25880 | 6119 | 19761 | 17016 | 4112 | 4752 |
| 1961 | 25590 | 5336 | 20254 | 19747 | 2856 | 2987 |
| 1962 | 25910 | 4537 | 21373 | 21276 | 2059 | 2575 |
| 1963 | 26640 | 4603 | 22037 | 21966 | 2038 | 2636 |
| 1964 | 27736 | 4828 | 22908 | 22801 | 2183 | 2752 |
| 1965 | 28670 | 5136 | 23534 | 23396 | 2408 | 2866 |
| 1966 | 29805 | 5354 | 24451 | 24297 | 2600 | 2908 |
| 1967 | 30814 | 5446 | 25368 | 25165 | 2661 | 2988 |
| 1968 | 31915 | 5630 | 26285 | 26063 | 2743 | 3109 |
| 1969 | 33225 | 5825 | 27400 | 27117 | 3030 | 3078 |
| 1970 | 34432 | 6312 | 28120 | 27811 | 3518 | 3103 |
| 1971 | 35620 | 6868 | 28752 | 28397 | 3990 | 3233 |
| 1972 | 35854 | 7200 | 28654 | 28283 | 4276 | 3295 |
| 1973 | 36652 | 7388 | 29264 | 28857 | 4492 | 3303 |
| 1974 | 37369 | 7687 | 29682 | 29218 | 4712 | 3439 |
| 1975 | 38168 | 8222 | 29946 | 29456 | 5152 | 3560 |
| 1976 | 38834 | 8692 | 30142 | 29443 | 5611 | 3780 |
| 1977 | 39377 | 9127 | 30250 | 29340 | 5831 | 4206 |

资料来源：国家统计局国民经济综合统计司编：《新中国60年统计资料汇编》，中国统计出版社2010年版。

表1-11列出了1952—1977年全国职工人数和平均工资，与表1-10对比可以看到，计划经济时期职工人数的波动与就业人数的波动有所差异，主要与工业经济发展有更为密切的关系。1977年的全国职工人数是1952年的5.68倍，且以国有企业为主导地位。平均工资水平变化则较为有限，1977年仅为1952年的1.29倍。

表 1-11　　　　　　　全国职工人数和平均工资（1952—1977 年）

| 年份 | 职工人数（万人） | | | 平均货币工资（元） | | |
|---|---|---|---|---|---|---|
| | 合计 | 国有 | 城镇集体 | 合计 | 国有 | 城镇集体 |
| 1952 | 1603 | 1580 | 23 | 445 | 446 | 348 |
| 1953 | 1856 | 1826 | 30 | 495 | 496 | 415 |
| 1954 | 2002 | 1881 | 121 | 517 | 519 | 464 |
| 1955 | 2162 | 1908 | 254 | 527 | 534 | 453 |
| 1956 | 2977 | 2423 | 554 | 601 | 610 | 547 |
| 1957 | 3101 | 2451 | 650 | 624 | 637 | 571 |
| 1958 | 5194 | 4532 | 662 | 536 | 550 | 470 |
| 1959 | 5275 | 4561 | 714 | 512 | 524 | 430 |
| 1960 | 5969 | 5044 | 925 | 511 | 528 | 409 |
| 1961 | 5171 | 4171 | 1000 | 510 | 537 | 380 |
| 1962 | 4321 | 3309 | 1012 | 551 | 592 | 405 |
| 1963 | 4372 | 3293 | 1079 | 576 | 641 | 371 |
| 1964 | 4601 | 3465 | 1136 | 586 | 661 | 358 |
| 1965 | 4965 | 3738 | 1227 | 590 | 652 | 398 |
| 1966 | 5198 | 3934 | 1264 | 583 | 636 | 423 |
| 1967 | 5305 | 4006 | 1299 | 587 | 630 | 455 |
| 1968 | 5504 | 4170 | 1334 | 577 | 621 | 441 |
| 1969 | 5714 | 4335 | 1379 | 575 | 618 | 439 |
| 1970 | 6216 | 4792 | 1424 | 561 | 609 | 405 |
| 1971 | 6787 | 5318 | 1469 | 560 | 597 | 429 |
| 1972 | 7134 | 5610 | 1524 | 588 | 622 | 465 |
| 1973 | 7337 | 5758 | 1579 | 587 | 614 | 489 |
| 1974 | 7651 | 6007 | 1644 | 584 | 622 | 441 |
| 1975 | 8198 | 6426 | 1772 | 580 | 613 | 453 |
| 1976 | 8673 | 6860 | 1813 | 575 | 605 | 464 |
| 1977 | 9112 | 7196 | 1916 | 576 | 602 | 478 |

资料来源：国家统计局国民经济综合统计司编：《新中国 60 年统计资料汇编》，中国统计出版社 2010 年版。

通过对计划经济时期整体经济发展特点与趋势的梳理，不难发现，在这一阶段，计划经济体制在特殊时期发挥着特殊的制度作用，经济发展既出现过较快增长，也存在停滞、下降的情形。整体来看经济建设取得了一定成绩，但是仍面临国家建设与民族振兴的重要挑战。计划经济时期的国民经济发展为 1978 年改革开放奠定了经济基础，也使得经济转型更为迫切，从而推动了 1978 年改革开放。计划经济时期对财政制度的主要需求体现在两个方面：一是为经济建设和国家秩序的稳固提供财政资金。二是构建起有效的财政制度，作为计划经济制度的重要组成部分之一。从新中国成立初期财政制度的确立，到之后的多次调整与改革,在很大程度上都源于当时的财政制度与经济战略或经济发展目标之前的矛盾与问题,财政改革也致力于更加符合当时的政治环境与经济发展水平,更好地发挥计划经济体制下的财政职能。

在财政基本制度方面,从无到有,并且进行了多次调整和完善,从而确立了财政部在国家经济管理中的重要角色地位,并且根据经济导向和现实情况进行了多次改革,充分体现出计划式、集权与分权摸索调整的财政制度特征。基于中央与地方的财政关系的视角,在改革开放以前的计划经济体制下,从整体上来看,我国的财政管理制度基本上是中央集权型的,即中央的权力相对集中。在中央和地方之间一直存在着财权划分和财力失衡的矛盾,也进行了分权与集权的探索,这些实践为以后的财政改革积累了重要的经验和教训,也为计划经济时期的经济发展提供了机遇与挑战。

在税收制度方面,我国税制通过1950年统一全国税制、1958年税制改革、1973年简并税制等几次重要税制改革,建立了与我国计划经济体制相适应的税收制度。从1949年到1978年,我国税制建设经过了曲折的发展历程,主要体现为以下三大改革:1950年的《全国税政实施要则》,在清理旧税制的基础上,建立了一套以多税种、多次征为特征的复合税制,1953年继续对该税制进行了修正,为实现国家财政经济状况的根本好转,促进国民经济恢复和发展,建立社会主义经济制度发挥了重要作用;1958年是新中国成立之后第一次大规模税改,主要为简化工商税制,并实施《中华人民共和国农业税条例》(一直延续至2006年);1973年是紧接着的第二次大规模税制,继续简化工商税制[①]。从税制改革的具体内容来看,以组织财政收入、服务经济建设为主要目标,税制结构以流转税为主体,相应的税制改革也紧紧围绕流转税开展,充分体现出计划经济体制下的税制状况与改革动向,也逐步强化了税收在国家财政收入中的地位。简化税制提高了对经济活动征税的效率,但是极大地限制了税收调节经济功能的发挥。

公债作为政府筹集财政收入的另一项重要手段,在新中国成立初期以及计划经济时期也发挥了重要作用,但是这一时期的公债制度具有一定的特殊性,即主要服务于经济重建,且并未充分发挥公债作为财政收入的工具作用。1950年政府发行"人民胜利折实公债",1953—1958年分5次累计发行34.45亿元的"国家经济建设公债",1968年公债全部偿清后,我国出现了一段"既无外债,又无内债"的时期。表1-12列出了1950—1974年国家财政债务还本付息支出的数据,基本验证了上述观点,也充分体现出计划经济时期国家对政府债务规模的控制程度。这种审慎的公债政策,也从侧面反映出计划经济体制下经济波动对财政稳定性的影响,对政府债务控制决策产生了不可忽视的作用。而改革开放前夕较低的债务水平,也有利于1978年实施改革开放能够在一定程度上避免政府债务负担困扰。

表1-12 国家财政债务还本付息支出(1950—1974年) 单位:亿元

| 年份 | 合 计 | 国内债务还本付息 | 国外债务还本付息 | 归还向人民银行借款的利息 |
| --- | --- | --- | --- | --- |
| 1950 | 0.03 | 0.03 | | |
| 1951 | 0.42 | 0.40 | 0.01 | 0.01 |
| 1952 | 3.92 | 0.58 | 0.23 | 3.11 |

---

[①] 贾康、刘薇:《构建现代治理基础——中国财税体制改革40年》,广东经济出版社2017年版,第186-187页。

续表

| 年份 | 合计 | 国内债务还本付息 | 国外债务还本付息 | 归还向人民银行借款的利息 |
|---|---|---|---|---|
| 1953 | 0.91 | 0.65 | 0.26 | |
| 1954 | 2.21 | 0.89 | 1.32 | |
| 1955 | 6.56 | 1.58 | 4.98 | |
| 1956 | 7.22 | 1.25 | 5.97 | |
| 1957 | 8.26 | 2.18 | 6.08 | |
| 1958 | 9.04 | 1.81 | 7.23 | |
| 1959 | 9.69 | 2.58 | 7.11 | |
| 1960 | 10.46 | 3.73 | 6.73 | |
| 1961 | 10.93 | 4.35 | 6.58 | |
| 1962 | 10.37 | 3.95 | 6.42 | |
| 1963 | 7.58 | 4.72 | 2.86 | |
| 1964 | 5.23 | 4.27 | 0.96 | |
| 1965 | 6.36 | 5.66 | 0.70 | |
| 1966 | 3.91 | 3.91 | | |
| 1967 | 2.01 | 2.01 | | |
| 1968 | 2.00 | 2.00 | | |
| 1972 | 0.50 | 0.50 | | |
| 1973 | 0.50 | 0.50 | | |
| 1974 | 0.50 | 0.50 | | |

注：1969—1971年数据缺失。

资料来源：新中国60年统计资料汇编。

## 二、计划经济时期财政职能的有效实现

计划经济时期我国财政制度的变化，有相当一部分是为了应对严峻而紧急的经济形势而做出，并非是早有规划的长远改革。这些看似没有统一规划的改革，描绘出了新中国30年的财政发展轨迹乃至经济发展脉络，更为新时期的财政改革留下了宝贵的经验与教训。虽然存在某些局限性，但是这些改革都承载着当时国情的需要，具有不同的改革成效。

从总体上来说，计划经济时期中国的财政制度可以用"统收统支"来概括。虽然计划经济时期，"统收统支"有着不同的内涵，具体的财政制度与新中国成立初期已经发生较大的变化；然而从根本上来说，新中国在计划经济时期只有一套财政制度，即高度集中的财政制度。从某种意义上来说，历次财政改革，都起了完善原有财政制度的作用。

新中国成立初期的财政制度，其在运行中必然会产生种种问题，需要通过改革与调整予以解决。问题的产生，一方面源于制度建设本身不可避免的缺陷，如"统收统支"体制下中央对地方控制过死，地方有些问题无法得到及时解决。另一方面则是因为随着经济发展，新中国的经济形势较为多变，原有的财政制度很快无法完全适应变化的环境，因而催生了数次改革以完善原有的制度。可以看到，计划经

济时期我国的财政体制是多变的,仅仅在"文化大革命"期间,财政管理体制就出现了多次较大变动。虽然财政体制的改革看似迫于外部形势变动,但是不可否认的是,正是历次财政改革,使财政权力的分配格局能够基本适应国情需要,为计划经济体制的作用发挥提供支持,为之后的经济转型与财政转型摸索经验、奠定基础。

计划经济时期财政制度的确立,最初即为高度集中的财政制度,地方财政缺乏自主权。但是,从"一五"计划的"分级管理、收入分类分成"打破"统收统支"体制开始,历次财政改革对于财政体制的调整,都在试图达到一种中央与地方的平衡。改革开放后,为了放活地方经济,调动地方积极性,我国开始了财政分权化改革。而计划经济时期一次次"放权"的探索,不仅为经济转型发展提供了更多有益的实践,并且积累了计划经济下财政制度的作用经验,计划经济时期的财政制度改革为改革开放时期的财政制度改革做了必要探索。

表1－13列出了计划经济时期我国财政收支总额及增长状况,1950年的国家财政收入仅为62.17亿元,而支出达到68.05亿元,存在明显的财政赤字。1951年财政收入几乎翻番,主要得益于新中国财政制度的确立。1952年之后财政收入增长降速,但是在1960年之前仍然保持增长趋势。1959—1960年出现了较为严重的赤字,与"大跃进"对经济的影响不无关系。1977年我国财政收入约为1950年的14倍,为新中国经济建设提供了宝贵的资金支持。从财政收入与国内生产总值的比重来看,1952—1977年间(除了个别年份),主要在25%—30%之间波动。

表1－13　国家财政收支总额及增长速度（1950—1977年）

| 年份 | 财政收入（亿元） | 财政支出（亿元） | 收支差额（亿元） | 增长速度（%） 财政收入 | 增长速度（%） 财政支出 | 财政收入占国内生产总值的比重（%） |
| --- | --- | --- | --- | --- | --- | --- |
| 1950 | 62.17 | 68.05 | -5.88 | | | |
| 1951 | 124.96 | 122.07 | 2.89 | 101.0 | 79.4 | |
| 1952 | 173.94 | 172.07 | 1.87 | 39.2 | 41.0 | 25.6 |
| 1953 | 213.24 | 219.21 | -5.97 | 22.6 | 27.4 | 25.9 |
| 1954 | 245.17 | 244.11 | 1.06 | 15.0 | 11.4 | 28.5 |
| 1955 | 249.27 | 262.73 | -13.46 | 1.7 | 7.6 | 27.4 |
| 1956 | 280.19 | 298.52 | -18.33 | 12.4 | 13.6 | 27.3 |
| 1957 | 303.20 | 295.95 | 7.25 | 8.2 | -0.9 | 28.4 |
| 1958 | 379.62 | 400.36 | -20.74 | 25.2 | 35.3 | 29.0 |
| 1959 | 487.12 | 543.17 | -56.05 | 28.3 | 35.7 | 33.9 |
| 1960 | 572.29 | 643.68 | -71.39 | 17.5 | 18.5 | 39.3 |
| 1961 | 356.06 | 356.09 | -0.03 | -37.8 | -44.7 | 29.2 |
| 1962 | 313.55 | 294.88 | 18.67 | -11.9 | -17.2 | 27.3 |
| 1963 | 342.25 | 332.05 | 10.20 | 9.2 | 12.6 | 27.8 |
| 1964 | 399.54 | 393.79 | 5.75 | 16.7 | 18.6 | 27.5 |
| 1965 | 473.32 | 459.97 | 13.35 | 18.5 | 16.8 | 27.6 |
| 1966 | 558.71 | 537.65 | 21.06 | 18.0 | 16.9 | 29.9 |
| 1967 | 419.36 | 439.84 | -20.48 | -24.9 | -18.2 | 23.6 |
| 1968 | 361.25 | 357.84 | 3.41 | -13.9 | -18.6 | 21.0 |

续表

| 年份 | 财政收入（亿元） | 财政支出（亿元） | 收支差额（亿元） | 增长速度（%） | | 财政收入占国内生产总值的比重（%） |
|---|---|---|---|---|---|---|
| | | | | 财政收入 | 财政支出 | |
| 1969 | 526.76 | 525.86 | 0.90 | 45.8 | 47.0 | 27.2 |
| 1970 | 662.90 | 649.41 | 13.49 | 25.8 | 23.5 | 29.4 |
| 1971 | 744.73 | 732.17 | 12.56 | 12.3 | 12.7 | 30.7 |
| 1972 | 766.56 | 765.86 | 0.70 | 2.9 | 4.6 | 30.4 |
| 1973 | 809.67 | 808.78 | 0.89 | 5.6 | 5.6 | 29.8 |
| 1974 | 783.14 | 790.25 | -7.11 | -3.3 | -2.3 | 28.1 |
| 1975 | 815.61 | 820.88 | -5.27 | 4.1 | 3.9 | 27.2 |
| 1976 | 776.58 | 806.20 | -29.62 | -4.8 | -1.8 | 26.4 |
| 1977 | 874.46 | 843.53 | 30.93 | 12.6 | 4.6 | 27.3 |

注：在国家财政收支中，价格补贴1985年及以前冲减财政收入，1986年起才列为财政支出。国家财政收入中不包括国内外债务收入。

资料来源：新中国60年统计资料汇编。

从我国税收收入来看，1950—1977年间整体呈增长趋势，期间存在多次波动（见表1-14）。1977年的税收收入约为1950年的9.56倍。税收收入在财政收入中的比例，在计划经济初期，在50%以上居多，在1958年至1975年间，大多居于50%以下。这也从侧面反映出，计划经济体制下，税收对财政收入的贡献仍较为有限，税收制度在组织财政收入方面还有待强化，期间的税制简并改革在增加财政收入方面的作用也较为有限。从关税收入来看，改革开放前夕，关税收入出现显著增长。农业各税收入则相对稳定，与计划经济体制下的第一产业的稳定发展较为相关，而这种收入稳定性也反映出计划经济体制下产业结构的变化，即第二产业的发展成为经济建设重点。

表1-14　　　　　全国税收收入统计（1950—1977年）　　　　单位：亿元

| 年份 | 合计 | 关税 | 农业各税 | 税收收入占财政收入的比重（%） |
|---|---|---|---|---|
| 1950 | 48.98 | 3.56 | 19.10 | 78.78 |
| 1951 | 81.13 | 6.94 | 23.35 | 64.92 |
| 1952 | 97.69 | 4.81 | 27.35 | 56.16 |
| 1953 | 119.67 | 5.05 | 27.51 | 56.12 |
| 1954 | 132.18 | 4.12 | 33.13 | 53.91 |
| 1955 | 127.45 | 4.66 | 30.72 | 51.13 |
| 1956 | 140.88 | 5.42 | 29.65 | 50.28 |
| 1957 | 154.89 | 5.79 | 29.67 | 51.09 |
| 1958 | 187.36 | 6.40 | 32.59 | 49.35 |
| 1959 | 204.71 | 7.03 | 33.01 | 42.02 |

续表

| 年份 | 合 计 | 关 税 | 农业各税 | 税收收入占财政收入的比重（%） |
|---|---|---|---|---|
| 1960 | 203.65 | 6.00 | 28.04 | 35.59 |
| 1961 | 158.76 | 6.23 | 21.66 | 44.59 |
| 1962 | 162.07 | 4.82 | 22.83 | 51.69 |
| 1963 | 164.31 | 4.15 | 24.00 | 48.01 |
| 1964 | 182.00 | 4.38 | 25.89 | 45.55 |
| 1965 | 204.30 | 5.70 | 25.78 | 43.16 |
| 1966 | 221.96 | 6.50 | 29.55 | 39.73 |
| 1967 | 196.63 | 3.92 | 28.95 | 46.89 |
| 1968 | 191.56 | 6.33 | 30.02 | 53.03 |
| 1969 | 235.44 | 6.36 | 29.56 | 44.70 |
| 1970 | 281.20 | 7.00 | 31.98 | 42.42 |
| 1971 | 312.56 | 5.00 | 30.86 | 41.97 |
| 1972 | 317.02 | 5.00 | 28.37 | 41.36 |
| 1973 | 348.95 | 9.00 | 30.52 | 43.10 |
| 1974 | 360.40 | 14.00 | 30.06 | 46.02 |
| 1975 | 402.77 | 15.00 | 29.45 | 49.38 |
| 1976 | 407.96 | 15.00 | 29.14 | 52.53 |
| 1977 | 468.27 | 26.23 | 29.33 | 53.55 |

资料来源：国家统计局国民经济综合统计司编：《新中国60年统计资料汇编》，中国统计出版社2010年版。比重值为本报告计算结果。

财政服务国家经济建设的作用显著，财政支出为经济建设提供有力支持。伴随我国计划经济体制的发展，财政制度也相应地发挥作用，财政支出是主要手段之一。从表1-15的1950—1977年国家财政支出数据来看，较大规模的财政支出用于基本建设支出方面，为我国经济建设提供有力支持。以1977年为例，基本建设财政支出达到总财政支出的35.67%，在1950—1977年间该比值曾超过50%（1958—1960年）。"一五"计划以来，该比值大多居于30%以上。

表1-15　　　　　　　　国家财政主要支出（1950—1977年）　　　　　　　　单位：亿元

| 年份 | 基本建设支出 | 增拨企业流动资金 | 挖潜改造资金和科技三项费用 | 地质勘探费 | 工、交、流通部门事业费 | 支农支出 |
|---|---|---|---|---|---|---|
| 1950 | 12.50 | | | | | 1.99 |
| 1951 | 27.03 | | | | | 3.67 |
| 1952 | 46.68 | 18.56 | | | | 2.69 |
| 1953 | 70.34 | 13.78 | | 0.68 | 6.39 | 2.99 |

续表

| 年份 | 基本建设支出 | 增拨企业流动资金 | 挖潜改造资金和科技三项费用 | 地质勘探费 | 工、交、流通部门事业费 | 支农支出 |
|---|---|---|---|---|---|---|
| 1954 | 84.28 | 26.30 | 1.82 | 0.75 | 6.91 | 3.98 |
| 1955 | 88.53 | 30.81 | 3.09 | 3.66 | 10.08 | 5.82 |
| 1956 | 139.58 | 10.79 | 2.48 | 5.17 | 10.80 | 7.70 |
| 1957 | 123.71 | 20.82 | 2.29 | 6.27 | 12.36 | 7.99 |
| 1958 | 229.38 | 25.66 | 0.83 | 6.90 | 16.25 | 9.34 |
| 1959 | 302.34 | 54.28 | 2.20 | 8.96 | 14.98 | 22.05 |
| 1960 | 354.45 | 67.47 | 2.55 | 10.25 | 19.58 | 33.73 |
| 1961 | 110.18 | 29.39 | 2.67 | 6.47 | 13.54 | 31.01 |
| 1962 | 55.65 | 47.78 | 14.65 | 4.79 | 10.29 | 19.29 |
| 1963 | 80.21 | 36.65 | 18.28 | 4.68 | 7.89 | 22.19 |
| 1964 | 123.83 | 23.35 | 20.86 | 6.43 | 12.71 | 20.92 |
| 1965 | 158.49 | 27.55 | 25.23 | 7.71 | 15.91 | 17.29 |
| 1966 | 191.04 | 40.28 | 27.54 | 7.95 | 16.40 | 19.11 |
| 1967 | 161.25 | 29.10 | 10.32 | 7.71 | 12.01 | 16.12 |
| 1968 | 117.85 | 12.03 | 5.66 | 6.35 | 6.80 | 12.89 |
| 1969 | 206.22 | 26.61 | 10.74 | 8.07 | 6.37 | 14.87 |
| 1970 | 298.36 | 31.23 | 14.78 | 8.76 | 6.58 | 15.91 |
| 1971 | 309.56 | 35.30 | 26.40 | 10.30 | 6.49 | 19.65 |
| 1972 | 309.09 | 42.95 | 25.46 | 11.29 | 7.55 | 25.10 |
| 1973 | 317.17 | 53.82 | 25.49 | 12.20 | 8.90 | 35.49 |
| 1974 | 312.83 | 44.76 | 27.20 | 13.09 | 10.09 | 38.23 |
| 1975 | 326.96 | 41.84 | 31.47 | 14.16 | 12.76 | 42.53 |
| 1976 | 311.25 | 45.36 | 34.34 | 15.96 | 13.12 | 46.01 |
| 1977 | 300.88 | 65.68 | 39.45 | 17.26 | 14.43 | 50.68 |

资料来源：国家统计局国民经济综合统计司编：《新中国60年统计资料汇编》，中国统计出版社2010年版。

我国幅员辽阔，各地经济发展的条件差异较大。计划经济时期，某些地区的财政收入可以满足自身需要甚至仍有结余，但是一些建设相对落后的地区财政往往入不敷出，需要政府补助。国家财政通过转移支付，较为合理地分配地方财政资金，既保证地方财政收入充足，也减少浪费。在税收制度上，对落后地区给予一定的税收优惠，推动地区发展相对平衡。以1958年财政制度改革为例，1958年国家将财政体制调整为"以收定支、五年不变"，这一体制将地方财政收入分为地方固定收入、企业分成收入和调剂收入，收入不足由国家补助，收入大于支出则按比例上缴。这一体制有着明显的转移支付特征，有助于平衡地方财政差距。在1958年的税制改革中，农业税实行了分地区的差别比例税率，工商业上将一些免税、减税的权力下放给地方，使地方按照自身实际情况管理税收，也体现了对某些特定地区的照顾。

新中国成立后，国家的经济发展坎坷曲

折，在三年自然灾害时期和"文化大革命"时期都出现过较大的经济困难。经济形势严峻时期，适时的财政制度改革有助于国家克服困难，促进经济发展走上正常轨道。例如，1961年为了纠正"大跃进"中财政管理权过度下放的问题，中共中央转批了财政部党组《关于改进财政体制、加强财政管理的报告》。《报告》决定：国家财权应当基本上集中在中央，大区和省、市、自治区三级，缩小专、县（市）、公社的财权；继续实施"总额分成、一年一变"的财政体制，以适应调整的需要；统一国家预算，坚持"全国一盘棋"；严控基本建设规模；预算外资金，采取"纳、减、管"的办法进行整顿；加强财政监督，严格财政纪律。适时的财政改革，将部分下放的财政权力重新收归中央，原本在"大跃进"中有些混乱的财政秩序重新得到稳定，为国民经济调整工作提供了有力的保障与支持。

在1949年至改革开放前的这29年间，我国的计划经济体制没有形成一套规范的制度，基本上处于行政性集权与分权的交替状态，体制安排具有很大的不稳定性，因而束缚了生产力的解放。在财政体制方面，总体上实行以中央集权为主的财政管理体制，责、权、利无法合理结合，地方实际能支配的财力和财权很有限，地方既无动力也无财力因地制宜统筹本地区的经济发展，对中央存在很严重的依赖性，使经济失去了生机和活力，因此对这种高度集中的行政命令型的计划经济体制进行根本性改革势在必行[①]。在此背景下，也对我国财政制度的改革提出了更多的要求，财政制度如何服务于计划经济体制向改革开放下的经济体制转型成为一个重要转折。

---

① 贾康、刘薇：《构建现代治理基础——中国财税体制改革40年》，广东经济出版社2017年版，第12页。

# 第二章 市场经济探索时期的国家财政

1978年至1992年，是改革开放初始到社会主义市场经济体制建立之前的时期，也是我国进行市场经济改革的探索时期。此间，思潮涌动，举措迭出。自十一届三中全会以来，快速发展的中国经济，其增长方式是一种外延与内涵式增长并存的现代化道路；其所有制形式，是国有经济存量改革和非公有制经济增量迅速发展的道路；其政策供给，是具有中国特色的财政分权的发展道路，这种形式的探索与发展，是中国所特有的。在此期间，我国财政体制大体经历了从"分灶吃饭"到"包干制"再到分税制的变化，紧密结合同时期的经济形势变化和内在发展要求，不断对原有制度进行调整，减少对迅速发展的社会经济体制的束缚，进行以财政分权改革为核心的市场化改革，推动了我国改革开放后40年的经济增长。

党的十一届三中全会做出了改革开放的重大决策，开启了一个全新的历史时期。农村改革取得突破，城市改革不断推进，各项改革事业全面启动，对外开放不断扩大。在前所未有的改革开放大潮中，财政也焕发出勃勃生机，活跃在改革开放的各个领域，发挥着先行军的作用。由于放权让利分配体制改革的进行，社会经济发展迅速，特别是民营企业的迅速发展，使经济短缺现象逐步减少。这一时期的特点是：经济起伏与经济波动较为密集，中央宏观调控和市场调节并行，政府职能的行为边界有所调整，政府、企业、市场的边界逐渐清晰，为后来社会主义市场经济体制的建立奠定了一定的基础。财政改革作为中国总体改革的"突破口"之一和重要组成部分，既为改革"打头"，又为改革"殿后"，有力地支持了经济发展、改革配套、社会稳定和各项事业全面进步。从1978年到1992年，财政作为宏观层面解锁"高度集中体制"的突破口，以行政性分权的方式，通过变"条条为主"为"块块为主"的放权和逐步退出传统的资金分配、资源配置领域，推动经济运行机制的市场化，并探索自身职能公共化的转变。根据这一时期经济体制改革的目标和重点，财政改革以"分灶吃饭"的分权方式扩大地方政府的经济资源支配能力，并逐步以"利润留成""利改税""税利分流"和企业"产权明晰"、股份制改造方式，确立了国有企业在市场经济中的微观市场主体地位。

## 第一节 市场经济探索时期的经济转型

### 一、从计划经济到市场经济的制度探索

1978年,党的十一届三中全会做出了改革开放的伟大历史抉择,开启了我国经济社会发展的历史新时期。1978年12月18日至22日,党的十一届三中全会在北京举行。这次全会彻底否定"两个凡是"的方针,重新确立解放思想、实事求是的指导思想,实现了思想路线的拨乱反正;停止使用"以阶级斗争为纲"的口号,做出工作重点转移的决策,实现了政治路线的拨乱反正;恢复党的民主集中制的优良传统,提出使民主制度化、法律化的重要任务;审查和解决历史上遗留的一批重大问题和一些重要领导人的功过是非问题,开始了系统清理重大历史是非的拨乱反正。全会做出的实行改革开放的新决策,开始了中国从"以阶级斗争为纲"到以经济建设为中心、从僵化半僵化到全面改革、从封闭半封闭到对外开放的历史性转变。

十一届三中全会以后,随着全面改革的展开,我们党对中国国情与中国社会发展阶段的认识逐步深化。1979年,在庆祝中华人民共和国成立30周年大会上的讲话中,提出了我国"社会主义制度还处于幼年时期"的概念。同年7月15日,中共中央、国务院批转广东省委、福建省委关于对外经济活动实行特殊政策和灵活措施的报告,决定在深圳、珠海、汕头和厦门试办特区。8月13日,国务院颁发《关于大力发展对外贸易增加外汇收入若干问题的规定》,主要内容是扩大地方和企业的外贸权限,鼓励增加出口,办好出口特区。

1980年2月,邓小平在其所做的《目前的形势和任务》讲话中明确提出,在我国的经济建设中要贯彻"计划调节和市场调节相结合"的方针。1980年5月,中共中央、国务院批转《广东、福建两省会议纪要》,正式将"特区"定名为"经济特区"。改革开放之初,在缺少对外经济交往经验、国内法律体系不健全的形势下,设立经济特区为国内的进一步改革和开放、扩大对外经济交流起了极为重要的作用。我国初步确立了外向型经济发展战略。1980年5月公开肯定了小岗村"大包干"的做法,在关键时刻专门表态支持阻力重重的农村包产到户政策,使一度受阻的包产到户的春潮在全国各地破冰前行。

1981年6月,党的十一届六中全会通过的《关于建国以来党的若干历史问题的决议》第一次提出:我们的社会主义制度还处于初级的阶段。《决议》全面地评价了党的历史,总结了新中国成立以来党领导社会主义建设的历史经验和新时期创造的新鲜经验。实事求是地评价了毛泽东的历史地位,充分论述了毛泽东思想作为党的指导思想的伟大意义,分析和批评了毛泽东晚年的错误。《决议》还初步概括了十一届三中全会以来,党已经逐步确立的一条适合中国情况的社会主义建设的正确道路的十个要点。这个历史决议,完成了在指导思想上拨乱反正的历史任务,为党和国家的发展奠定了重要的政治基础。1981年7月,国务院发布《关于城镇非农业个体经济若干政策性规定》,明确指出,个体经济是国营经济和集体经济的必要补充。随后国务院批准国家体改办《关于湖北省沙市经济体制改革综合试点报告》。沙市是全国第一个经济体制改革综合试点城市。

1982年1月1日,中共中央批转《全国农村工作会议纪要》,指出农村实行的各种责任制,包括小段包工定额计酬、专业承包联产计酬、联产到劳、包产到户、到组、包干到

户、到组，等等，都是社会主义集体经济的生产责任制，反映了亿万农民要求按照中国农村的实际状况来发展社会主义农业的强烈愿望。此后，我国政府不断稳固和完善家庭联产承包责任制，鼓励农民发展多种经营，使广大农村地区迅速摘掉贫困落后的帽子，逐步走上富裕的道路，由此中国创造了用世界上7%的土地养活世界上22%人口的令世人瞩目的奇迹。1982年9月，中共十二大报告提出了"经济体制改革的中心问题是坚持计划经济为主、市场调节为辅的原则"，在坚持计划经济体制前提下，有限度承认市场调节的作用，是一历史性进步，但这种调节还只能限制在计划所允许的范围之内。逐步摆脱这种陈旧观念，形成新的认识，将对推动改革和发展起重要作用。

1983年6月6日至21日，全国人大六届一次会议在北京举行。《政府工作报告》提出，今后五年政府的主要任务是：动员全国各族人民全面完成和超额完成第六个五年计划，制定和执行第七个五年计划，把以经济建设为中心的各项建设事业继续推向前进，实现中共十二大提出的争取国家财政经济状况和社会风气的根本好转，在全面开创社会主义现代化建设新局面的斗争中取得重大胜利。这次大会是按照新宪法选举产生的首届全国人民代表大会。

1984年10月召开的党的十二届三中全会提出"坚持有计划的商品经济的改革方向，逐步实现计划经济与商品经济、计划调节与市场调节的有机结合"等新的论断。中共十三大报告中不再提"计划经济""计划经济为主"等字眼，更强调的是商品经济的特性，并明确提出"国家调节市场，市场引导企业"的新的经济运行机制。较之前一时期，市场作用的范围和内容扩大了，从有限度、小范围扩展为大量、大范围，从计划附属到和计划并驾齐驱、各擅所长。自此，在决策层面实现了从计划经济向市场取向改革的认识转变。会议一致通过《中共中央关于经济体制改革的决定》，明确提出：进一步贯彻执行对内搞活经济、对外实行开放的方针，加快以城市为重点的整个经济体制改革的步伐，是当前我国形势发展的迫切需要。改革的基本任务是建立起具有中国特色的、充满生机和活力的社会主义经济体制，促进社会生产力的发展。中共中央《关于经济体制改革的决定》指出："要突破把计划同市场对立起来的传统观念，明确认识社会主义计划经济必须自觉依据和运用价值规律，是在公有制基础上的有计划的商品经济。商品经济的充分发展，是社会主义经济发展的不可逾越的阶段，是实现我国经济现代化的必要条件。"

1985年5月23日至6月6日，中央军委扩大会议在北京举行。会议主要讨论贯彻我国政府关于军队减少员额100万的战略决策，研究制定落实这一决策的措施和步骤。1985年3月，全国科学技术工作会议在北京举行，会议讨论和通过了《中共中央关于科学技术体制改革的决定》。5月，中共中央和国务院在北京召开了全国教育工作会议，主要研究和部署教育体制改革的问题，5月27日，中共中央和国务院颁布《关于教育体制改革的决定》。在中国改革开放的大背景之下，医疗卫生系统也开启了改革的历程，医改的核心思路是：放权让利，扩大医院自主权。

1986年，全民所有制企业改革启动。1986年9月，党的十二届六中全会通过的《关于社会主义精神文明建设指导方针的决议》明确指出：我国的社会主义还处于初级的阶段。这些论述表明，我们党在改革开放的实践中，已经逐步明确了我国国情的基本特征和所处的发展阶段，从而为形成社会主义初级阶段理论奠定了认识基础。1986年12月，国务院做出《关于深化企业改革增强企业活力的若干规定》。《规定》提出全民所有制小型企业可积极试行租赁、承包经营。全民所有制大中型企业要实行多种形式的经营责任制。各地可以选择少数有条件的全民所有制大中型企业进行股份制试点。《规定》的出台是推动城市经济体制改革的重大步骤，对于进一步简政放权，改善企业外部条件，扩大企业经营自主权，促进企业内部机制改革，具有重要意义。

1987年，在准备党的十三大报告过程中，党中央认真总结改革开放以来的新经验，集中全党的智慧，提出了以社会主义初级阶段理论作为十三大报告立论依据的设想。这一设想得到邓小平的赞同。同年10月，党的十三大召开。这次大会最突出的贡献，就是系统地阐述了社会主义初级阶段理论，并明确概括了党在社会主义初级阶段的基本路线，提出"一个中心、两个基本点"基本路线。制定了到21世纪中叶分三步走、实现现代化的发展战略，并提出了政治体制改革的任务。十三大是党的十一届三中全会以来路线的继续、丰富和发展，实现了马克思主义中国化的新飞跃，开辟了具有中国特色的社会主义建设之路。

1988年，提出"科学技术是第一生产力"的著名论断。1985年中共中央《关于科学技术体制改革的决定》中指出，现代科学技术是新的社会生产力中最活跃和决定性的因素，全党必须高度重视并充分发挥科学技术的巨大作用。《决定》从宏观上制定了科学技术必须为振兴经济服务、促进科技成果的商品化、开拓技术市场等方针和政策，促进了科技成果向现实生产力的转化以及高新技术产业化的发展，揭开了"文化大革命"后国家进行全面科技体制改革的序幕。作为经济体制改革的一个重要部分和最先实施内容，这一改革政策的颁布极大地促进了我国经济和科技的结合以及由此而生的中国多领域跨越式进步。1988年通过《中华人民共和国全民所有制工业企业法》，明确了私营经济的地位。

1989年6月中国共产党第十三届四中全会在北京召开。全会强调，要继续坚决执行十一届三中全会以来的路线、方针、政策，继续坚决执行十三大确定的"一个中心、两个基本点"的基本路线。四项基本原则是立国之本，必须毫不动摇、一贯地加以坚持；改革开放是强国之路，必须一如既往地贯彻执行，绝不回到闭关锁国的老路上去。

1990年，上海市政府正式向中央上报《关于开发浦东的请示》，提出了浦东开发开放的基本构想。同年4月，中共中央、国务院做出开发上海浦东的决定。11月26日，上海证券交易所成立。12月1日，深圳证券交易所试开市。

1991年《中华人民共和国外商投资企业所得税法》获通过。七届全国人大四次会议在北京举行。国务院提交《关于国民经济和社会发展十年规划和第八个五年计划纲要的报告》。《纲要》提出，1991—2000年的总目标是：实现我国社会主义现代化建设的第二步战略目标，把国民经济的整体素质提高到一个新的水平。在大力提高经济效益和优化经济结构的基础上，国民生产总值按不变价格计算，到20世纪末比1980年翻两番。人民生活水平从温饱达到小康。1991年完成自1988年开始的治理整顿任务。三年的治理整顿，将原来出现的"四过一乱"的经济形势进行了扭转。从而创造了一个相对宽松的经济环境。

1992年，中共十四大明确提出建立社会主义市场经济体制的改革目标，肯定了市场对资源配置的基础性作用。大会做了关于《加快改革开放和现代化建设步伐，夺取有中国特色社会主义事业的更大胜利》的报告。总结了十一届三中全会以来14年的实践经验，决定抓住机遇，加快发展；确定我国经济体制改革的目标是建立社会主义市场经济体制；提出用邓小平同志建设有中国特色社会主义理论武装全党。大会通过《中国共产党章程（修正案）》，将建设有中国特色社会主义的理论和党的基本路线写进党章。党的历史上第一次明确提出了建立社会主义市场经济体制的目标模式。把社会主义基本制度和市场经济结合起来，建立社会主义市场经济体制，这是我们党的一个伟大创举，是十多年来党进行理论探索得出的最重要的结论之一，也是社会主义认识史上一次历史性的飞跃。1993年11月，中共十四届三中全会通过了《关于建立社会主义市场经济体制若干问题的决定》，把十四大提出的经济体制改革的目标和基本原则加以具体化，制定了社会主义市场经济体制的总体规划。

## 二、市场经济探索时期的分配制度改革

中国的经济体制改革是从分配领域入手的。最初确定的主调便是"放权让利",通过"放权让利"激发各方面改革的积极性,提高在传统经济体制下几乎窒息的国民经济的活力。在改革初期,政府能够且真正放出的"权",主要是财政上的管理权;政府能够且真正让出的"利",主要是财政在国民收入分配格局中所占的份额。这一改革思路与财税体制自身的改革任务——由下放财权和财力入手,打破或改变"财权集中过度、分配统收统支,税种过于单一"的传统体制格局——相对接,便有了如下的改革举措:在中央与地方的财政分配关系上实行"分灶吃饭"。从1980年起先后推出"划分收支、分级包干""划分税种、核定收支、分级包干"以及"收入递增包干、总额分成、总额分成加增长分成、上解递增包干、定额包干、定额补助"等多种不同的体制模式。

在国家与企业的分配关系上实行"减税让利"。从1978年起先后推出企业基金制、利润留成制、第一步利改税、第二步利改税、各种形式的盈亏包干制和多种形式的承包经营责任制等。在税收建设制度上着眼于实行"复税制"。从1980年起,通过建立涉外税制、建立内资企业所得税体系、全面调整工商税制、建立个人所得税制、恢复和改进关税制度、完善农业税等改革,改变了原来相对单一的税制格局,建立起以流转税、所得税为主体,其他税种相配合的多税种、多环节、多层次征收的复税制体系。

在与其他领域改革的配合上,给予"财力保障"。通过增加财政支出规模,配合并支撑了价格、工资、科技、教育等相关领域改革举措的出台。上述举措在推动各项改革举措顺利出台和整体改革平稳推进方面所发挥的作用是奠基性的。然而无论放权还是让利,都是以财政减收、增支为代价的,因此,主要由财税担纲的以"放权让利"为主调的改革,却使财政收支运行自身陷入了不平衡的境地。

伴随着各种"放权""让利"举措的实施,财政收入占GDP的比重和中央财政收入占全国财政收入的比重迅速下滑:前者由1978年的31.1%,相继减少到1980年的25.5%、1985年的22.2%、1990年的15.7%、1993年的12.3%;后者则先升后降,1978年为15.5%,1980年为24.5%,1985年为38.4%,1990年下降为33.8%,1993年下降至22.0%。同时,财政支出急剧增加,特别是农副产品购销价格倒挂所带来的价格补贴以及为增加行政事业单位职工工资而增拨的专款等大幅度增加。1978年至1993年,财政支出由1122.09亿元增加至4642.20亿元,15年间增加了2.1倍,年均增加21%(见表2-1)。与此同时,在财政运行机制上也出现了颇多紊乱现象。诸如擅自减免税、截留挪用财政收入、花钱大手大脚、搞财政资金体外循环、非财政部门介入财政分配等问题相当普遍。

表2-1　　　　1978—1993年全国财政收支占GDP的比重

| 年份 | GDP（亿元） | 财政收入占GDP的比重（%） | 财政支出占GDP的比重（%） |
| --- | --- | --- | --- |
| 1978 | 3645.2 | 31.02 | 30.78 |
| 1979 | 4067.70 | 28.18 | 31.55 |
| 1980 | 4551.60 | 25.48 | 27.03 |
| 1981 | 4896.00 | 24.01 | 23.27 |
| 1982 | 5340.20 | 22.73 | 23.11 |
| 1983 | 5998.50 | 22.88 | 23.64 |

续表

| 年份 | GDP（亿元） | 财政收入占 GDP 的比重（%） | 财政支出占 GDP 的比重（%） |
| --- | --- | --- | --- |
| 1984 | 7262.00 | 22.74 | 23.60 |
| 1985 | 9064.60 | 22.18 | 22.23 |
| 1986 | 10308.00 | 20.58 | 21.46 |
| 1987 | 12094.20 | 18.17 | 18.76 |
| 1988 | 15095.10 | 15.61 | 16.56 |
| 1989 | 17098.90 | 15.59 | 16.62 |
| 1990 | 18824.80 | 15.64 | 16.52 |
| 1991 | 21940.20 | 14.38 | 15.55 |
| 1992 | 27082.00 | 12.87 | 13.90 |
| 1993 | 35450.40 | 12.24 | 13.14 |

资料来源：摘编自《中国财政年鉴》。

"两个比重"数字迅速下降并持续偏低、财政支出迅速增长以及财政运行机制陷于紊乱状态的一个重要结果，是财政赤字逐年加大、债务规模日益膨胀，中央财政面临的困难已达到难以担负宏观调控之责的空前水平。1979—1993年，除1985年财政收支略有结余外，其余年份均出现财政赤字，且呈逐年加大之势：1981年为68.9亿元，1990年上升至146.9亿元，到1993年则扩大至293.35亿元。若按国际通行做法，将当年债务收入纳入赤字口径，则1993年的财政赤字水平实为978.58亿元。

从1979年起，中央政府恢复了外债举借。1981年，又开始以发行国库券的形式举借内债。后来又先后发行了重点建设债券、财政债券、国家建设债券、特别国债和保值公债。1993年，国家财政的债务发行收入规模已达739.22亿元。以中央财政债务依存度（债务收入/（中央财政本级支出+中央财政债务支出））而论，1993年已达到59.63%的国际罕见水平。这意味着，当年中央财政本级支出中一半以上要依赖举债或借款收入来解决。上述困难境况让人们从改革最初成果的喜悦中冷静下来，意识到"放权让利"的改革不可持续，在这一思路上持续了十几年的财税改革自然要进行重大调整：由侧重于利益格局的调整转向新型体制的建立。1992年10月中共十四大正式确立了社会主义市场经济体制的改革目标，1993年11月召开的中共十四届三中全会又通过了《中共中央关于建立社会主义市场经济体制若干问题的决定》。因此，以建立适应社会主义市场经济的财税体制为着眼点，从1994年起财税体制改革踏上了制度创新之路。

### 三、市场经济探索时期的财政体制转变

中华人民共和国建立后，我国财政体制的发展一般分成三个阶段："统收统支"的财政体制（1950—1978年）、包干制财政体制（1979—1993年）和分税制财政管理体制（1994年至今）。不同财政管理体制的主要特征如表2-2所示。作为国家行政管理体制的重要组成部分，财政体制必须服从于国家政治体制，并与经济社会的发展要求相适应。

表 2-2　　　　　　　　1978—1994 年的中央、地方财政管理体制

| 财政体制 | 实行时间 | 财政管理体制主要特征 | 财政收支集权度 |
|---|---|---|---|
| 统收统支体制 | 1953—1958 年 | 统一领导，分级管理 | 收入分权、支出分权度不断调整 |
| | 1959—1970 年 | 收支下放，计划包干，地区调剂，总额分成，一年一变 | |
| | 1974—1975 年 | 收入按固定比例留成，超收另定分成比例，支出按指标包干 | |
| | 1976—1979 年 | 定收定支，总额分成，收支挂钩，一年一变① | |
| 财政包干体制 | 1980—1984 年 | 划分收支，分级包干 | 收入分权、支出分权 |
| | 1985—1988 年 | 划分税种，分级包干，核定收支 | |
| | 1988—1993 年 | 多形式包干体制② | |
| "分税制"体制 | 1994 年至今 | "分税制"财政体制 | 收入集权、支出分权 |

资料来源：姜永华主编：《地方财政管理体制》，中国财政经济出版社 1997 年版；财政部综合司编：《中国财政统计（1950—1991）》。

1978 年，党的十一届三中全会召开后，全党工作重心转移到社会主义经济建设上来，拉开了中国改革开放的宏伟序幕。为了充分发挥中央、地方、企业和职工的积极性，提出财政体制改革作为经济体制改革的突破口，先行一步③。为解决国家对企业、中央对地方"管得过多、统得过死"的问题，财税体制改革以"放权让利"为突破，以"利改税"和财政管理体制改革为主要内容，以规范国家与企业、中央与地方的分配关系为目标，旨在调动企业和地方建设社会主义现代化的积极性。作为整个经济体制改革的突破口，财政体制改革拉开序幕。针对"统收统支"带来的弊端，及 1979 年和 1980 年国家财政连续出现的巨额赤字，中央在计划经济体制的大框架下进行了新一轮的分权改革，其中就包括以"财政包干制"为主要特点的财政分权改革。1979 年我国对工商税制进行了一次全面改革，改革的核心是实行"利改税"。在此基础上，从 1980 年开始在全国大部分地区实行"分灶吃饭"的体制。1980 年 2 月，国务院颁布了《关于实行"划分收支、分级包干"财政管理体制的暂行规定》，主要是按照经济体制规定的隶属关系，划分中央和地方财政的收支范围，收入方面实行收入分类分成，支出方面按企事业的隶属关系划分；按照划分的收支范围，核定调剂收入分成比例、地方上缴比例、中央定额补助等收支指标，原则上五年不变。按照核定的指标，地方以收定支，自求平衡，多收可以多支，少收相应少支。这次改革在体制设计上是由全国"一灶吃饭"改为"分灶吃饭"，财力分配由过去的"条条"为主改为以"块块"为主。

这一体制的主要内容：一是明确划分中央财政与地方财政的收支范围，即根据各种财政收入的性质和企业、事业单位的隶属关系，实行分类分成的办法，将财政收入划分为中央固定收入、地方固定收入和中央与地方调剂分成收入三类。属于中央财政的固定收入有：中央所属企业收入、关税收入和中央其他收入；属于地方财政的固定收入有：地方所属企业收入、盐税、农牧业税、工商所得税、地方税和

---

① 1977 年起江苏省实行固定比例包干，广西、宁夏、内蒙古、新疆、西藏、青海和云南等七个省（自治区）实行民族自治地区财政体制。除上述各省以外的地区实行收支挂钩，增收分成的财政体制。
② 从 1992 年起，部分地区试行"分税制"体制，试点地区包括辽宁省、浙江省（不含宁波市）、天津市和新疆维吾尔自治区等四个省、市、自治区以及沈阳市、大连市、武汉市、重庆市和青岛市等五个计划单列市。
③ 赵云旗：《中国财政改革三十年回眸》，《地方财政研究》，2008 年第 12 期。

地方其他收入；属于中央与地方调剂分成的收入有：各地上划给中央部门集中管理的企业收入，20%划给地方财政，80%划给中央财政；工商税收作为调剂分成收入，分成比例根据各地区收支情况分别确定。财政支出按企业、事业单位的隶属关系划分，由中央直接管理的，列中央财政预算支出；由地方管理的，列地方财政预算支出。另外，中央专项设置了一部分资金，用于解决预算执行中发生的特殊问题，如特大自然灾害救济费、支援经济不发达地区发展资金、边境建设事业补助费和基本建设专项拨款等。二是合理确定收入、支出基数和调剂分成比例。依据上述收支划分范围，地方财政的收入、支出包干基数以1979年财政收支执行数为基数确定。地方支出基数首先用地方固定收入抵顶；固定收入不足以抵顶支出基数，则划给调剂分成收入，然后再与支出基数比较，收入大于支出基数的按比例上交中央财政，收入小于支出基数的由中央财政给予定额补助。收入基数、支出基数和调剂分成比例确定以后，五年不变。三是对民族地区，大包干地区和北京、天津、上海三市不实行上述体制（见民族自治地方财政管理体制、"大包干"财政体制）。收入增长部分全部留给地方，同时为了照顾民族地区发展生产建设和文化教育事业的需要，中央对民族自治地区的补助数额每年递增10%[①]。具体来说，从1980年起，实行"划分收支、分级包干"财政体制的有25个地区，具体体制如表2-3所示。1983—1984年，这一体制进行了调整，将地方固定收入与调剂分成收入加在一起，与支出基数比较，计算出总额分成比例，实行比例包干。同时，将中央财政向地方财政的借款相应调整，列入地方包干基数，调减了地方财政分成比例或减少了中央财政对地方的定额补助数额。

表2-3　　　　　1980—1984年"划分收支、分级包干"体制确定情况

| 体制形式 | 地区 |
| --- | --- |
| 固定收入比例分成 | 河北、辽宁、黑龙江、山东 |
| 调剂收入分成 | 山西、浙江、安徽、河南、湖南、湖北、四川、陕西、甘肃 |
| 定额补助 | 吉林、江西 |
| 民族地区财政体制 | 内蒙古、广西、西藏、宁夏、新疆、贵州、云南、青海 |
| 大包干办法 | 广东、福建 |
| 总额分成办法 | 北京、天津、上海 |

资料来源：根据姜永华主编《地方财政管理体制》（中国财政经济出版社1997年版）和财政部综合司编《中国财政统计（1950—1991）》整理。

"划分收支、分级包干"打破了"一灶吃饭"的传统格局，适当扩大了地方财力，调动了地方财政的积极性，使地方经济发展焕发了生机。而其确定的补助数额和分成比例由过去一年一变改为五年不变，也有利于保持政策的连贯性，有利于地方政府制定政策、发展地方事业。在"划分收支、分级包干"的财政体制下，统收的格局被打破了，但统支的格局并未完全打破。中央财政的支出负担并未减轻，以至于中央财政不得不向地方财政借款。

1985年，在两步利改税完成后，"分灶吃饭"体制在表述上调整为"划分税种、核定收支、分级包干"，即把财政收入划分为中央固定收入、地方固定收入和中央与地方共享收

---

① 马海涛：《中国分税制改革20周年：回顾与展望》，经济科学出版社2014年版，第20-21页。

入，而在支出划分上则基本维持原有的体制格局。从1985年起，"划分税种，核定收支，分级包干"这种财政管理体制在省、自治区、直辖市全面展开。全国34个省、自治区、直辖市和计划单列市推行情况，如表2-4所示。

1986年后，全国财政收入占国民收入的比重大幅下降，中央财政收入占整个财政收入的比重也不断下降，使得中央财政连年出现较大赤字，宏观调控能力日益削弱。

表2-4　1985—1987年"划分税种，核定收支，分级包干"体制确定情况

| 体制形式 | 地区 |
|---|---|
| 总额分成 | 哈尔滨、辽宁、沈阳、大连、天津、北京、河北、山西、山东、河南、安徽、上海、江苏、浙江、武汉、湖南、重庆 |
| 定额上解 | 黑龙江 |
| 定额补助 | 甘肃、陕西、吉林、湖北、四川、江西 |
| 民族地区财政体制 | 西藏、宁夏、新疆、内蒙古、贵州、云南、广西、青海 |
| 大包干办法 | 广东、福建 |

资料来源：根据姜永华主编《地方财政管理体制》（中国财政经济出版社1997年版）和财政部综合司编《中国财政统计（1950—1991）》整理。

1988年实行中央地方大包干财政体制。实行"划分税种、核定收支、分级包干"体制后，财政运行出现新问题，中央财政收入占全国财政收入的比重连续下降，为此，1988年国务院出台了《关于地方实行财政包干办法的决定》，全国39个省、自治区、直辖市和计划单列市，除广州、西安的财政关系仍分别与广东、陕西两省联系外，对其余37个地区分别实行不同形式的包干办法，包括收入递增包干、总额分成、总额分成加增长分成、上解额递增包干、定额上解、定额补助等。

应当看到，划分收支分级包干体制开创了由集权型财政管理体制向分权型财政管理体制过渡的先例。它将传统的全国中央一灶吃饭改为各省分灶吃饭，使地方拥有了相应的财力和利益，极大地调动了各地方的积极性。财政平衡也不再由中央承担全部责任，而由各地方在分级包干的基础上自求平衡，强化了地方财政平衡本级收支的责任。地方各项支出不再由中央通过主管部门以条为主下达各项指标，而由地方以块为主统筹安排，扩大了地方财政对财政资金的管理权限。这种体制增强了中央与地方财权与事权的统一，使权责利更加有机地结合在一起。特别是调动了地方主动理财的积极性，使地方财政开始向具有独立主体地位、具有自身经济利益的一级财政主体过渡，应当说划分收支分级包干体制迈出了关键性的一步。同时应当指出，1980年开始实行划分收支分级包干财政管理体制时，我国经济体制改革还处在放权让利的改革初期阶段，还没有提出社会主义市场经济体制的概念，计划经济体制的影响还根深蒂固。因此这种体制不可能成为一种适应社会主义市场经济体制内在要求的财政管理体制。在向分权过渡的过程中，不可避免地存在着自身的缺陷，收支划分以行政隶属关系为标准，就是计划经济体制典型的表现。同时，包而不死、灶外有灶也是普遍的现象。在这种体制下，地方财政只能是开始向一级独立的主体过渡，尚未真正成为一级独立的主体，还不是一种规范化的分级财政。随着经济发展，这种体制也显现出明显的弊端。首先，财政包干制一方面分散了中央政府的权力，使得其对财政资源的掌控力度大大削弱了，宏观调控和区域间平衡不能得到充分的保证；另一方

面某些年度中，中央政府甚至需要向地方政府借款才能维持基本支出，极大地削弱了中央政府的权威。其次，财政包干制促使地方政府盲目投资和建设税高利大的行业、项目，加剧区域间市场分割，顺周期的投资行为引发了严重的经济过热和通货膨胀问题。为了克服财政包干制存在的严重弊端，适应建设社会主义市场经济体制的需要，以"分税制"为代表的现代财政体制呼之欲出。

1980—1993年间的财政管理体制，虽然名称各不相同，但就实质内容而言，都是一种"财政承包制"。这一时期是我国从计划经济向市场经济转型中由量变到质变的积累期和试验期。在整体经济体制改革"摸着石头过河"的背景下，财政改革不可能一步走向清晰的、与市场经济体制准确对接的体制形态。由于多种体制并存和分权过程中的中央与地方"一对一"谈判机制，难以解决财政体制的规范性、透明化和可持续问题，因而导致国家财政收入占国内生产总值、中央财政收入占全国财政收入的比重下滑过多，以致政府行政能力和中央政府调控能力明显下降。这为其后的分税制财政体制改革埋下了伏笔。

## 第二节 政府与企业关系的调整

### 一、两步利改税：从税利并存到以税代利

1978—1982年，成为我国税制建设的恢复时期和税制改革的起步时期，从思想上、理论上为税制改革的推进做了大量突破性工作，打下理论基础。从1980年9月到1981年12月，为适应我国对外开放初期引进外资、开展对外经济合作的需要，第五届全国人大先后通过了《中外合资经营企业所得税法》《个人所得税法》和《外国企业所得税法》，对中外合资企业、外国企业继续征收工商统一税、城市房地产税和车船使用牌照税，初步形成了一套大体适用的涉外税收制度[①]。

国内税制改革的调查与试点工作也开始了。这次试点大体上可以分为两个阶段：第一阶段是从1979年起，在湖北省光化县、广西壮族自治区柳州市、上海市和四川省的部分国营企业中试点，主要是开展对国营企业征收所得税的试点，即"利改税"的试点。第二阶段是从1980年第四季度起扩大"利改税"的试点。

在改革试点的基础上，财政部于1980年8月26日向中央财经领导小组做了关于税制改革问题的汇报。会议指出：这次税制改革的中心是"利改税"，将国营企业上缴利润改为上缴税收。税制改革的目的就是把企业的潜力挖出来，消灭浪费，改善管理。企业的积极性起来了，经营管理搞好了，企业就能多得，国家也能多得。同年8月30日，在第五届全国人民代表大会第三次会议上所做的关于国民经济计划的报告和关于国家决算、预算草案、概算的报告中提出了1980年和1981年税制改革的任务：1980年，要开征中外合资企业所得税和个人所得税，在机械、农业机械等行业试行增值税。从1981年起，对国营企业扩大进行由上缴利润改为征收所得税的试点，并相应开征收入调节税和资源税。9月，国务院同意并转发的国家经济委员会报送的《关于扩大企业自主权试点工作情况和今后工作意见的报告》中提出：要积极进行"企业独立核算，国家征税，自负盈亏"的试点。

---

[①] 马海涛、肖鹏：《中国税制改革30年回顾与展望》，《税务研究》，2008年第7期。

为了贯彻国务院上述文件精神，1980年11月5日，财政部印发了《关于1980年在少数工业企业进行利改税试点的意见》，提出：国营企业由上缴利润改为征税，准备征收3种税、2种费，即资源税、收入调节税、所得税、流动资金占用费和固定资金占用费。

根据湖北省光化县、广西壮族自治区柳州市、上海市和四川省143户"利改税"试点企业的统计，1980年同1979年相比，这些企业的销售收入增长9.3%、利润增长23.7%，上缴财政收入增长15.9%，企业留利增长59.2%；1981年与1980年相比销售收入增长12.4%、利润增长9.7%，上缴财政收入增长5.4%，企业留利增长11.9%[①]。这次利改税试点突破了长期以来对国营企业不征所得税的禁区，为利改税第一、二步改革和工商税制全面改革提供了经验。

作为国营企业改革和城市经济改革的一项重大措施，1983年，国务院决定在全国试行国营企业"利改税"，即第一步"利改税"，这一改革从理论上和实践上突破了国营企业只能向国家缴纳利润、国家不能向国营企业征收所得税的禁区，成为国家与企业分配关系的一个历史性转折。在"利改税"之前，我国的国营企业受传统的计划经济管理思想影响，一直采用"利润上缴"的方法，即企业把全部的收入上缴国家，而企业所需要的资金，则另由国家预算层层下拨。当时，国营企业都必须按照国家计划组织生产，自己决定不了生产什么和生产多少；利润都得交给国家，利润多者多缴，少者少缴，没有利润者不缴。当企业发生亏损时，国家还要拿财政的钱来补贴；职工的安排和工资、福利也由国家统一决定。在这样的体制下，国营企业不用承担相应的经济责任，与此相对应的是企业没有经营自主权。国家对企业统得太死，以至于企业成了政府机构的附属物，而不是真正的商品生产者和经营者，从而使企业和职工失去了发展生产、改善经营管理的积极性。

十一届三中全会以后，随着经济体制改革的整体推进，国营企业改革问题很快引起了领导层和各方面的高度关注。1983年3月21日，国务院在北京召开全国工业交通会议，强调当前主要是对国营企业推行以税代利的改革，促进企业的整顿和调整。1983年4月24日，国务院发出通知，同意财政部报送的报告及国营企业"利改税"试行办法，并将其转发各省、自治区、直辖市人民政府和国务院各部门执行。自当年6月1日起，国营企业开始普遍推行"利改税"制度。1983年开始第一步"利改税"。具体办法内容：凡有盈利的国营大中型企业，均按照实现利润和55%的税率缴纳所得税。税后利润以1982年为基数采取递增包干上缴、固定比例上缴、缴纳调节税、定额包干上缴等办法上缴国家，一部分按照国家核定的留利水平留给企业。国营小企业按8级超额累进税率缴纳所得税。"利改税"的核心是把国营企业向国家上交的"利润"改为缴纳"税金"，将所得税引入国营企业利润分配领域，税后利润全部留归企业，以使国营企业逐步走上自主经营、自负盈亏的道路。

不过，由于当时我国的价格体系还没有完全理顺，利改税只能采取渐进式的方法分两步走。第一步，对国营大中型企业实行税利并存，也就是在企业的利润中先征收一定比例的所得税，对税后的利润采取多种形式在国家和企业之间进行合理分配；第二步，则是在价格体系基本趋于合理的基础上，将国营企业应当上交国家财政的收入"分税种"向国家缴税，由之前的"税利并存"逐步过渡到"以税代利"。在"利改税"之后，国家基本上达到了稳定和增加财政收入的目标，但由于按照基数法确定企业所得额，所得税后的利润又采取递增包干上缴等方式上缴国家，造成了企业创造利润越多，上缴国家的那部分越多的"鞭打快

---

① 刘佐：《"利改税"：逼出来的改革》，《中国财经报》，2004年8月17日。

牛"的现象，企业抱怨不断。

为了加快城市经济体制改革的步伐，经第六届全国人大批准，国务院决定从1984年10月起在全国实施第二步"利改税"和工商税制改革。1984年9月，国务院又提出了《关于在国营企业推行"利改税"第二步改革的报告》，主张完全以税代利，将企业上缴利润全部改为上缴税收；将工商税按缴纳对象划分为产品税、增值税、盐税和营业税；对国有企业的利润征收所得税，并对部分国有企业所得税税后利润开征调节税（一户一率），调节税后的剩余利润为企业留利；允许企业在征收所得税前从利润中归还贷款；增加资源税、城建税、房产税、土地使用税和车船使用税。第二步"利改税"从1984年开始，这次税制改革健全了所得税制度，进行了增值税改革的试点工作，调整了财产税和资源税，并针对某些特定行为开征了建筑税、国营企业工资调节税和城市维护建设税等新税种。同时为适应对外开放的需要建立健全了涉外税制，对涉外企业的企业所得税、个人所得税、工商统一税、城市房地产税和车船使用牌照税等做了详细的规定。第二步"利改税"完成后，国家财政收入由利税并重转向以税为主，国家与企业、中央与地方间的分配关系发生了很大变化。中央与地方基本按"利改税"后的税种重新划分中央与地方收入，财政收入分为中央财政固定收入、地方财政固定收入、中央和地方共享收入三类。

1983年开始的这次税制改革，从根本上改变了我国税制的整个面貌，使我国初步建立了适应有计划的社会主义商品经济的税收制度，对于保证财政收入、加强宏观调控、促进改革开放、推动经济与社会发展起了重要的作用，也为后来深化税制改革奠定了基础。

国营企业全面实行"利改税"的第二步改革是我国经济体制改革的一项重大突破。这次改革初步规范了国家与企业之间的分配关系和产品税税率的调整。资源税的开征把企业因资源结构和开发的条件差异而形成的级差收入收归国家。同时，恢复征收几种地方税，使地方财政有了一定的固定收入来源。国营大中型企业承包制开始退出历史舞台。这不但从根本上扩大了国营企业的生产经营自主权，打破了企业吃国家"大锅饭"、职工吃企业"大锅饭"的局面，而且为城市经济体制的一系列改革创造了条件。

两步"利改税"改革对我国城市经济体制改革和国民经济的发展产生了巨大影响。国家和企业的分配关系开始以税法的形式固定下来，改变了过去政府部门与企业一对一谈判的被动局面，不会出现过去那种争利润留成基数和分配比例的情况，从根本上确保国家的财政收入随国民经济的发展而稳定增长。企业有了独立自主的税后利润支配权，这不但为企业自主经营和扩大再生产提供了财力支撑，而且促使企业改善经营管理，不断提高劳动生产率和经济效益。同时，企业不再按照行政隶属关系上缴利润和税收，有利于逐步打破部门、地区分割，实行政企分开，减少不必要的行政干预，为调整企业、行业和产业结构，按照经济规律组织社会化大生产提供了条件。通过税收杠杆的调节作用，缓解了当时因价格双轨制不合理带来的许多矛盾，如企业利润悬殊等，为企业有序竞争改善了外部条件。两步"利改税"奠定了现代税收制度的基础。我国沿袭了几十年的工商税制度开始逐步调整、规范为商品税和增值税等，为中央与地方按照税种划分财政收入的分税制和分级财政管理体制改革准备了税制条件。我国的税制结构发生了重大变化，现代税收制度的雏形已经形成。

随着经济体制改革的深化和国民经济的发展，两步"利改税"的不足也日益表现出来。由于过分强调保证国家财政收入，对企业利益"不挤不让"，国营企业所得税税率过高，同时对一部分企业的税后利润征收调节税，对企业留利征收国家能源交通重点建设基金和国家预算调节基金，致使国营大中型企业税负偏重。另外，企业税前还贷，加重了国家财政负担，加剧了企业之间税负失衡，并助长了全国固定资产投资规模不断膨胀的风气。

**二、工商税制改革：从单一税制到复合税制**

1978 年中国共产党第十一届中央委员会第三次全体会议决定对整个经济体制进行稳妥的全面改革。同时要求改革经济管理体制，扩大企业自主权，逐步向"独立核算，国家征税，自负盈亏"的方向发展，并充分发挥税收杠杆的作用，让税收参与企业利润分配。这样，对一再简并了的工商税收制度进行改革，使其同经济发展的客观要求相适应已势在必行。从 1979 年开始着手进行税制改革的调查研究和试点。1981 年国务院批转财政部《关于改革工商税制的总体设想》，明确税制改革的指导思想是：贯彻执行"调整、改革、整顿、提高"的方针，合理调节各方面的经济利益，正确处理国家、企业、个人之间的关系，以及中央与地方的关系，充分发挥税收作用，促进国民经济的发展。改革的原则是：（1）适应经济情况的复杂性和经济性质、经营形式的多样性，逐步恢复一些税种，增加一些税种，使每个税种在生产经营的各个领域发挥各自不同的作用。（2）加强经济责任制，对国营企业的利润征收所得税。（3）根据国家经济政策要求，按不同产品和不同行业规定高低不同的税率，调节生产和消费。（4）鼓励出口，保护国内生产，有利于利用外资和引进先进技术设备。（5）在价格不能大变动的情况下，用税收调节企业利润。（6）在保证国家财政收入的前提下，照顾地方、部门、企业合理的经济利益，调动各方面的积极性。根据上述原则，1980 年和 1981 年陆续建立了涉外所得税制；1983 年实行第一步利改税，对大中型国营企业征收所得税。

1984 年工商税制改革是为适应社会主义有计划商品经济发展的需要，按照《关于改革工商税制的设想》，与第二步利改税同时进行的工商税制的全面改革。这是我国改革开放之后第一次大规模的税制改革。为了促进城市经济体制改革，进一步搞活经济，调整和完善国家与企业之间的分配关系，保证国家财政收入的稳定增长，并使企业在经营管理和发展上有一定的财力保证和自主权，调动企业和职工搞好生产经营的积极性，国务院于 1984 年 9 月 18 日在批转了财政部《国营企业第二步利改税试行办法》的同时，发布了有关税收条例（草案），其中有《中华人民共和国产品税条例（草案）》《中华人民共和国增值税条例（草案）》《中华人民共和国营业税条例（草案）》《中华人民共和国盐税条例（草案）》《中华人民共和国资源税条例（草案）》《中华人民共和国国营企业所得税条例（草案）》和《国营企业调节税征收办法》，并规定"城市维护建设税、房产税、土地使用税和车船使用税，保留税种，暂缓开征"，"屠宰税、烧油特别税、建筑税以及奖金税等，仍按原规定征收"。

此后，国务院又陆续发布了关于征收集体企业所得税、私营企业所得税、城乡个体工商业户所得税、个人收入调节税、城市维护建设税、奖金税（包括国营企业奖金税、集体企业奖金税和事业单位奖金税）、国营企业工资调节税、固定资产投资方向调节税、特别消费税、房产税、车船使用税、城镇土地使用税、印花税、筵席税等税收的法规。这次税制改革是将原工商税按照征税对象划分为产品税、增值税、营业税和盐税；增加资源税、城市维护建设税、房产税、土地使用税和车船使用税；将第一步利改税设置的国营企业所得税和调节税加以改进。这样，在这次全面改革中，共推出了 11 个税种。上述几种税均从 1984 年 10 月 1 日起实施。作为保留税种的城市维护建设税、房产税、土地使用税、车船使用税后来也陆续开征。这样，1984 年工商税制全面改革，就从根本上改变了中国税制的面貌。由原来适应产品经济的单一税制，转向适应社会主义有计划商品经济发展需要的多税种、多层次、多环节发挥调节作用的复税制；由原来的流转税为主体的税制体系向以流转税和所得税为主体、其他税种相配合的新的税制体系，从而使中国的工商税制步入新的轨道。

1991年，第七届全国人大第四次会议将中外合资经营企业所得税法与外国企业所得税法合并为《外商投资企业和外国企业所得税法》。至此，我国工商税制共有37个税种，按照经济性质和作用，大致分为流转税、所得税、财产和行为税、资源税、特定目的税、涉外税、农业税等七大类。

总之，这一时期全面改革了工商税制，建立了涉外税制，彻底摒弃了"非税论"和"税收无用论"的观点，恢复和开征了一些新税种，从而使我国税制逐步转化为多税种、多环节、多层次的复合税制，税收调节经济的杠杆作用日益加强。

### 三、国有企业改革：从经营权到所有权的探索

我国的国有企业改革随着改革开放的推进同步进行，改革之路可以说是跌宕起伏。完全借鉴发达国家国有企业的改革经验是不现实的，所以"摸着石头过河"伴随着多年改革的全过程。1978年至1992年是国有企业改革的初步探索阶段，在此之前，我们没有过任何尝试，因此没有可以借鉴的可靠经验，也没有明确的指导方向，改革的过程就是摸着石头过河的缓慢探索过程。这一阶段的改革主要集中于经营权改革和从经营权向所有权过渡的改革，也就是常说的"放权让利"。十一届三中全会公报中指出，应该大胆下放权力，使企业和地方有更多的经营管理自主权。从此国有企业改革就开始了其曲折而漫长的过程。

首先进行的是经营权层面的改革，时间集中在1979年至1986年。扩大企业自主权是我国传统的国有企业进行改革的一种较早的探索，而且是自下而上进行的。国有企业的改革在四川省首先开展。

1978年10月，四川省从钢铁工业、化学工业、纺织工业中选择了6家国有企业进行扩大企业自主权的试点。试点内容是，给企业增加一定的留利权利。给企业一个增产增收的目标，允许企业实行目标后，提取少量利润提成，可给职工发放奖金。1978年11月，国务院批转了财政部《关于国营企业试行企业基金的规定》，对独立经济核算的国营企业、基本建设单位和地质勘探单位试行企业基金制。企业基金制在一定程度上调动了企业的生产积极性，但由于企业基金的提取没有同企业的经营成果和贡献大小挂钩，其对企业生产经营积极性的调动并不充分。

1979年2月，四川省在总结经验的基础上扩大了企业自主经营的企业数和范围。扩大几个方面的自主权：利润留成权、自筹资金扩大再生产、多提留固定资产折旧权、销售部分产品和计划外生产权、外汇分成权、灵活使用资金权、惩处权。同年4月，国家经济委员会在北京召开企业管理改革座谈会，决定在北京、上海、天津3个市的8家国有企业进行企业管理体制改革的试点。由国家经委下发文件，决定正式试点并扩大十项自主权，这十项自主权是：

（1）补充计划权。企业在保证完成国家下达的各项经济指标的条件下允许根据生产条件、产能需要制定补充计划。企业按补充计划生产的产品首先由商业、外贸、物资部门选购。它们不收购的，企业可以按国家规定的价格政策自行销售或委托代销。企业生产能力富裕时，可以承担协作任务和进料加工、来料加工。国家多数企业主要考核产品产量、质量、利润和合同执行情况，对有出口任务的企业，出口产品主要考核履约和收汇额。

（2）企业拒绝随意抽调企业人员、资金、物资权。规定企业的人财物供产销由主管部门综合平衡，企业有权拒绝任何单位无偿抽调企业的人员、资金、物资和设备。

（3）企业利润留成权。把企业经营好坏同企业生产职工的物质利益挂钩，根据不同性质不同企业的具体情况确定不同的留成比例。

（4）折旧基金使用权。从1979年开始，折旧基金70%留给企业，以后两年，在利润

增长的基础上每年再提高 0.5%。允许基金自由支配。

（5）新产品试制权。鼓励企业发展新产品。新产品试制费可以从企业实现利润中留用，利润过低可以申请免税。

（6）产品出口权。企业有权申请产品出口，参与外贸部门同外商谈判和签订合同，并取得规定的外汇分成。

（7）择优录用职工权。在招工计划内，可以根据本企业的标准择优录取。

（8）奖惩权。对有贡献的职工企业可以奖励，违反纪律的可以处分甚至开除。

（9）企业经营特别好，达到同行业的先进水平，可以给职工涨工资。

（10）机构设置权。在定员定额内企业可决定自己的机构设置，任免中层以下的干部。

经过一系列的改组和放权，大量国有企业显出蓬勃生机，企业利润有较大提升，国民收入增加，同时也暴露出一系列问题，为下一步改革确定方向。同年7月，国务院下发了《关于国营企业实行利润留成的规定》。

1980年1月，国务院批转原国家经委、财政部《关于国营工业企业利润留成试行办法》，规定利润增长的40%留企业，60%交国家。利润留成制度把企业的经济利益同经营成果紧密结合起来，但利润留成比例不合理，普遍存在争基数现象。1981年4月全国工业交通会议正式提出在国营工业中试点实行生产经济责任制，实行利润包干。这是具有宏观必然性的。企业经济责任制的出现还与当时财政的恶化有关。1979—1980年我国连续2年出现巨额财政赤字，中央提出了增加财政收入、减少财政赤字的任务。为了落实财政任务，各地所属企业实行了"包干加奖励"。从国家与企业的分配关系看具体有以下三种：一是利润留成制，即国家给企业规定一定的计划和上缴任务，企业在完成计划过程中可以行使自主经营权，完成计划后对实现的利润按事先商定的比例分成；二是盈亏包干制，即国家给企业规定一定的生产指标和盈亏指标，盈亏额包定，企业利润增产或减亏部分按比例分成；三是以税代利自负盈亏制，即将企业原来向国家交纳的利润改为征税，企业在完成了生产任务、缴了税以后，盈亏自负，企业不再上缴国家利润，也不再接受财政拨款。

改革前，政府获得国有企业的全部剩余价值，导致了干多干少一个样的"吃大锅饭"情况的出现，国有企业长期处于低效运转的状态。针对这种情况，对国有企业经营权的让渡成为提高经营者积极性的首要选择。同时中央政府也针对十一届三中全会公报的精神下发了一系列扩大企业自主权的文件。根据国务院《关于扩大国营工业企业经营管理自主权的若干规定》等多个文件，试点地政府让渡了生产自主权、产品销售权等项经营权，这种做法使得国有企业经营者和生产者有了生产积极性和主动性，企业的经营向着良性方向发展。这些措施的效果非常明显，无论是国有工业企业实现的利税，还是国家财政收支，甚至企业职工的工资都比上年有了显著的增长。

由于缺乏必要的约束机制，针对经营权下放的改革出现了行为短期化的问题。为了更好地处理国家和企业间的利益分配，解决让利放权中出现的问题，1982年起中央开始推行工业经济责任制，在企业的预算约束、内部管理等方面有了明确的要求，部分问题得到了解决，但由于企业内外部环境的差异，改革效果不太理想。1983年开始的两步"利改税"将政府与企业的分配关系纳入法制化轨道。由于让利放权并未达到预期的效果，国有企业的改革又开始了新的尝试，股份制试点和企业承包制同时开展，从经营权向所有权过渡的改革开始了。

1984年10月召开的中共十二届三中全会提出要建立自觉运用价值规律的计划体制，发展社会主义商品经济。改革主要是为了实行政企分开，所有权与经营权相分离。明确国企改革的目标是使企业真正成为相对独立的经济实体，成为自主经营、自负盈亏的社会主义商品生产者和经营者，具有自我改造和自我发展能力，成为具有一定权利和义务的法人，并在此基础上建立多种形式的经济责任制。改革的主要措施是实行厂长（经理）责任制，并在大多数国有企业实行承包经营责任制，对一些小型国有企业实行租赁经营，并在少数有条件的全民所有制大中型企业中开始了股份制改造和企业集团化的改革试点。

1986年国有企业开始进行股份制试点，因为难以找到适合的非国有主体，所以此阶段股份制大多在企业职工中进行。同年12月，国务院做出《关于深化企业改革增强企业活力的若干规定》，提出全民所有制小型企业可积极试行租赁、承包经营。全民所有制大中型企业要实行多种形式的经营责任制。各地可以选择少数有条件的全民所有制大中型企业进行股份制试点。当时的中国，集中在企业职工手中的资源非常有限，这直接导致了企业无法从中获得预期的资本筹集，股份制改革并没有达到期望的目标。本阶段改革虽然没有取得较大的胜利，却使我们从中吸取经验教训，有利于下一阶段改革的推进。

到1987年底，全国国有大中型企业普遍实行了承包制，同年，中共十三大报告肯定了股份制是企业财产的一种组织形式，试点可以继续实行。1988年，国家开始进行税利分流试点，其基本内容是：国家作为社会管理者，先向内资企业征收33%的所得税，然后再以国有资产管理者身份参与国家出资企业税后利润分配。同时，逐步减免并取消能源交通重点建设基金和预算调节基金。税利分流初步明确了国家与企业之间的利益和风险分担机制，为不同所有制企业之间的平等竞争创造了条件，缺点是一些亏损或微利企业在税利分流改革中出现困难。尽管如此，税利分流试点还是为全面降低企业所得税税率和建立现代企业制度奠定了基础。从这几年的试点情况看，尽管税利分流还不尽完善，全面推行税利分流的气候尚未形成，但这项改革在理顺产权关系、转变企业经营机制等方面已初见成效。一是有利于形成投资约束机制。税利分流改革的一个重要方面是改税前还贷为税后还贷，这使投资贷款还款主体由财政转为企业，投资责任更明确，有助于消除盲目争投资、争贷款的弊病。二是有利于企业转变经营机制。企业的责任和义务予以明确，促进企业提高经济效益。三是为加强国有资产管理创造了条件。国家向企业收取税后利润是以国有资产所有者的身份实施的，为国有资产管理部门更加有效地行使国有资产管理职能提供了可能。到1988年底，全国共有3800家股份制企业，其中800家由国有企业改制而来，60家发行了股票，其余3000家原是集体企业[①]。

与股份制试点同时进行的另一类改革是企业承包制改革，承包制改革较股份制改革的范围要广泛得多。农村家庭联产承包制的成功，为举步不前的城市国有企业改革注入了新的活力。1987年4月原国家经委受国务院的委托，召开了全企业承包经营责任制座谈会，全面布置了推行承包制的各项工作。从此，承包制在全国推开。承包制改革的初期，改革效果比较明显，调动了企业和职工的积极性，也有力地推动了经济发展，1987年和1988年的各项工业指标都有较大的提升，但与企业经济效益增长相反，国家的财政收入出现了负增长。

到1987年底，全国国有大中型企业普遍实行了承包制，1988年2月国务院更加明确了企业承包制在国有企业改革中的地位，规定了"包死基数，确保上交，超收多留，欠收自补"的承包原则。同时，全国人大颁布了《全民所有制工业企业法》，从而将扩权试点以来取得的改革成果用法律形式规定下来。这是由于承包制对于企业并没有强大的约束力，企业只负盈，不负亏。而且承包制没有进行深层次财产关系的改革，容易导致企业经营者的短期化行为，也不利于政府的监管。1988年2月，国务院还发布了《全民所有制工业企业承

---

[①] 周飞：《改革开放以来中国国有企业改革的回顾与今后改革的展望》，山东大学，2004年。

包经营责任制暂行条例》。这个条例对发展和完善承包制、规范国家与企业的责权利关系起了积极作用，使承包制走上了法制的轨道。1990年国家又实行第二轮承包。

从实践看第一轮的承包效果是较好的。首先是保证了财政收入的稳定增长。据统计，国营预算内工业企业，承包后四年与承包前四年相比，利润增长27.8%，上缴利税增长27.6%，职工收入增长79%[①]。其次是促进了企业经营机制的转变，出现了一批搞得活、效益好、有后进的企业。最后是企业的投资主体开始转变，企业后劲有所增强。但是承包制本身的固有缺点使其激励机制受限制。由于宏观经济环境的变化和市场的变化，承包机制很难确定，出现了承包企业短期行为严重、国有资产流失、财政收入增长缓慢、重复建设和地区分割等问题。

虽然承包制在当时取得了一定的成功，但是承包制的问题也逐渐暴露出来。1991年9月中央工作会议强调要转换企业经营机制。1992年后国务院就不再鼓励企业搞承包。1992年7月国务院公布了《全民所有制工业企业转换经营机制条例》。该条例根据两权分离的思路明确了企业经营权、企业自负盈亏责任、企业和政府的关系、企业和政府的法律责任等问题。但是很快人们就发现，仅靠企业内部转换机制，难以达到改革的预期目标。

国企改革是与价格体制、投融资体制等宏观经济改革同步进行的。在价格体制上，国企改革的推进对价格体制提出了挑战。1984年以后开始了对价格体制的改革，以不同形式、不同程度放开价格为主。1987年9月，国务院发布了《中华人民共和国价格管理条例》，明确规定国家现行的3种价格形式，即国家定价、国家指导价和市场调节价，并规定企业在价格管理方面享有的权利，主要是赋予企业一部分定价权。

在流通体制上，1978年中国计划管理的商品将近400种，到1990年底已经减少为9种。同时改变了原来生产资料不能成为商品的管理模式，将近850种生产资料由国家统一计划调拨的方式转变为市场调控，生产资料正式成为商品。由于生产资料成为商品，它的有效和方便的运转支持和支撑了国企改革的进行。在投融资体制上，中央进行了"拨改贷"改革，成立国有资产管理局。20世纪80年代中期，国家建设项目投融资体制从拨款改为贷款，国家不再给新建企业投入资本金。在监管体制上，1988年4月，为了加强对国有资产的管理，理顺国家与企业的财产关系，国务院直属的国有资产管理局成立，行使国有资产所有者的代表权、监督管理权、投资和收益权、处置权。

此外，进入20世纪80年代后期，随着发行股票的企业增多，对股票交易的需求压力相应增大。经中国人民银行批准，上海（1986年）和深圳（1987年）先后建立了股票柜台交易市场。其后，两地先后于1990年和1991年成立了规范的证券交易所，主要在于缓解已经发行在外，且具有相当规模的股票交易需求的压力。据中国证监会的统计，从1987年至1990年末，我国共向社会发行了可流通股47亿股，筹集资金47亿元[②]。资本市场的建立不仅为国企改革提供了融资渠道，还为将来国企改革的深化奠定了基础。

---

[①] 郑小玲：《中国财政管理体制的历史变迁与改革模式研究（1949—2009）》，福建师范大学，2011年。
[②] 邹东涛主编：《发展和改革蓝皮书：中国改革开放30年》，社会科学文献出版社2008年版。

## 第三节　财政改革推动市场经济发展

1978年12月,党的十一届三中全会的召开是我国经济体制改革的一次伟大转折。从此,我国走上了一条"摸着石头过河"的渐进、可控的改革开放道路,资源配置方式逐渐从计划经济逐步转向了市场经济。1978年至1984年,除提出了我国对国民经济体制进行改革和对外开放的基本思想外,主要是提出计划经济为主、市场调节为辅的原则,同时第一次明确提出建设有中国特色的社会主义理论。1979年12月26日,邓小平同志指出:"我们是计划经济为主,也结合市场经济,但这是社会主义的市场经济。"这一原则在1982年9月召开的党的十二大报告中概括为"计划经济为主,市场调节为辅"。1984年10月召开的十二届三中全会全面总结了改革发展的具体实际,标志着我国的经济体制改革进入了一个全面改革的新阶段。1987年10月党的十三大明确指出:"社会主义有计划商品经济体制应该是计划与市场内在统一的体制。社会主义商品经济的发展离不开市场的发育和完善,利用市场调节决不等于搞资本主义。""国家调节市场,市场引导企业"机制的提出,是对传统社会主义经济理论的又一次突破。随着改革在农村的突破和初步取得成功,城市经济体制改革开始提上议事日程。而改革的实践,使市场调节的作用实际上已突破了"为辅"的框框。这一时期财政各项改革的成效与影响,可从以下几个方面去总结。

### 一、推进社会主义市场体制的建立

如前所述,从1978年到1992年,我国对社会主义经济体制的探索,经历了计划经济为主、市场调节为辅,有计划商品经济和社会主义市场经济等不同的探索阶段。与此相适应,财政管理体制改革开展了分灶吃饭、划分税种、核定收支、分级包干,以及各类财政大包干体制。财政体制的不断改革和深化,有力推动了社会主义市场体制的建立。

1. 以财政体制改革为突破口,放权让利,逐步打破高度集中的市场经济体制。新中国成立后,我国学习苏联,建立了高度集中的计划经济体制。通过高度集中的计划经济体制,国家直接组织生产、交换、分配和消费等社会再生产活动。在该体制下,国家对当时国营企业生产经营所需的资金实行无偿拨款,有时流动资金由银行贷款,企业生产什么、生产多少、什么时候生产,都由国家计划决定,企业实现的利润全部上缴国家财政,且固定资产折旧都上缴财政,企业亏损财政补贴。而就中央与地方财政的关系而言,地方财政收入支出指标由中央核定,一年一变,具有高度中央集权特征。改革开放初期,为了打破高度集中的计划经济体制,国家财政首先实行放权让利改革。财政给国有企业放权,给企业利润留成,恢复企业奖金制度;提高农副产品价格;中央财政和地方财政实行分灶吃饭,打破全国财政统收统支的局面。改革措施的推行,逐步从根本上打破了高度集中的计划经济体制,在旧体制之外,开始发展商品交换、形成市场机制,逐步向市场经济体制过渡。

2. 财政体制改革,推动政府职能转变,发展市场经济,转变资源配置方式。随着各项财政改革措施的推进,逐步改变了政府和企业的关系,国有企业逐步摆脱了行政机关附属物的地位,向自主经营、自负盈亏、照章纳税的市场主体方向发展,促进了政府职能的进一步转变。政府逐步由计划经济体系下社会再生产的直接组织者,转向以制定市场经济规则、为企业生产经营服务、开展国民经济和社会宏观管理为主。在1978年到1992年期间，我国政府机构进行了多次的改革，取得了较明显的成效，一些直接管理经济活动的政府部门被合并、精简，向行业管理、宏观管理方向发展。随着政府职能的转变，我国社会资源的配置机制，逐步由以国家计划配置为主，转向以市场机制配置为主，市场经济体制不断完善和成熟。

3. 财政改革为市场经济的运行逐步建立了良好的法制环境。随着各项财政改革的不断深入，1978年到1992年间财税法律法规制度不断完善，特别是为了适应对外开放的需要，我国制定和颁布了《个人所得税法》《中外合资企业所得税法》《增值税暂行条例》《国营企业所得税暂行条例》《国家预算管理条例》等一系列的财政、税务、财务会计等方面的法律、法规和规章制度。这些法律制度为商品交换活动和市场经济运行提供了保障，成为社会主义市场经济体制的重要组成部分。特别是这些财税法律制度在我国引进外商投资、发展"三资"企业，扩大国际经济技术交流，推动市场经济发展方面，发挥了重要作用。

## 二、企业和地方财政成为市场经济发展的强大动力

1. 改革财政与国有企业分配关系，充分调动企业创造价值的积极性，使之逐步成为独立的市场主体。在我国经济体制改革的各项任务中，国有企业改革一直居中心环节之一。从1978年至1992年，我国不断推进政府财政与国有企业关系的改革。

首先，政府财政给国有企业放权让利，实行企业利润留成制度，恢复奖金制度，使企业成为一个相对独立的经济实体。国务院规定，从1980年起，把原规定的全额利润留成办法改为基数利润留成加增长利润留成的办法。企业当年利润高于上年利润的，相等于上年利润的部分，按核定比例提取基数利润留成资金；比上年增长的利润部分，另按国家规定比例提取增长利润留成资金。企业可用基数利润留成和增长利润留成资金，作为生产发展基金、职工福利基金和职工奖励基金。有新产品试制任务的企业，一般可按利润总额的1%计算新产品试制费；从成本中提取的职工福利基金，按照工资总额的11%计算。从成本中开支的职工奖金，一般企业按标准工资总额的10%计算；基层企业从利润中提取的企业基金，在最多不超过工资总额5%的范围内，由企业主管部门根据企业的不同情况，分别确定。这些规定，有利于逐步打破国有企业吃国家财政大锅饭的状况，企业生产经营水平和企业留利、职工奖金直接挂钩，有力地调动企业和职工生产经营的积极性、创造性，努力搞好生产经营、提高利润水平，为社会创造更多的财富，繁荣市场经济。

其次，通过利改税、实行初步的分税制财政管理体制，规范政府与国有企业的关系，使之成为相对独立的市场主体。为了规范政府和国有企业的分配管理，我国于1983年、1984年实施了第一步、第二步利改税，改革国有企业利润上缴制度，对国有企业征收企业所得税、利润调节税，税后留利归企业支配，使国有企业有相对独立的经济利益，和"三资"企业、集体企业、私人企业一样，照章纳税，在同一起跑线上开展市场竞争。从1985年实施"划分税种、核定收支、分级包干"的财政管理体制，逐步向按税种划分各级政府收入方向发展。改革国有企业同各级政府之间的行政隶属关系，使之摆脱行政机关附属物的地位，向自主经营、自负盈亏、照章纳税的市场主体方向发展。

2. 改革中央与地方政府财政关系，充分调动地方政府发展经济社会事业的积极性，为企业和居民提供优质公共服务。在新中国成立后的高度集中的计划经济时期，实行了以中央集权为特征的财政管理体制，在大部分年份，地方政府财政收支指标都由中央政府核定、一年一变。这种体制大大限制了地方政府当家理财、发展地方经济社会事业的积极性。1978

年到1992年期间，我国在1980年、1985年和1988年分别改革了财政管理体制，其基本的趋势是中央财政给地方财政放权让利，充分调动地方政府当家理财、发展地方经济社会事业的积极性，这为中国市场经济的发展、人民生活水平的提高注入了强大的动力。从理论上讲，与中央政府相比，在地方公共物品供给中，其具有相对优势。在信息方面，地方政府更能了解、掌握地方企业和居民的需求，提供其所需要的公共物品，最大限度地满足公共需要。在效率方面，地方政府从事供水、供气、桥梁、道路等区域收益的公共物品供给，效率较高。从我国实际情况看，我国是一个幅员辽阔、人口众多、各地区经济社会发展极不平衡的大国，充分调动地方政府积极性，开展区域间的公平、合理、有序竞争，是我国市场经济繁荣发展的重要动力。这一点，也可以从改革开放后我国经济高速发展的事实中得到证实，地方政府功不可没，中央财政放权让利是必要的、正确的。

3. 这一阶段国企改革在不断的探索中前进，具有十分鲜明的试错特征，这是与之后的国企改革明显不同的。改革之初，长时间的计划经济体制和以阶级斗争为纲的发展路线使我国经济处于崩溃的边缘。国有企业上缴的利润与国家对它的投资不相称，使国家财力吃紧，生产资料和人民生活资料长期处于严重短缺状态。为了摆脱这种局面，中央制定了改革开放的基本国策，作为改革的重要组成部分，所有制结构与国有国企改革成为解决当时短缺问题的必然选择。国有企业的放权让利和两权分离就是为了增强企业活力，从而提高企业的生产能力，缓解紧张的产品短缺问题。此外，迫于"文化大革命"之后，国营和集体企业职位有限，无法安置上千万的回城青年工作，各级政府不得不鼓励自谋职业，并大量发放个体营业证。个体经济就这样在政府默许下发展壮大起来，并最终成为一种合法的所有制成分。

同时，资金、技术和经验严重匮乏的发展现状要求国家必须坚定地推行对外开放政策，以吸引国外投资，引进改革所急需的资金、先进技术和管理经验。正是在这种旨在缓解短缺问题的政策推动下，"三资"企业在20世纪80年代获得了初步发展，为90年代外资的大规模涌入奠定了基础。

对国有国企改革，中央政策主要是采取"试点"的大原则，结合企业发展实际和企业相关理论，先后推出了多种政策。从放权让利到两权分离的承包责任制和转换经营机制，经历的都是"政策推出——政策实践——政策改进"的过程。被实践证明不好的政策，用新政策加以取代，如用两权分离取代放权让利；被实践证明有效或尚未证明的政策继续加以推进，如股份制试点、"拨改贷"等。尽管在改革过程中我们也付出了不小的代价，但经验的积累是更为重要的，为之后我国的国有企业走上具有中国特色的改革和发展之路进行了充分的准备。与国有企业改革密不可分的是非公有制经济的改革，个体和私营企业在中央的默许和"看一看"的宽容政策支持下，通过自我发展与实践，取得了非凡的成就。地方的成功实践获得了中央的认可，进而推动了所有制结构的巨大变革，个体和私营经济成为所有制结构的一部分。外资经济在政策的鼓励下也获得了一定程度的发展。

## 三、推动社会主义市场体系和运营机制的发展

在市场经济条件下，一个国家或地区形成一个由消费品市场、生产资料市场（投资品市场）、金融市场、劳动市场、技术市场及信息市场等一系列市场组成的有机整体，构成一个较完整的生产要素市场体系，调节社会总供给和总需求，推动经济社会发展。在1978年至1992年期间，我国政府实施各项财政改革措施，有力推动传统计划经济体制向市场经济体制转轨，社会主义市场体系不断健全，市场运行机制不断完善，为在此期间我国经济的迅速发展和社会进步做出了重要贡献。

1. 各项财政改革推动消费品市场的繁荣

和发展。在计划经济体制下,重要特征之一就是短缺,特别是食品、服装等人民生活必需消费品难以满足需要,不得不实行凭票证。1978年改革开放后,各项财政改革措施促进消费品市场发展,在较短的时间内大大缓解了这一问题,到20世纪90年代后期,我国基本上解决了温饱问题。首先,大力发展个体经济、私营经济,开放农贸市场,增加消费品供给和交易,满足城乡居民生活需要。1986年财政部发布了《个体工商户所得税暂行条例》,1988年国务院颁布了《私营企业所得税暂行条例》,鼓励个体经济、私营经济发展,特别是在农村解散人民公社,建立乡镇人民政府,实行家庭联产承包责任之后,允许更多的农产品进入城乡市场交易,有力促进了消费品市场发展。其次,大力发展乡镇企业等新型集体经济,在国家计划之外,增加消费品的生产和供给,繁荣和发展了消费品市场。

2. 各项财政改革推动生产资料市场的繁荣发展。通过改革财政与国有企业分配关系,允许企业在完成国家计划生产任务以后,生产部分产品进入市场进行交易,再加上在国家计划体系以外的"三资"企业、乡镇企业生产的各类生产资料,市场交易规模不断扩大,逐步建立了钢材市场、专用设备市场等各类生产资料市场。这些生产资料市场的发展,为改革开放初期经济体制转型、市场经济的发展做出了重要贡献。

3. 各项财政改革推动了金融市场的繁荣和发展。在市场经济发展中,资金的融通是各项经济活动的命脉,金融市场的发展在市场体系中具有重要的核心地位。改革开放后,我国改革财政和金融机构的关系,人民银行单独行使中央银行职能,农业银行、工商银行、中国银行、建设银行等恢复或组建,形成较完整的银行体系,为市场经济发展提供金融服务;1981年财政部门恢复国库券等国内债务的发行,1988年开放国库券流通市场;改革财政与国有企业分配关系,支持企业进行股份制改革,建立现代企业制度,开始发行股票、债券;1990年上海证券交易所、深圳证券交易所成立;在这一时期,我国的保险业也得到恢复和发展。在1978年至1992年期间,货币市场、资本市场等各类金融市场的迅速发展,为我国社会主义市场经济发展提供了有力的资金支持。

4. 各项财政改革推动了劳动力市场的繁荣和发展。在各类生产要素中,劳动者的因素居于决定性位置。改革开放后,国家财政大力支持教育事业发展,培养国家现代化建设所需要的各类专业人才。1977年起,国家恢复了高考制度,财政投资恢复和建设了一大批高等院校、科研机构。1985年《中共中央关于教育体制改革决定》发布,提出要造就数以亿计的工业、农业、商业等各行各业有文化、懂技术、业务熟练的劳动者。逐步改革高校毕业生就业制度,允许学生在国家计划指导下,在一定范围自主择业。在科技人才管理方面,1985年《中共中央关于科学技术体制改革的决定》,提出要克服"左"的影响,扭转对科学技术人员限制过多、人才不能合理流动、智力劳动得不到应有尊重的局面,创造人才辈出、人尽其才的良好环境。允许科技人员以停薪留职、兼职等形式,进行合理流动,人尽其才。同时,财政部门支持科研院校、国有企业从国外引进所急需的各类人才。我国经济特区、沿海开放城市、各类经济开发区的建立,以及户籍制度、档案管理制度的改革,为各类人才的流动创造了条件。我国劳动力市场在这一时期初步建立,从根本上推动了社会主义市场经济的发展。

5. 各项财政改革推动了技术市场的繁荣发展。在现代市场经济发展中,科技是第一生产力,发达国家科技对经济增长的贡献率在80%以上。1985年《中共中央关于科学技术体制改革的决定》中就提出,以经济体制为基础,开拓技术市场。为了适应科学技术的发展,国家财政通过财政拨款、财政补贴、税收减免等一系列的政策手段,促进技术交易市场的发展,推动更多的科技成果转化为现实生产力,推动我国经济发展,提高国家竞争力。到

1992年，我国科技市场交易规模已达到100多亿元。

当然，在看到这一时期财政改革对社会主义市场经济发展巨大推动作用的同时，还应实事求是地承认，改革中也出现了中央财政收入下降，宏观调控能力减弱，以及整个国家财政收入占GDP比例偏低等问题。从一定程度上讲，这也是一种改革的成本，在探索过程中付出的代价，需要在后期财政改革和发展中逐步予以弥补。

# 第三章　市场经济确立时期的公共财政构建

1992年10月，中国共产党第十四次全国代表大会召开，正式提出我国经济体制改革的目标是建立社会主义市场经济体制，强调市场在国家宏观调控下对资源配置起基础性作用。1993年3月，全国人大通过的《中华人民共和国宪法修正案》中明确规定：国家实行社会主义市场经济。1993年11月，党的十四届三中全会审议通过了《中共中央关于建立社会主义市场经济体制若干问题的决定》，这是党的十四大提出的改革目标和基本原则的具体化和系统化，它勾画出了社会主义市场经济体制的基本框架，制定了继续深化改革的总体蓝图。它是20世纪90年代我国经济体制改革的纲领性文件，使我国改革进入全局性整体推进的新阶段。1997年9月，党的十五大明确提出了形成比较完善的社会主义市场经济体制的目标，提出"坚持和完善社会主义市场经济体制，使市场在国家宏观调控下对资源配置起基础性作用"，并要求"充分发挥市场机制作用，健全宏观调控体系"。

财税改革是经济体制改革的先行军。1994年的分税制改革是中国政府对中央和各省、自治区、直辖市之间的税收分配制度及税收结构进行的一次较大规模的改革，搭建了市场经济条件下中央与地方财政分配关系的基本制度框架。以1994年分税制改革为核心和推手，从1994年起，改革企业所得税，合并国有企业所得税、集体企业所得税、私营企业所得税为统一的内资企业所得税，改变按不同所有制的企业实行不同的税种和税率的状况；多层次的社会保障体系建设步伐加快；国企改革转入以产权制度改革为主要内容的制度创新阶段。公共预算管理制度的改革、关税进出口税改革、省以下财政体制的改革全面展开。

## 第一节　市场经济确立初期的经济转型

### 一、市场经济确立初期的制度探索

这一时期，在理论上确立了"建立社会主义市场经济体制"的论断。1992年邓小平发表了著名的"南方谈话"，针对长期以来流行的"计划经济姓'社'，市场经济姓'资'"的传统观念，明确指出"计划经济不等于社会主义，资本主义也有计划；市场经济不等于资本主义，社会主义也有市场。计划和市场都是经济手段，计划多一点还是市场多一点，不是社会主义与资本主义的本质区别"等具有突破意义的思想。

1992年10月召开了中国共产党第十四次全国代表大会。大会的主要任务是：以邓小平建设有中国特色社会主义理论为指导，全面总结改革开放以来的伟大实践和基本经验，确定今后一个时期的战略部署，动员全党和全国各族人民，进一步解放思想、把握有利时机，加快改革开放和现代化建设步伐，夺取有中国特色社会主义事业的更大胜利。党的十四大报告明确提出，我国经济体制改革的目标是建立社会主义市场经济体制。至此，人们对社会主义的认识就从传统的计划经济思想中彻底摆脱出来，市场经济开始与社会主义基本制度相结合，成为中国经济改革的基本目标。党的十四大后，按照建立社会主义市场经济体制的目标，全面深化了经济体制改革。在财政、税收、金融、外贸、外汇、计划、投资、价格等方面，改革取得了重点突破，新的宏观调控体系的框架初步建立；以建立现代企业制度为方向的国有企业改革稳步推进。整个经济体制改革朝着建立社会主义市场经济体制的目标迈出了坚定和重大的步伐。同时，党中央通过采取一系列宏观调控措施，促进了经济又快又好地向前发展，也为应对新的风浪的考验奠定了基础。

1993年3月，中华人民共和国第八届全国人民代表大会第一次会议将"国家实行社会主义市场经济"写入宪法，这标志着实行社会主义市场经济体制以国家根本大法的形式被确定下来。

1993年，党的十四届三中全会通过的《中共中央关于建立社会主义市场经济体制若干问题的决定》，制定了我国发展社会主义市场经济的行动纲领和基本指导方针，勾画了社会主义市场经济体制的基本框架。进一步强调，明确国有企业改革的目标和深化改革的指导方针，要建立现代企业制度；建立统一开放的市场体系，加快培育和完善社会主义市场体系；转变政府职能，建立健全合理的宏观调控经济体系；进一步深化财税、金融、投资和计划体制的重大改革；充分发挥中国人民银行作为中央银行控制货币供应以及币值稳定的作用；合理划分中央与地方的经济管理权。

1995年9月，中共十四届五中全会召开，会议提出两个具有全局意义的根本性转变，即经济体制从传统的计划经济体制向社会主义市场经济体制转变，经济增长方式从粗放型向集约型转变。标志着我国经济建设将朝着深化体制改革、提高质量的方向发展。

1997年9月，党的十五大召开，全会通过了《高举邓小平理论伟大旗帜，把建设有中国特色社会主义事业全面推向二十一世纪》报告。党的十五大高举邓小平理论的伟大旗帜，在走向新世纪的形势下，面对束缚经济体制改革进程的传统观念和传统体制框架，在理论上有突破性的发展。党的十五大明确提出了形成比较完善的社会主义市场经济体制的目标，提出"坚持和完善社会主义市场经济体制，使市场在国家宏观调控下对资源配置起基础性作用"，并要求"充分发挥市场机制作用，健全宏观调控体系"。十五大在经济体制改革理论上有许多重大突破，集中表现在公有制的实现形式、分配方式、国有经济的主导作用、国有企业改革思路和就业制度等方面。在公有制实现形式上，明确指出，"公有制为主体、多种所有制经济共同发展，是我国社会主义初级阶段的一项基本经济制度"；"公有制实现形式可以而且应当多样化"；"非公有制经济是我国社会主义市场经济的重要组成部分。对个体、私营等非公有制经济要继续鼓励、引导，使之健康发展。这对满足人们多样化的需要，增加就业，促进国民经济的发展有重要作用"。在国企改革方面，明确指出"建立现代企业制度是国有企业改革的方向。要按照'产权清晰、权责明确、政企分开、管理科学'的要求，对国有大中型企业实行规范的公司制改革，使企业成为适应市场的法人实体和竞争主体"。在分配制度改革方面，明确指出"坚持按劳分配为主体、多种分配方式并存的制度。把按劳分配和按生产要素分配结合起来，坚持效率优先、兼顾公平，有利于优化资源配置，促进经济发展，保持社会稳定"；在宏观调控方面，"宏观调控主要运用经济手段和法律手段。要深化金融、财政、计划体制改革，完善宏观调控手段和协调机制。实施适度从紧的财政政策和货币政策，注意掌握调控力度。依法加强对金融机构和金融市场，包括证券市场的监管，规范和维护金融秩序，有效防范和化解金融风险"。十五大以后，改革开放和经济发展取得了新的巨大成就。国企改革取得重要进展；市场体系建设全面推进；计划、财税、金融等体制改革继续推进；社会保障制度改革稳步开展。

1998年10月，中国共产党第十五届中央委员会第三次全体会议举行，会议通过了《中共中央关于农业和农村工作若干重大问题的决定》。全会高度评价农村改革20年所取得的巨大成就和创造的丰富经验，提出了到2010年建设有中国特色社会主义新农村的奋斗目标，确定了实现这一目标必须坚持的方针。

1999年党的十五届四中全会通过的《关于国有企业改革和发展若干重大问题的决定》，是一个纲领性的文件，是跨世纪的战略决策。其确定了到2010年国有企业改革和发展的目标，即基本完成战略性调整和改组，形成比较合理的国有经济布局和结构，建立比较完善的现代企业制度，经济效益明显提高，科技开发能力、市场竞争能力和抵御风险的能力明显增强。

历史形成的地区之间的发展差距严重影响了地区之间经济的协调发展和全国统一市场的形成，限制了我国经济的增长空间，也引发了诸多社会问题。为解决这些问题，根据中央的决策，国务院于2000年10月发出《关于实施西部大开发若干政策的通知》，正式启动了这一世纪工程。

2002年11月8日，中国共产党第十六次全国代表大会召开，明确提出"坚持社会主义市场经济的改革方向，使市场在国家宏观调控下对资源配置起基础性作用"；"完善政府的经济调节、市场监管、社会管理和公共服务的职能，减少和规范行政审批。要把促进经济增长，增加就业，稳定物价，保持国际收支平衡作为宏观调控的主要目标。扩大内需是我国经济发展长期的、基本的立足点。坚持扩大国内需求的方针，根据形势需要实施相应的宏观经济政策。调整投资和消费关系，逐步提高消费在国内生产总值中的比重。完善国家计划和财政政策、货币政策等相互配合的宏观调控体系，发挥经济杠杆的调节作用。深化财政、税收、金融和投融资体制改革。完善预算决策和管理制度，加强对财政收支的监督，强化税收征管。稳步推进利率市场化改革，优化金融资源配置，加强金融监管，防范和化解金融风险，使金融更好地为经济社会发展服务"。

2003年10月，中共十六届三中全会召开并通过了《关于完善社会主义市场经济体制若干问题的决定》。在《决定》中，根据公共财政体制框架已经初步建立的判断，提出了进一步健全和完善公共财政体制的战略目标。

## 二、经济体制改革成效显著

### (一) 经济保持持续健康发展,经济发展取得优异成绩

在建立与完善社会主义市场经济体制的推动下,我国经济持续快速发展,到 1995 年提前五年实现了国民生产总值比 1980 年翻两番,随后又实现了人均国民生产总值翻两番,完成了现代化建设第二步战略目标。

据统计,1992 年到 2002 年间,我国国内生产总值年均增长 9.3%,比改革开放前 30 年的平均增长速度高 3.2 个百分点,农村居民人均纯收入实际增长 62%;城镇居民人均可支配收入实际增加了一倍多,人民生活总体上达到小康。2001 年,我国国内生产总值达到 95933 亿元,比 1990 年增长近两倍,排名由 1990 年世界第十位、发展中国家第二位,跃升到世界第六位、发展中国家第一位。1989 年,我国的外汇储备只有 55.5 亿美元,而到 2001 年已增加到 2456 亿美元左右,仅次于日本,居世界第二位。2001 年,我国货物进出口贸易总额比 1990 年增长 3.4 倍,达到 5098 亿美元,在世界贸易中的排名由 1989 年的第 15 位上升到第 6 位,吸收外资已连续 9 年居发展中国家首位。非公有制经济蓬勃发展,成为支撑国民经济的重要力量。特别是在我国的浙、粤、闽、苏四省,工业经济中非国有的比重已达到 80%—90%。利用外资领域和规模在逐渐扩大,从 1992 年到 2002 年经国务院批准设立的外商投资商业企业达 40 余家,实际吸引外资共 30 多亿元;世界 50 家最大零售商超过半数进入中国。到 2001 年底,中国已经批准外商投资企业 39 万多个,其出口额和进口额占全国的比重超过 50%。

这一切令人瞩目的成就,是在建立社会主义市场经济体制的改革攻坚中取得的。1992 年,党的十四大提出,"我国经济体制改革的目标是建立社会主义市场经济体制。"但如何将社会主义与市场经济结合起来,是人类经济史上未曾实践过的重大课题,没有成功的先例,全靠我们自己去一步步摸索和创新。

### (二) 市场体系发生显著变化,告别了短缺经济

党的十二届三中全会就提出价格体系的改革是整个经济体制改革成败的关键,但由于当时的价格改革没有得到综合配套的推进,价格改革的任务没有完成。随着经济的发展,治理整顿中商品供求关系发生很大变化,人们心理承受能力也得到增强,为进一步进行价格改革创造了良好的机遇。1992 年开始放开了有色金属和大部分机电产品价格,1993 年放开了粮食、部分统配木材、部分统配煤炭和大部分钢材的价格,1994 年全面放开了统配煤炭价格。到 1994 年在社会商品零售、农副产品收购、生产资料销售总额中,市场机制调节的比重分别达到 90.4%、79.3% 和 80%,以市场形成价格为主的价格机制已经初步建成。

20 世纪 90 年代末期,随着经济体制改革的不断深入,我国国民经济发展过程中曾长期存在的短缺经济状态终告结束。从当时的市场供求状况看,买方市场格局的出现已是不争的事实。1998 年的资料显示,在 601 种主要商品排队中,供求平衡的商品 466 种,占排队总数的 74.2%;供大于求的商品 155 种,占排队总数的 25.8%;供不应求的商品几乎没有。商品供应日渐丰富,基本实现了从卖方市场向买方市场的转变。这意味着我国出现了生产能力的结构性相对过剩,经济发展越来越受到市场的约束。这在传统计划经济条件下,是从来没有发生过的事情,它改变了社会主义"短缺经济"的传统面貌。

### (三) 宏观调控政策和体系不断完善,调控能力不断增强

1991 年第四季度,我国经济处于周期性的高增长阶段。但 1992 年上半年,全国各地的发展热情异常高涨,宏观经济运行出现了许多问题,如固定资产投资严重膨胀,超过了国

民经济的承受能力；供需失衡加剧；金融秩序混乱；货币供应量超常增长，全社会信用膨胀。1993年6月，中共中央、国务院下达《关于当前经济情况和加强宏观调控的意见》，就经济运行存在的问题，提出了加强和改善宏观调控的十六条措施，为平息当时的混乱局面、逐步消除经济过热奠定了基础。以此为开端，摸索出了综合运用经济手段、法律手段，辅之以必要的行政手段而形成的宏观调控道路。

1994年初，按照十四届三中全会规划的改革目标，关乎宏观管理体制的计划、投资、财政、金融、外贸、外汇等领域的改革方案相继推出。这些方面的改革相互配合，共同深入，从而形成符合市场经济要求的宏观管理体制新框架，奠定了市场体制下宏观管理体制的初步框架，为治理新一轮经济过热和抑制随之而来的经济紧缩趋势，提供了新的宏观调控手段。

尽管如此，社会主义市场经济体制改革使我国经济体制和经济结构中的许多深层次问题进一步暴露出来。由于市场经济体制改革和经济增长方式转变未完成，经济结构不合理、增长质量不高等问题未能得到根本解决，遇到有效需求不足时，各种新老矛盾相互交织、同时显现。这些都严重阻碍了我国经济向更高水平发展。而在1997年，恰逢震动全球的东南亚金融危机和随之而来的世界经济低迷，以外向型经济为主导的沿海地区受到了严重影响。在内外因素的共同作用下，我国经济出现了通货紧缩，企业效益下滑，下岗失业人口大量增加，经济发展遇到一个新的瓶颈。党中央审时度势，采取了启动市场、扩大国内需求等措施，启动财政政策和货币政策的组合拳，连续多年实行积极的财政政策和稳健的货币政策，发行国债，加强基础设施建设，运用货币工具加大防范和化解金融风险的力度，加快金融体制改革步伐，坚持人民币不贬值，维护了良好的国际信誉，同时千方百计扩大出口等。通过改革宏观调控体系，加强宏观调控，终于既克服了通货膨胀的影响，又抑制了通货紧缩的趋势，为改革和发展赢得了时间和空间，保持了社会的稳定，也使人们进一步增强了建立社会主义市场经济体制的信心。

经济政策工具方面，我国政府已能够根据宏观经济环境，熟练运用财政政策和货币政策工具。我国经济经历了1993—1996年的通货膨胀和1998年开始的通货紧缩时期，中国相机抉择地运用不同的经济政策，即"紧缩型"财政货币政策和"扩张型"财政货币政策加以应对。自1993年起，受房地产热、开发区热的影响而引发通货膨胀，1994年通胀率达到了21.9%。政府自1993年7月起实施紧缩型货币政策，政策措施包括：提高利率水平；所有专业银行取消信贷计划外的贷款；集中发行凭证式国债、无记名式国债；增加贴现和再贴现规模。在宏观政策的影响下，至1996年，经济出现"低通胀、高增长"，国民经济实现"软着陆"。从1998年开始，受内外环境的综合影响，我国面临通货紧缩严重、物价持续低迷的情势，我国政府开创性地实施了稳健货币政策和积极财政政策。从1996年到1999年3年中，7次降低利率；公开市场操作成为央行扩大货币供应量的主要政策工具，1999年通过公开市场操作净投放基础货币占基础货币投放总量的52%；降低法定准备金率，从1998年的13%降低到1999年的6%。在财政政策方面，从1998年8月到2000年8月共发行四次国债，用于基础设施建设；降低税费，如增加出口退税和减免固定资产调节税，取消了几百项行政事业性收费和基金收费项目。

### （四）国企改革成效显著，国有经济的控制力在不断增强

1993—2003年是国有企业改革的制度创新阶段，即逐步构建现代企业制度阶段。国有企业的现代企业制度改造，需要与国有经济的战略性调整、政策性负担的剥离同时进行。1993年11月，党的十四届三中全会第一次明确提出，我国国有企业的改革目标是建立"产

权清晰、权责明确、政企分开、管理科学"的现代企业制度,并要求通过建立现代企业制度,使国有企业成为自主经营、自负盈亏、自我发展、自我约束的法人实体和市场竞争主体。党的十五大提出,要把国有企业改革同改组、改造、加强管理结合起来。要着眼于搞好整个国有经济,抓好大的,放活小的,对国有企业实施战略性改组。要实行鼓励兼并、规范破产、下岗分流、减员增效和再就业工程,形成企业优胜劣汰的竞争机制。十五届四中全会则指出要"从战略上调整国有经济布局",坚持"有进有退""有所为有所不为"的原则和四个重点控制的领域。"对产品有市场但负担过重、经营困难的企业,通过兼并、联合等形式进行资产重组和结构调整,盘活存量资产;产品没有市场、长期亏损、扭亏无望和资源枯竭的企业,以及浪费资源、技术落后、质量低劣、污染严重的小煤矿、小炼油、小水泥、小玻璃、小火电等,要实行破产、关闭。"

从1992年到2001年的10年间,我国国有企业、集体企业和其他各类企业大都进行了公司制改造,企业的所有制结构日趋多元化,国有经济实行了战略性调整,各类企业在市场中进行优胜劣汰的竞争。到2001年国有企业户数由10.23万户减少到4.68万户,利润从743亿元增加2388.56亿元。各种新型的混合所有制经济迅速壮大,成为经济发展的重要支撑力量。

有关股份制企业法规的制定和落实,使中国企业的市场主体地位得到正式确认,中国企业进入规范发展阶段。建立现代企业制度是这一时期国有企业改革的核心。1994年底,全国已有3.3万个股份制企业,有78.4%的股份制企业认为改制后企业经营机制发生了很大变化,经济效益大大高于全国平均水平。到2001年底,在国务院及地方列入试点的2710家企业集团中,已有1997家的母公司改制为公司制企业,占试点企业的73.6%;国家520家重点企业中的国有及国有控股企业,也有430家进行了公司制改革,占82.7%[①]。在此期间,其他国有企业的改制继续深入并全面展开,国有企业的退出机制也逐步建立起来。2002年中共十六大进一步提出除极少数必须由国家独资经营的企业外,积极推行股份制。大多数企业已经基本上建立了现代企业制度的框架。

按照社会主义市场经济体制的要求,国有经济布局得到优化,整体素质明显提高。在一般性的竞争领域里,一般加工工业市场化程度高,竞争属性强,劳动密集,许多产业发育比较成熟,民营经济居主导地位,国有经济竞争优势不明显,国有经济主动退出;而在石油、石化、冶金、电力、铁路、兵器、船舶与航天航空等关系国家命脉的重要行业和关键领域里,国有经济大显身手,从而支撑、引导和带动了整个社会经济的发展。民营经济在农药、轴承、齿轮、拖拉机、电线电缆、耐火材料、造纸、家电、五金、塑料、饮料、服装、棉纺生产等行业占明显优势,我国国有经济在这些行业或领域呈进一步退出趋势。据统计,1995年到2002年,中国纺织资产总额年递减3.5%;森林、食品、皮革毛皮及制品业年均递减12.2%、3.4%、6.8%;国有批发和零售、贸易及餐饮业资产年均递减1.8%。国有资本向国民经济基础性及支柱产业配置和集中的趋势不断加强,体现以重化工业为主导的经济发展阶段。1992—2002年,国有电信、电力、石油石化、冶金、煤炭、机械工业、交通业资产总额分别递增21.5%、28.1%、26.8%、19.7%、17.6%、15.2%、10.9%。这一时期,国有及国有控股工业企业完成工业增加值年均增长12%,产品销售收入年均增长12.3%,实现利润年均增长10%,固定资产净值年均增长16%,国有及国有控股企业上缴税金年均增长11%,为国家财政收入的增长做出了重大贡献。国有及国有控股工业企业就业人数占规模以上工业企业就业人数的

---

① 李晓西:《中国市场化改革三十年回顾》,《决策管理》,2009年第3期。

50%以上。随着现代企业制度初步建立，国有企业经营机制进一步转换。相当一部分企业进行了公司制改革，520 户国家重点企业改制面达到 83.7%。一批国有大型企业相继在海外上市，得到了国际资本市场和战略投资者的认可。

### 三、经济转型与政府职能转变

#### （一）在经济体制改革确立之初，地方政府扮演着市场培育者的身份，发挥着重要的作用，但也存在着政府主导经济发展的弊端，需要转变政府职能

20 世纪 90 年代，我国正处于经济体制框架全面搭建的建设时期。此时，地方政府不完全是发达国家里的公共服务型政府，也不是计划经济时期中央政府的派出机构，而是具有独立经济利益和分散决策权的重要组织，在促进经济发展和社会稳定等方面发挥着重要的作用。通过近 20 年的改革推进，地方政府通过立法、人事、财政、金融以及投融资体制和国有企业改革，逐步获取了部分人事权、投资权、金融控制权、国有企业所有权以及财政独立权，由此从过去单纯依附于上级政府的行政主体演变为具有相对独立经济利益和管理功能的行为主体。

在改革初期，由于要解决旧体制激励不足、经济发展停滞等方面的问题，赋予地方政府发展当地经济的职责，随职责下放的是一系列经济管理权限，其中包括给予地方前所未有的财政权力，如对财政收支的自行决策权、规范或不规范的财税政策制定权、对财政收入增量的剩余分享权，等等。也正是在这样的制度背景下，地方政府逐渐成为地方利益的代表，而不再是中央的附属机构。

首先，在对待政府与企业的关系上，由于走的不是西方的道路，而是要在计划框架内发展市场，因此必然出现很多不规范问题。在改革的初期阶段，由于市场信息不充分、市场体制机制不成熟等原因的存在，企业寻找市场的费用要大得多。而如果由地方政府以积极的态势介入市场领域，充当地方企业的代表，则有利于节省企业的交易成本和减少市场机制调整产业结构的成本和时间。地方政府，特别是非资源大省、非农业大省在改革过程中勇于利用各种制度条件到外省争取稀缺资源，增量改革的制度创新势头强劲。而且，在体制转轨中，不难发现地方政府存在着如下的角色错位：地方政府与市场的职能划分并不合理，诸如行政性垄断、不必要的行政审批对市场的干预、不规范行为等。这些问题的存在，对于当时的经济发展阶段来说，具有一定的合理性。这种地方政府干预经济、经营城市的思想、做法，愈演愈烈，地方政府不顾一切地追求 GDP 的做法，与地方最大化追求税源、财政收入、自我政绩的意图密不可分。这种 GDP 挂帅、财政收入挂帅的理念，使得体现着地方分配关系的地方财政不是市场经济高级发展阶段的"公共财政"，而是存在着众多的"越位""缺位"。地方政府主导经济发展模式的不足表现在地方政府在发展地方经济上存在盲目性、趋利性倾向。

其次，虽然实行了分税制改革，但是由于分税制主要聚焦于分税，而对财政支出方面的改革支持力度不够，因此财政支出结构的不合理性持续存在，表现为"越位""缺位"等现象的存在。公共品的供给存在结构性矛盾，如对国有企业的各种财政扶持，财政亏损补贴的广泛存在，对企业的挖潜革新改造及新产品试制的投入和流动资金投入不足。对可市场化运行的机构却实行了不必要的财政补贴，如对报刊的补贴及投入，对一些文化社团、体育的投入等。对教育、科技、环保等领域却缺乏必要的资金支持。

最后，在政府与企业的关系上，存在着政企不分等问题。国有企业承担着相当的社会性、政策性负担而无法与其他经济成分展开公平竞争；国有企业产权制度改革的不完善致使国有资产流失和"内部人控制"严重；国有企业经营管理效率低下，难以有效提高。这些都在很

大程度上限制了市场经济体制的健康运行。

## （二）基于政府职能转变的客观需要，我国政府多次进行政府机构精简等内容的政府职能转变实践

1992年党的十四大提出建立社会主义市场经济体制，为经济改革一锤定音。1993年党的十四届三中全会通过的《中共中央关于建立社会主义市场经济体制若干问题的决定》提出："政府管理经济的职能，主要是制定和执行宏观调控政策，搞好基础设施建设，创造良好的经济发展环境。同时，要培育市场体系，监督市场运行和维护平等竞争，调节社会分配和组织社会保障，控制人口增长，保护自然资源和生态环境，管理国有资产和监督国有资产运营，实现国家的经济社会发展目标。政府运用经济、法律和必要的行政手段管理国民经济，不直接干预企业的生产经营活动。"1997年党的十五大重申，要"按照社会主义市场经济的要求，转变政府职能，实现政企分开，把企业生产经营的权力切实交给企业"。到2000年，我国现代化的前两步战略目标已经实现，市场经济体制初步建立。在这一阶段，我国政府职能转变取得了重大发展，政府职能结构中经济职能和社会职能增强，实现政府职能时更多地运用经济和法律手段。

（1）政府机构改革与职能转变。1993年机构改革提出转变职能的根本途径是政企分开，把属于企业的权力放给企业，减少具体审批事务和对企业的直接管理。宏观调控部门加强宏观调控，做好国民经济发展战略、发展规划和经济总量的平衡，制定产业政策培育发展市场。专门经济部门发挥规划、协调、服务和监督职能。经过精简，国务院组成部门设置41个（含国务院办公厅），直属机构3个和办事机构5个，共设置59个。国务院非常设机构也进行了大幅度裁减，由85个减少到26个。1998年机构改革同样强调转变政府职能，实行政企分开，较大幅度调整和精简机构和人员编制。重点是加强综合经济部门和执法监督部门改革，把国务院综合经济部门改组成宏观调控部门，国家发展计划委员会、国家经贸委、财政部、中国人民银行共同承担宏观调控职能，撤销大量专业经济部门，使其成为国家经贸委管理的国家局，如国家国内贸易局、国家煤炭工业局、国家机械工业局等，它们不再直接管理企业。发展社会中介组织，把大量社会事务交给社会中介组织来承担。机构改革后，国务院组成部门从40个减少到29个，部门内设机构精简了1/4，移交给企业、社会中介机构和地方的职能200多项，人员编制减少了一半。

（2）在政府与企业关系方面，国企改革进入制度创新阶段。1993年党的十四届三中全会提出，国有企业改革的目标是逐步建立"产权清晰、权责明确、政企分开、管理科学"的现代企业制度。1994年国务院选择百家国有大中型企业试点建立现代企业制度，与此同时，地方政府推出2400多家国企改革试点工作，这是改革以来规模最大、部署最完备的一次国企改革。1996年，中央提出国有企业要"抓大放小"。党的十五大以后，各地大规模地推进股份制和股份合作制，各地掀起改制风。1999年党的十五届四中全会提出"国家有所为、有所不为"，"国有企业有进有退"，着手调整国有经济布局，国有企业从竞争性行业开始后撤。具体政策措施是中小企业实行租赁、承包、委托经营、兼并、收购和破产等，国家通过放宽贷款条件、经过股份制上市融资、由国有资产管理公司（国有投资公司）实行债转股等方式扶植大企业。为实现政企分开，中国政府各部委解除了与所办经济实体和直属企业的行政隶属关系；开始对电信、电力、铁路、民航等国有垄断行业进行改革。为履行所有者的监督职能，政府采取向国有企业和金融机构派驻监事会和特派稽查员，以及向资产经营机构和大企业授权经营国有资产等措施，实现国有资产的保值和增值。通过这些改革措施，国有企业走出了计划经济的旧体制，其运行机制越来越市场化。

（3）在政府与市场方面，政府不仅积极培育市场，而且以法律法规形式规范市场运行，同时政府把一部分职能转让给社会中介组织承担。市场体系包括商品市场和要素市场，中国政府在这一阶段中，不断发展商品市场，在此基础上逐步培育生产要素市场，如生产资料市场、金融市场、技术市场和信息市场等，努力建设统一开放、竞争有序的市场体系。

市场经济必须在规则之下运行，因此，政府必须为市场提供法律、法规和其他规则，保障市场经济按照自由、公平的原则运行。从1993年开始，我国的市场经济法律体系的框架逐步形成，包括宪法、法律、行政法规、地方性法规和部委规章等一整套规范体系。首先，制定规范市场主体，明确其权利和义务的法律，如《公司法》。其次，制定了调整市场主体关系，维护公平竞争的法律，如《合同法》《反不正当竞争法》《证券法》《房地产法》《消费者权益保护法》等。最后，实施了加强宏观调控、促进经济协调的法律，如《预算法》《人民银行法》《商业银行法》等法律。政府在规范、监督市场主体、市场组织形式和市场交易形式等方面，逐步走上法制化轨道。政府从市场领域退出时，把许多职能交还给中介组织。在此阶段，中介组织获得了长足发展。会计师事务所、律师事务所和资产资信评估机构的发展就代表了这一趋势。

（4）在政府与社会方面，我国政府面临人口、资源、环境和社会保障的压力，在制定和实施可持续发展和科教兴国战略，进行科技、教育、文化、卫生等领域的事业单位改革、普及义务教育、扫除青壮年文盲和改革高等教育体制方面取得明显进展。政府加强了社会保障建设，逐步建立与市场经济相适应的，包括养老、医疗、失业保险等在内的社会保障体系。

我国社会保障体系主要由社会救济、社会保险、社会福利和社会优抚四部分组成。原有社会保障体系存在"低工资、多就业、高补贴、高福利"的特点。从1993年开始，社会保障改革进入制度创新阶段。首先，配合国企改革，在全国建立"下岗职工再就业服务中心"工作系统。再就业中心除发放基本生活费外，还为下岗职工缴纳社会保险费用，开展职业介绍、职业培训等服务。其次，在养老保险方面，按照"统账结合"的模式统一了各地基本养老金制度。在医疗保险方面，推动了职工基本医疗保险政策方案。最后，设立城市最低生活水平线，建立下岗职工基本生活费、失业保险金和城市居民最低生活保障标准逐步提高的机制。

## 第二节　财税体制改革全面开展

### 一、分税制财政体制改革

"分灶吃饭"包干体制一方面调动了地方的积极性，另一方面也产生了诸多弊端，主要体现在：（1）分灶吃饭束缚了企业活力的发挥。从传统体制到分灶吃饭体制，企业控制由通过行业隶属关系控制转变为了按照行政隶属关系控制。因此地方政府为了促进本地的经济，会热衷于尽力多办"自己的企业"，对"自己的企业"过多干预与"过多关照"。在"放权让利"的大方针中，企业并没有得到真正的放权，束缚了企业的活力。（2）强化地方封锁、地区分割的"诸侯经济"倾向，客观上助长了低水平重复建设和投资膨胀。"分灶吃饭"虽然提高了地方政府的积极性，但是这种积极性也会使地方政府倾向于加大投资，多搞那些生产高税产品和预期价高利大产品的项目，甚至不惜大搞重复建设；同时封锁地方优质原材料流向外地，对本地产品在本地的销售进行优待并且阻止外地产品流入。（3）中央和地方的关系仍缺乏规范性与稳定性。各级地方政府的财力大小取决于各地方、上级补助以及共享收入的分成以及基数。而这些分成以及基数的确定又是下级政府与上级政府通过"讨价还价"得出的，缺乏规范性与稳定性。（4）国家财力分散，"两个比重"过低。地方缺少必要的税权和稳定财源，中央缺乏必要的宏观调控主动权。一方面，由于对企业的"减税让利"过大，财政收入占国内生产总值由1979年的28.4%下降到了1993年的12.6%，这也导致了政府对经济进行宏观调控能力的降低；另一方面，由于地方分权的过大，中央财政收入占全国财政收入的比重由1979年的46.8%下降到了1993年的31.6%，中央财政甚至不能满足本级财政支出的需要，要靠向地方借钱来过日子。

正是基于种种问题的考虑，为了进一步理顺中央与地方的财政关系，更好地发挥国家财政的职能，增强中央的宏观调控能力，促进社会主义市场经济体制的建立，国务院决定从1994年1月1日起改革分级包干体制，对各省、自治区、直辖市以及计划单列市实行分税制改革。

分税制遵循如下的指导思想：（1）正确处理中央与地方的利益关系，促进国家财政收入合理增长，逐步提高中央财政收入的比重。（2）合理调节地区之间财力分配。（3）坚持"统一政策与分级管理相结合"的原则。（4）坚持整体设计与逐步推进相结合的原则。

分税制财政体制改革的主要内容如下：

1. 中央与地方的事权和支出划分

根据中央政府与地方政府事权的划分，中央财政主要承担国家安全、外交和中央国家机关运转所需经费，调整国民经济结构、协调地区发展、实施宏观调控所必需的支出以及由中央直接管理的事业发展支出。具体包括：国防费、武警经费、外交和援外支出、中央级行政管理费、中央统管的基本建设投资、中央直属企业的技术改造和新产品研制费、地质勘探费、由中央财政安排的支农支出、由中央负担的国内外债务的还本付息支出，以及中央本级负担的公检法支出和文化、教育、卫生、科学等各项事业费支出。

地方财政主要承担本地区政权机关运转所需支出以及本地区经济、事业发展所需支出。包括地方行政管理费，公检法支出，部分武警经费，民兵事业费，地方统筹的基本建设投资，地方企业的技术改造和新产品研制经费，支农支出，城市维护和建设经费，地方文化、教育、卫生等各项事业费，价格补贴支出以及其他支出。

2. 中央与地方的收入划分

根据事权与财权相结合的原则，按税种划分为中央收入与地方收入。将维护国家权益、实施宏观调控所必需的税种划为中央税；将同经济发展直接相关的主要税种划为中央与地方共享税；将适合地方征管的税种划为地方税，并充实地方税税种，增加地方收入。

中央固定收入包括：关税，海关代征消费税和增值税，消费税，中央企业所得税，地方银行和外资银行及非银行金融企业所得税，铁道部门、各银行总行、各保险总公司等集中缴纳的收入（包括营业税、所得税、利润和城市维护建设税），中央企业上缴利润等。外贸企业出口退税，除1993年地方已经负担的20%部分列入地方上缴中央基数外，以后发生的出口退税全部由中央财政负担。

地方固定收入包括：营业税（不含各银行总行、铁道部门、各保险总公司集中缴纳的营业税），地方企业所得税（不含上述地方银行和外资银行及非银行金融企业所得税），地方企业上缴利润，个人所得税，城镇土地使用税，城市维护建设税（不含各银行总行、铁道部门、各保险总公司集中缴纳的部分），房产税，车船使用税，印花税，屠宰税，农牧业税，农业特产税，耕地占用税，契税，土地增值税，国有土地有偿使用收入等。

中央与地方共享收入包括：增值税、资源税、证券交易印花税。增值税，地方分享

25%；资源税按不同的资源品种划分，大部分资源税作为地方收入，海洋石油资源税作为中央收入；证券交易印花税，原定中央与地方（上海和深圳两市）各分享50%（见表3-1）。

表3-1　　分税制改革后中央与地方收入分配情况

| 项目 | 收入范围 |
| --- | --- |
| 中央固定收入 | 关税；海关代征消费税和增值税；消费税；中央企业所得税；地方银行和外资银行及非银行金融企业所得税；铁道部门、各银行总行；各保险总公司等集中缴纳的收入（包括营业税、所得税、利润和城市维护建设税）；中央企业上缴利润等。 |
| 中央与地方共享收入 | 增值税、资源税、证券交易印花税 |
| 地方固定收入 | 营业税（不含各银行总行、铁道部门、各保险总公司集中缴纳的营业税）；地方企业所得税（不含上述地方银行和外资银行及非银行金融企业所得税）；地方企业上缴利润；个人所得税；城镇土地使用税；城市维护建设税（不含各银行总行、铁道部门；各保险总公司集中缴纳的部分）；房产税；车船使用税；印花税；屠宰税；农牧业税；农业特产税；耕地占用税；契税；土地增值税；国有土地有偿使用收入等。 |

3. 中央财政对地方税收返还数额的确定

为了保持地方既得利益格局，逐步达到改革的目标，中央财政对地方税收返还数额以1993年为基期核定。按照1993年地方实际收入以及税制改革和中央地方收入划分情况，核定1993年中央从地方净上划的收入数额（消费税+75%的增值税-中央下划收入）。1993年中央净上划收入全额返还地方，保证现有地方既得财力，并以此作为以后中央对地方税收返还基数。1994年后，税收返还额在1993年基数上逐年递增，递增率按本地区增值税和消费税增长率的1∶0.3系数确定，即本地区两税每增长1%，对地方的税收返还增长0.3%。如果1994年以后上划中央收入达不到1993年基数，则相应扣减税收返还数额。

除了上述三项，分税制还对原体制中央补助、地方上解及有关结算事项的处理，以及过渡期转移支付制度进行了规定。

分税制改革结束了中央经济改革以来在财政收入上被动的地位，在制度上相对避免了中央与地方利益的直接冲突。虽然当时直接的动因是财政收支矛盾的激化、中央财政宏观调控能力的不足，可能存在着一定程度的应急调整成分，但由于正确处理了政府与企业的关系，规范了政府间财政分配关系，建立了财政收入稳定增长机制，提高了"两个比重"，因此具有体制创新的内在合理性和长效性。

## 二、公共预算管理制度改革

我国社会主义市场经济体制改革目标的确立，以及人们在政府与市场关系方面认识上的不断深化，引起了人们对我国财政定位及财政职能的重新思考。特别是分税制改革以来，我国财政管理体制存在着如下的问题，如预算编制缺乏科学性、规范性，预算硬约束不足，支出管理效益低等，使其难以适应市场经济发展的深度要求。因此如何更好地适应市场经济发展要求，满足经济发展和社会公共需要，成为当时建立公共财政框架的重要挑战。

1998年，政府明确提出了"积极创造条件，尽快建立公共财政框架"的总体要求，成为整个财政体系适应社会主义市场经济而实现转型的纲领和总体指导方针。1998年12月，主管财经工作的中共中央政治局常委、国务院副总理李岚清同志强调，要转变财政、经济工作观念，加快建立适合我国国情的公共财政，进一步调整和优化财政收支结构，逐步减少营利性、经营性领域投资，大力压缩行政事业经费，把经营性事业单位推向市场，将财力主要用于社会公共需要和社会保障方面。我国政府于当时正式提出建立公共财政基本框架，标志着财政体制深化改革进入一个新阶段，新一轮的政府预算制度改革也随之启动。

1998年以来，我国财政体制开始逐步向公共财政体制转变。这是发展社会主义市场经济的必然要求，也是解决社会经济生活中各种矛盾和问题的迫切需要。党的十五届五中全会和"十五"计划纲要明确提出，要建立公共财政框架。党的十五届六中全会《决定》中，把公共财政改革的许多内容作为加强廉政建设和改进作风建设的治本措施。这些都为进一步深化财税体制改革，健全和完善社会主义市场经济公共财政指明了方向。我们必须从更高层次上深化对健全和完善公共财政的认识，加快完善公共财政体制，建立稳固、平衡、强大的国家财政，促进全面建设小康社会目标的实现。

公共财政框架构建的基础和核心是公共预算管理制度改革，它主要包括三大改革内容：预算编制改革、国库管理制度改革、财政支出管理改革。

1. 以部门预算为主的预算编制改革。1998年11月中共中央政治局常委、国务院副总理李岚清同志在省部级干部财政专题研究班的开班仪式上强调，加快建立公共财政体制，其中的一个重点工作在于大力推进部门预算改革，提高预算的完整性和科学性，提高资金分配的透明度，同时缩短预算批复时间。

部门预算是部门依据国家有关政策规定及其职能的需要，审核、汇总所属基层预算单位的预算和本部门机关经费预算，经财政部门审核后提交立法机关批准的涵盖本部门各项收支的财政计划。1999年9月，财政部的《关于改进2000年中央预算编制的意见》指出，2000年将选择部分中央部门作为编制部门预算的试点单位，细化报送全国人民代表大会预算草案的内容。这表明预算制度改革逐渐成为财政体制改革的重点，其目标是按照公共财政的要求重新构造预算编制和执行过程①。中央部门预算改革由此正式启动（见图3-1）。

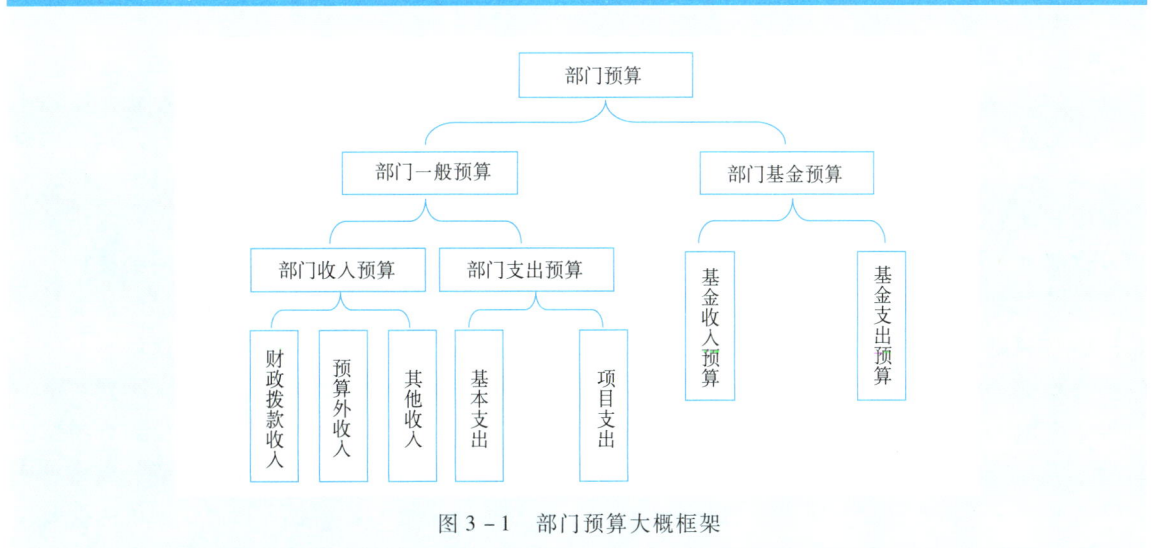

图3-1 部门预算大概框架

（1）预算编制内容方面。2000年开始的预算改革按照综合预算的要求，把部门的全部收支（既包括预算内收支，也包括预算外收支和其他收支，加上政府性基金收支）纳入了预算的编制范围。一个部门一本预算。2001年7月，财政部下达了《中央部门基本支出预算管理试行办法》和《中央部门项目支出预算管理试行办法》，要求按这两个办法编制部门预

---

① 陈少晖、廖添土：《中国政府预算改革60年：历史演进与制度创新》，《经济研究参考》，2009年第63期。

算；并要求所有行政事业单位和社会团体在试编政府采购预算基础上，2002年正式编制政府采购预算。在保持定员定额标准相对稳定的前提下，建立项目清理制度，每年对上年财政拨款安排的项目支出进行重新认定，将需要下年继续安排的项目支出滚动列入下年继续安排，推动建立项目支出滚动管理机制。加强对申报预算项目的遴选、论证和审核管理，切实提高申报项目质量。这种基本支出加项目支出的编制方法基本改变了"基数法"的增量预算模式，"零基预算"的预算编制思想得到了实践。

（2）在预算编制的时间上，提前了编制时间。从每年的11月改为9月编制，编制时长也从4个月调整为6个月。不仅如此，财政部按部门预算管理要求调整了内设机构。为了工作的对接，一些中央各部门也相应调整了内设机构，有的部门成立了预算处，有的部门明确了由财务部门统一管理本部门预算。2000年8月在部门预算的改革试点基础之上，中央开始试编政府采购预算。

（3）与此同时，为了细化预算编制，还进行了预算编制的收支科目改革。2001年，财政部调整预算目级科目，细化目级科目，扩充为44个，并进行分类归并，改变原来预算科目中目级科目分类过于简单的状况。2003年财政部进一步修改了政府收支科目。

（4）完善定额标准体系。在前期公共财政构建的基础上，2004年财政部继续深化部门预算改革，在多个中央部门进行定额试点。当年向全国人大报送部门预算的单位扩大到34个。建立起科学的预算定额和支出标准，同时还要有一套对专项资金项目评估的完整机制，逐步实施中央部门预算的系统化、扩大地方部门预算改革①。

2. 以国库单一账户为核心的国库管理制度改革。国库集中收付制度是市场经济国家普遍采用的一种财政资金收付管理体制。由财政在中央银行或委托行设立"国库单一账户"，建立国库单一账户体系，政府将所有的财政性资金纳入这一体系，并将收入缴纳进国库，所有的预算支出均通过这一账户进行拨付。具体包括三方面的含义：一是集中收入管理，一切财政性收入均纳入国库或国库指定的代理商业银行的单一账户；二是国库支出管理，原则上一切财政性支出在实际支付行为发生时才能从单一账户支付出去，支付对象一般是商品供应商或劳务提供者；三是集中账户管理，设置与国库单一账户配套使用的国库分类账户，集中反映各预算单位的预算执行情况。大多数的OECD国家都采用这一财政资金管理制度。中央与地方以政府财政管理信息系统为平台，各自陆续开展了试点改革。从1999年起，财政部开始推动国库收付制度改革，包括取消原有的预算单位账户，建立国库单一账户，以国库集中收付为资金缴拨的主要形式。2001年7月，财政部成立了财政国库收付执行机构——国库支付中心。

国库集中收付制度的主要内容有：

（1）建立国库单一账户体系。

①国库单一账户，又称财政国库存款账户。此账户由财政部门在中央银行开设，由财政部门管理，用于反映和核算所有纳入预算的财政性资金的收支情况，并按收入和支出设置分类账，依据预算收支科目进行明细核算。

②财政零余额账户。由财政部门在委托代理行开设，由财政国库支付中心使用。

③预算单位零余额账户。由国库支付中心代各预算单位在代理银行开设，由预算单位使用，国库支付中心进行管理和监督。该账户反映和核算上级的补助收入和授权支付的财政性资金以及预算单位的日常资金支付活动。

④预算外资金专户。由财政部门在国库代理银行设置，反映和核算预算外资金收支活动，与财政零余额账户、预算单位零余额账户进行清算。

⑤小额现金账户。用于记录、反映和核算

---

① 贾康、马晓玲：《积极财政政策的调整与财政改革》，《财贸经济》，2004年第10期。

预算单位的零星支出活动,与国库单一账户进行清算。

⑥特殊过渡性账户。由财政部门在委托代理银行开设,或预算单位申请经批准设置。用于反映和核算各级政府财政部门批准的特别专项支出,是为了满足特殊需要而设立的。

通过取消各预算单位的账户,财政部门的国库资金管理机构在银行开设国库单一账户,并将财政资金存放在国库单一账户里面。当预算单位有实际的支出需要时,由财政部门的国库管理机构通知国库,国库将资金拨发国库支付中心,由该中心通过委托代理行支付给商品和劳务的提供者。财政资金的集中开户,取消了各预算单位及其他相关部门在商业银行开设的预算内资金户、预算外资金户和其他各种资金户,避免了资金的流失。

(2) 规范收缴程序。一是扩大了收入收缴管理范围。把财政性资金分为六大类:税收收入、非税收入、社会保障缴款、债务收入、转移和赠与收入、贷款回收本金和产权处置收入。二是取消收入过渡账户,改变收入收缴方式。按照直接缴库和集中汇缴两种收缴方式缴入国库。直接缴款是由缴款单位或缴款人按有关法律法规规定,直接将应缴收入缴入国库单一账户或预算外资金财政专户。实行这种收缴方式的收入,包括税收收入、社会保障缴款、非税收入、转移和捐赠收入、贷款回收本金和产权处置收入以及债务收入。集中汇缴是由征收机关(有关法定单位)按有关法律法规规定,将所收的应缴收入汇总缴入国库单一账户或预算外资金财政专户。小额零散税收和非税收入中的现金缴款采取这种集中汇缴方式。

(3) 规范支出拨付程序。按照财政资金的性质,将支出分为工资性支出,即预算单位的工资性支出;购买支出、零星支出,即预算单位购买支出中的日常小额部分;转移性支出。确定了支付方式,分别实行财政直接支付和财政授权支付。财政直接支付指由财政部门开具支付命令,通过国库单一账户体系,直接将财政资金支付到收款人或用款单位账户。其支出包括工资支出、购买支出、部分转移支出。财政授权支付是指预算单位根据财政授权,自行开具支付命令,通过国库单一账户体系将资金支付到收款人账户。其支出包括零星支出和未实行直接支付的转移支出。在支付方式的基础上,还分别对支付方式设定了各自的支付程序,即财政直接支付程序和财政授权支付程序(见表3-2)。

表3-2　　　　　　　　　　国库集中支付方式

| 国库集中支付组成 | 国库集中支付具体实施内容 |
| --- | --- |
| 账户 | 从财政零余额账户或单位零余额账户中付款,当天与国库单一账户实行清算 |
| 执行主体 | 财政直接支付的执行主体是财政部门,财政授权支付的主体为接受财政授权的预算单位 |
| 支付依据 | 预算、用款计划、购货合同、购货票证等,财政授权支付还包括用款额等 |
| 支付内容 | 国库集中支付要对支出进行分类。工资支出、大额购买支出采用财政直接支付方式,小额购买支出、单位零星支出等采用财政授权支付方式 |
| 支付方式 | 财政直接支付、财政授权支付 |
| 支付指令 | 财政直接支付凭证(财政授权支付凭证)、国库支票等专用支付凭证 |

3. 以政府采购为核心的财政支出管理改革

萨伊认为政府支出或政府采购的基本形式就是"公共消费",政府只是公共资产的代理人或托管人。正是这种理论为政府采购的形成奠定了基础。根据我国《政府采购法》的定义:政府采购是指各级国家机关、事业单位和团体组织,使用财政性资金采购依法制定的集中采购目录以内的或者采购限额标准以上的货物、工程和服务的行为。

1998年,国务院批复了财政部"三定"方案,同意由财政部负责制定采购政策,财政部设立专门机构负责采购管理,这标志着我国正式启动了政府采购制度改革。1999年,财政部颁布了《政府采购管理暂行办法》,这是我国第一个关于政府采购管理的全国性的部门规范性文件,同年,财政部召开了第一次全国政府采购工作会议。2000年,财政部等部门联合颁布了《关于2000年推行政府采购制度工作的意见》。一系列的政策和意见的下发,极大地推动了政府采购制度的建立。2001年11月,我国正式签署了加入世界贸易组织的协议,并承诺于同年12月开始承担世界贸易组织的权利与义务,表明我国政府采购市场适当开放成为趋势,此后尽快启动加入WTO《政府采购协议》的谈判。2002年6月,全国人大常委会审议通过《政府采购法》,并决定于2003年1月1日正式实施。这标志着我国政府采购制度真正意义上进入法制化时代,政府采购的框架初步形成。在具体的试点实践中,政府采购中心不断成立,这为我国的政府采购活动提供了平台。

政府采购方式按照招标性质可分为招标性采购和非招标性采购,前者又可分为竞争性招标采购和有限招标采购;后者可分为竞争性谈判采购、单一来源采购和询价采购。竞争性招标采购又称公开招标,即采购方根据采购需求,按照法定程序,以公开的方式发布招标广告,邀请所有有兴趣且符合条件的供应商参与投标,从中择优选择中标者(见表3-3),具有透明度高、竞争有效等优势。政府采购的主体包括:(1)政府采购管理机关:在财政部门内部设立的,制定政府采购政策、制度,规范和监督采购行为的行政管理机构;(2)政府采购机关:执行政府采购政策,组织实施采购活动的执行机构,即政府采购中心;(3)采购单位:政府采购中相关货物、工程、服务的直接需求者;(4)社会中介机构:接受采购机关委托、代理采购业务的合法合规的中介组织;(5)供应商;(6)资金管理部门:编制政府采购预算资金并且监督资金使用的部门。政府采购的客体主要是三大类:货物、工程、服务。

表3-3　　　　　　　　　　国际政府采购的常用采购方法

| 国际机构 | 联合国 | 世界贸易组织 | 欧盟 |
| --- | --- | --- | --- |
| 常用采购方法 | 竞争性谈判、单一来源 | 竞争性招标、谈判 | 公开招标、谈判 |

4. 其他预算管理制度改革

2001年,国务院办公厅转发了《财政部关于深化收支两条线改革进一步加强财政管理意见的通知》,提出进一步深化"收支两条线"改革的步骤和措施。《通知》要求把预算外收入全部纳入财政专户管理,有条件的纳入预算管理,部门预算要全面反映预算内外资金收支状况,财政部门预算要全面核定支出标准,修订完善相关法规制度,促进收支两条线法制化、规范化管理。2004年,中央纪委发布《中央和国家机关贯彻落实2004年党风廉政建设和反腐败工作部署的分工意见》,要求财政部会同监察部等有关部门推进财政体制改革,健全公共财政体制,严格执行"收支两条线"规定,逐步将政府非税收入全部纳入"收支两条线"管理。此后,"收支两条线"管理得到了进一步发展。

为了顺应世界信息化的潮流,我国通过引进外国财政信息化管理经验和技术,建立了"金财工程"(也称政府财政管理信息系统),这是我国信息化建设战略和电子政务战略工程建设的重要组成部分。1999年,财政部着手进行"政府财政管理信息系统"建设。2002年,国家信息化领导小组把"政府财政管理信息系统"改名为"金财工程",这标志着"金财工程"在我国正式全面启动。"金财工程"以先进的大型信息网络技术为支撑,以细化的部门预算为基础,与国库单一账户相联系,成为政府财政信息综合管理系统。

全口径预算是指政府所有的收支都要纳入预算。2003年,党的十六届三中全会召开,这次全会通过的《中共中央关于完善社会主义市场经济体制若干问题的决定》明确提出,要深化部门预算、国库集中收付、政府采购和收支两条线改革,清理规范行政事业性收费,凡是能纳入预算的都要纳入预算管理,实行全口径预算管理的有效监控。全口径预算管理逐渐提到日程上来。

## 三、财政收入分配制度改革

### (一) 所得税收入分享改革:打破利益分割桎梏

所得税按隶属关系划分收入归属,一定程度上助长了地方政府为追逐税收利益搞地方保护主义和重复建设,阻碍了企业的兼并、重组,制约了经济结构调整。随着投资主体多元化,按隶属关系划分企业所得税,在实际操作上也存在不少问题,中央和地方之间经常出现收入混乱的情况。东部地区收入占比日益增多,中西部地区日益减少,地区间财力差距越来越大。为了促进市场经济的健康发展,进一步规范中央和地方政府之间的分配关系,建立合理的分配机制,防止重复建设,扭转地区间财力差距扩大的趋势,支持西部大开发,逐步实现共同富裕,国务院决定实施所得税收入分享改革,并发布《国务院关于印发所得税收入分享改革方案的通知》(国发〔2001〕37号)等文件,除铁路运输、国家邮政、工行、农行、中行、建行、开发行、农发行、进出口行以及海洋石油天然气企业缴纳的所得税继续作为中央收入外,其他企业所得税和个人所得税一律由中央和地方分享。其中,2002年中央与地方按五五比例分享;2003年按六四比例分享。作为改革的一项重要原则,中央实行所得税分享改革增加的收入全部用于地方,主要是中西部地区的一般性转移支付。税收征管也进行了调整,颁布的《国家税务总局关于所得税收入分享体制改革后税收征管范围的通知》(国税发〔2002〕8号)主要规定:

(1) 2001年12月31日前国家税务局、地方税务局征收管理的企业所得税、个人所得税(包括储存款利息所得个人所得税),以及按现行规定征收管理的外商投资企业和外国企业所得税,仍由原征收机关征收管理,不作变动。

(2) 自2002年1月1日起,按国家工商行政管理总局的有关规定,在各级工商行政管理部门办理设立(开业)登记的企业,其企业所得税由国家税务局负责征收管理。但下列办理设立(开业)登记的企业仍由地方税务局负责征收管理。

①两个以上企业合并设立一个新的企业,合并各方解散,但合并各方原来均为地方税务局征收管理的;

②因分立而新设立的企业,但原企业由地方税务局负责征收管理的;

③原缴纳企业所得税的事业单位改制为企业办理设立登记,但原事业单位由地方税务局负责征收管理的。

(3) 2001年12月31日前已在工商行政管理部门和其他行政管理部门登记注册,但未进行税务登记的企事业单位及其他组织,在2002年1月1日后进行税务登记的,其企业所得税按原规定的征管范围,由国家税务局、地方税务局分别征收管理。

### (二) 完善转移支付制度:平衡区域差异

校正地方政府的激励机制、规范地方政府尤其是省级以下政府的收支行为,成为中央政府急需解决的一项重大问题。转移支付作为中央政府的一项重要政策工具,在保障基层财力、促进公共服务均等化和落实国家民生政策方面发挥了重要的历史作用。同时,从引导地方政府行为来看,也理应是一种有效的地方政府治理手段。随着财政体制改革的深化,逐渐形成了完善转移支付制度的共识[①]。

自分税制以来,我国政府间财政关系经历

---

① 例如,2010年国务院部署了推进县级财力保障机制建设,制定了"保工资、保运转、保民生"的政策目标;党的十八届三中全会提出深化财税体制改革的要求;2014年1月10日,财政部下发的《深化财税体制改革调整完善县级基本财力保障机制》中明确提到"完善省以下财政体制和转移支付制度……优化财力分布格局……为根本解决县级财政困难问题创造条件"。

财力集中、支出分权的变化过程。在中央财力提高的同时,地方财力呈现出下降的趋势。同时,税收返还制度是以各省1993年税收为基数,发达省份与不发达省份的差距比较大,因此这也会在一定程度上拉大地区间差距。为了平衡地区间财力,保证公共物品的充分供给,1995年中央开始了以平衡各地区财力差距为目的的一般性转移支付(当时称为过渡时期转移支付),并且逐年增加。尤其是在2002年所得税改革后,地方政府财力越发捉襟见肘,这为转移支付制度的出台奠定了现实基础,来自中央的转移支付规模更显得突出,甚至于某些年份,中央给予省的转移支付平均规模一度超过了50%。此外,转移支付结构日趋明显也有一定的现实依据。地方公共物品缺位严重,很大一部分原因在于政府间尤其是省级以下政府的支出责任没有明确划分,这是日后转移支付规模大、形式日益复杂的直接动因:一方面,虽然省级以下财政关系的调整权留给了地方,各省的省—地(市)—县财政关系也是简单地模仿上级政府,在实践中,地方各级政府对支出责任互相推诿,妨碍了公共物品的有效提供;另一方面,受税基竞争的影响,地方政府掀起了基础建设的热潮,出现了生产性支出偏向问题①,导致教育、医疗、社会保障等软性公共物品缺失②,有违中央政府公共财政转型的理念。20世纪末开始,中央开始搭建由专项、一般性转移支付和具有专项特征的一般性转移支付共同构成的转移支付体系,转移支付的比重逐年提高,地市和省本级支出比例先后下降,财力被强行下沉到县,为基层政府的公共服务提供资金。

如图3-2所示,分税制后,我国的转移支付结构呈现出以下几个特点:从总量上看,无论是否扣除税收返还,我国转移支付规模都在不断增加;从结构上看,一般性转移支付比重和专项转移支付比重在逐年上升,且前者的增长速度大于后者,税收返还比重则不断下降。

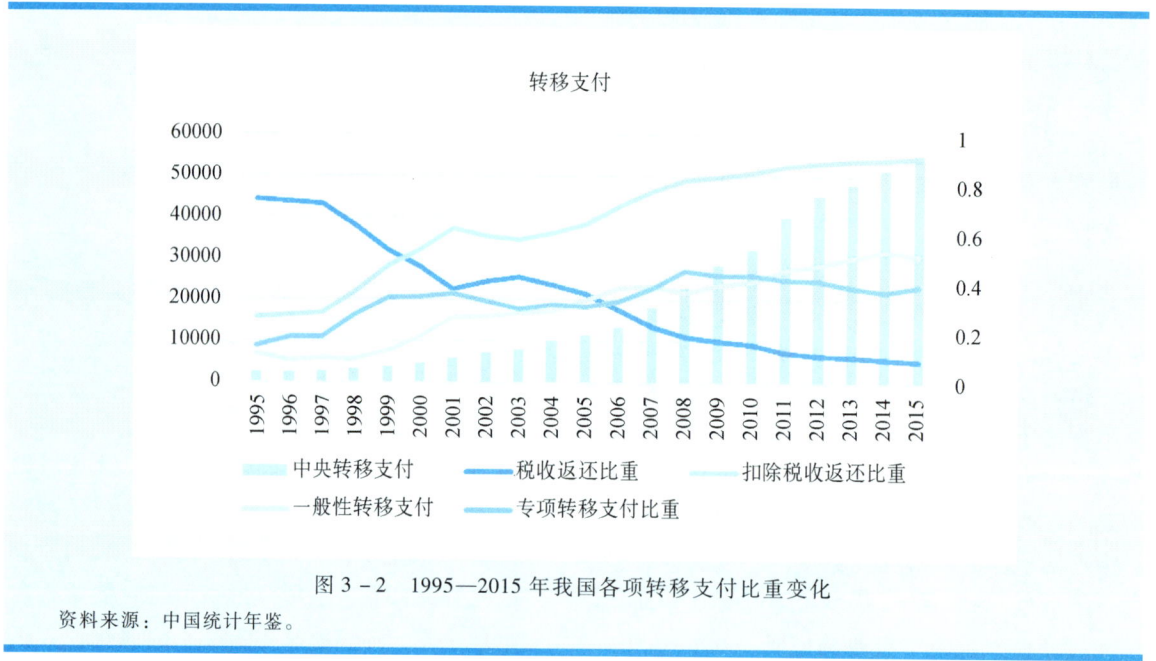

图3-2 1995—2015年我国各项转移支付比重变化
资料来源:中国统计年鉴。

---

① Li H B, Zhou L A. Political Turnover and Economic Performance: The Incentive Role of Personnel Control in China [J]. Journal of Public Economics, 2005, 89 (9): 1743 – 1762.
② 丁菊红、邓可斌:《政府偏好、公共品供给与转型中的财政分权》,《经济研究》,2008年第7期。

### 四、出口退税制度改革

为了提高我国出口商品的竞争力,以出口带动经济增长,我国于1985年正式建立出口退税制度,旨在退回出口商品所承担的国内商品税,保证商品以不含税的价格进入国际流通领域。该制度既是国际贸易领域的重要内容,也是我国财税政策的重要组成部分,不仅对经济发展具有重要意义,对地方政府行为及企业战略选择也有深远的影响。1985年以来,为了更好地适应经济发展,该项制度经过多次的改革和完善。出口退税负担机制作为出口退税制度的重要内容之一,无论是退税的负担主体还是各个主体之间的负担比例都发生了深刻的变革,这与改革开放以来的财政体制改革也存在密切的联系。从1985年起,我国开始实行"划分税种、核定收支、分级包干"的财政管理体制,地方财政的主体性开始显现,这才有了关于出口退税地方财政责任的提出和实现。我国于1994年进行了大规模的分税制改革,基本形成了中央和地方财政关系的框架,而现实的政府间财政关系也基本延续了1994年改革后的基本格局。

在基本的财政体制框架下,中央和地方的出口退税责任经历了一个不断演变的过程。随着地方财政主体性的显现,在1985年制度建立之初,根据企业的行政隶属关系决定出口退税的财政责任。具体规定是:属于经贸部和中央其他主管部门所属外贸企业经营的出口产品,由中央预算退付;属于工业企业和地方外贸企业经营的出口产品,由地方预算退付①。1988年开始,所有出口退税由中央财政负担。1991年,改为中央外贸企业的出口退税负担由中央承担,地方外贸企业的出口退税中央负担90%,地方负担10%;1992年和1993年的政策是中央外贸企业的出口退税由中央承担,地方外贸企业的出口退税中央负担80%,地方负担20%②。1994年我国进行大规模的分税制体制改革,将增值税作为中央和地方的共享税,中央和地方按照75%和25%的比例分享。考虑到当时我国的出口规模较小,并且已经将进口环节征得的增值税全部划归为中央收入,所以改革规定1994年开始,退税责任全部由中央财政负担。

1994年税制改革后,我国的出口实现大幅增长,1994年出口额达到10421.8亿元,是1993年出口额5284.8亿元的两倍左右,随之而来的是出口退税金额的成倍增长;另外,当时的客观环境是,增值税征管不够完善,出口骗税问题严重,由此引发了少征多退的现象。这两方面的因素增加了中央财政的压力,为此我国在1995年和1996年两次降低出口退税率来应对出口退税给中央财政带来的挑战。但是,1997年7月的亚洲金融危机爆发后,我国出口形势严峻,1998年与1997年的出口数据显示,出口金额几乎没有增加。为了应对金融危机给我国宏观经济带来的挑战,我国于1998年实施积极的财政政策,与此同时,为了稳定出口,提高了出口退税率,出口形势有所缓解。之后,伴随着中国加入世界贸易组织,在有利的国际环境的推动下,出口迎来新一轮的增长。通过表3-4的出口数据可以看出,1993—2003年的10年间,出口额增长幅度虽有波动,但是增长趋势不可逆转,10年内出口金额增长了6倍左右,出口持续高于进口,而这10年间的退税责任全部由中央财政承担,增加了中央财政的负担。

在中国于2001年成功加入世界贸易组织之际,中国政府为了积极完成入世承诺,到2005年,关税税率水平降到发展中国家平均水平以下,工业品进口平均关税税率降到10%左右。一方面,进口方面降低了关税,允许国外产品进入参与竞争;另一方面,为了本

---

① 《财政部关于对进出口产品征、退产品税或增值税的报告》。
② 《国务院办公厅关于实行出口产品退税由中央财政和地方财政共同负担的通知》(国办发〔1991〕7号)。

表 3-4　　我国 1993—2003 年的出口数据表

| 年份 | 出口总额（亿元） | 出口增长率（%） |
| --- | --- | --- |
| 1993 | 5284.8 | — |
| 1994 | 10421.8 | 97.2033 |
| 1995 | 12451.8 | 19.4784 |
| 1996 | 12576.4 | 1.0007 |
| 1997 | 15160.7 | 20.5488 |
| 1998 | 15223.6 | 0.4149 |
| 1999 | 16159.8 | 6.1497 |
| 2000 | 20634.4 | 27.6897 |
| 2001 | 22024.4 | 6.7363 |
| 2002 | 26947.9 | 22.3548 |
| 2003 | 36287.9 | 34.6595 |

资料来源：国家统计局数据中心网站。

国产品在国际市场上能在成本方面处于有利地位，各个国家常常采取出口退税的制度，而出口退税制度也体现了 WTO 在维护公平、公开、公正等贸易的一般原则下以不干涉市场机制为基本要求的"中性原则"。

自 2002 年起，海关总署对《中华人民共和国海关进出口税则》进行了多次修改调整。国务院 2003 年 10 月发布了关于《改革现行出口退税机制的决定》，确定了"新账不欠，老账要还，完善机制，共同负担，推动改革，促进发展"的出口退税政策原则。同时国务院还通过了新的《中华人民共和国进出口关税条例》，于 2004 年 1 月 1 日起实施，并且表明了关税的税目、税则号列和税率。2001 年，中国人民银行、对外经济贸易合作部、国家税务总局颁布《关于办理出口退税账户托管贷款业务的通知》。以中央政府的信用为担保，以地方财政的贴息为支持，通过银行的业务操作来缓和拖欠矛盾。

本次出口退税改革的主要内容有：

（1）建立中央与地方共同负担出口退税的新机制，以 2003 年出口退税实退指标为基数，对超基数部分的应退税额，由中央与地方按 75∶25 的比例分别负担。对截至 2003 年累计拖欠出口企业的退税款，全部由中央财政一次性偿还，并于 2004 年起采取全额贴息等形式偿还。也正是由于地方负担的不均衡导致的发展问题这一重要原因，不得不采取中央与地方共同承担的形式，出口多的省份征收的税多，也应该承担一部分退税。

（2）适当调整出口退税的税率。对过去许多不规范且名目繁多复杂的减免税进行删减甚至取消。通过差异化对待不同产品来调整税率，对国家较为限制的产品多降或者取消退税，而对一般性的出口产品适当降低即可。

（3）调整出口结构，推动体制改革。积极推进外贸型企业出口代理制度的发展，降低出口成本；改善出口产品结构，促进产品结构的优化，提高出口整体效益。在积极退税的前提下，扩大税基，弥补出口退税的财政支出缺口，同时避免出口退税的调整而导致产品在国外市场竞争力的下降。

### 五、省以下财政体制改革

1994 年分税制改革主要是规范了中央和地方之间的收入分配问题，并未对省以下财政体制的收入、支出责任划分以及省以下的转移支付做出明确规定。地方四级财政支出责任模糊，"财权层层上收、事权层层下移"的问题突出，基层财政捉襟见肘。在各级政府上收财权、下压事权的背景下，压力逐渐向基层政府集聚。当时乡级政府除了征收预算内收入，还通过收取各种"费"及摊派任务来应付逐年提高的税费征收任务。除此之外，随着农村经济社会的逐步发展，农村居民对公共物品的需求也逐年上升。在收支双重压力下，农民负担越来越重。这最终演变成农村的"三乱"现象（乱摊派、乱收费、乱集资），加重了农民负担，干群关系趋于紧张。原因之一，还是没有理顺政府间的财政关系。

分税制把省及以下政府财政关系的调整留给了地方。显然，每一级政府都势必谋求各自利益最大化，在对上负责的政治格局下，"事权层层下压，财权层层上移"，加重了基层政府的财政困境。比如，市管县体制下，出现了"市卡县""市刮县"等现象，财权与事权难以匹配。旨在增加县级政府财力的转移支付经过市级政府进行再分配时，出现截留、挤占、挪用等问题①。比如，市级政府截留县级政府的专项转移支付有两种手段，一种是直接不拨足额，另一种隐蔽的手段则是故意留有资金缺口，通过要求县级政府配套资金，把那部分原本应该拨付给县级政府的缺口资金，挪为己用。财力难以与支出责任匹配。"省直管县"财政改革后，随着转移支付直接到县，可能会缓解"市管县"体制带来的资金分配过程中"市卡县"等问题②。由此可见，财政层级过多可能是阻碍支出责任与财力不匹配的原因之一。因此，中央政府开始谋划省以下的财力与支出责任匹配问题，初始的改革便从政府间金字塔型的财政关系调整入手。为了缓解基层财政困境，提高基层政府财权和事权的匹配度，中央出台了《国务院批转财政部关于完善省以下财政管理体制有关问题意见的通知》。

《国务院批转财政部关于完善省以下财政管理体制有关问题意见的通知》主要内容包括：在明确划分省以下各级政府财政收入和财政支出的基础上，建立规范的财政转移支付制度。除了中央财政下达的转移支付资金外，省级政府要通过优化财政支出结构，压缩本级支出和专项拨款等方式，积极筹措资金，增加一般性转移支付资金规模，加大对财政困难县、乡的支持力度。结合各地实际，采用按税种或按比例分享等规范办法，打破按企业隶属关系划分收入的做法。

为解决老百姓税费负担过重问题，党中央、国务院首先着眼于农村税费改革。2000年3月，国务院正式出台了《关于进行农村税费改革试点工作的通知》，首先在安徽全省进行改革试点。2001年，江苏全省也开始推行此项改革。2002年3月7日，试点范围扩大至河北、内蒙古、黑龙江、吉林等16个省（市、区）。同年，上海和浙江开始自行改革。2003年，国务院下发了《关于全面推进农村税费改革试点工作的意见》，农村税费改革推广至全国。《国务院关于全面推进农村税费改革试点工作的意见》中农村税费改革的具体措施可以概括为"三个取消、一个逐步取消、两个调整、一项改革"。"三个取消"是指取消乡统筹、农村教育集资等行政事业性收费和政府基金、集资以及屠宰税；"一个逐步取消"是指用三年时间逐步取消统一规定的劳动积累工和义务工制度；"两个调整"是指调整现行农业税政策和农业特产税政策；"一项改革"是指改革村提留征收使用办法。

真正的省直管县财政层级改革可以追溯到国务院2002年12月26日颁布的《国务院批转财政部关于完善省以下财政管理体制有关问题意见的通知》，该通知对省以下财政管理体制的调整和完善提出了指导性意见。随后国家"十一五"计划中再次强调了理顺省级以下财

---

① 贾康、于长革：《辖县大省"省直管县"财政改革情况探析——基于河北省的调研》，《地方财政研究》，2010年第11期。
② 刘尚希、李成威：《财政"省直管县"改革的风险分析》，《当代经济管理》，2010年第10期。

政管理体制的重要性。在这样的制度背景下，从2004年起，湖北、安徽、吉林、山西、江西、甘肃、陕西、青海和江苏等省份先后开始实施省直管县财政体制改革的试点，改革的主要内容集中在如下几个方面：(1) 财政管理模式由市管县转化为省管县或者省市共管；(2) 省对县的各项转移支付、补助直接分配到县，省财政直接与县财政结算；(3) 调整市县财政收支比例；(4) 增强省级直接调控能力。

## 第三节 财政改革巩固市场经济体制

### 一、构建与市场经济相适应的财政体制

1994年分税制改革的意义，无论是相对于构建与市场经济相适应的现代财政管理体制，还是更为科学地划分中央和地方财政关系，提高财政收入占GDP、中央财政收入占全国财政收入两个比重，都是值得称道的。后续十余年来的平稳运行和从容调控也证实了这一点。

首先，分税制清晰地划开了中央、地方间的财政收入，提高了"两个比重"，有利于稳定规范各级政府间的财力分配关系，改变了中央收入困境的现状。而且，发挥中央和地方两个积极性，各地顺应分税制要求，都将精力和财力用在对自己有利的新财源的培育上，积极寻找新的经济增长点。从图3-3、图3-4可以看出，分税制是政府间收支的转折点，1994年后中央收入占全部收入的比重以及财政收入占GDP的比重均显著增加。

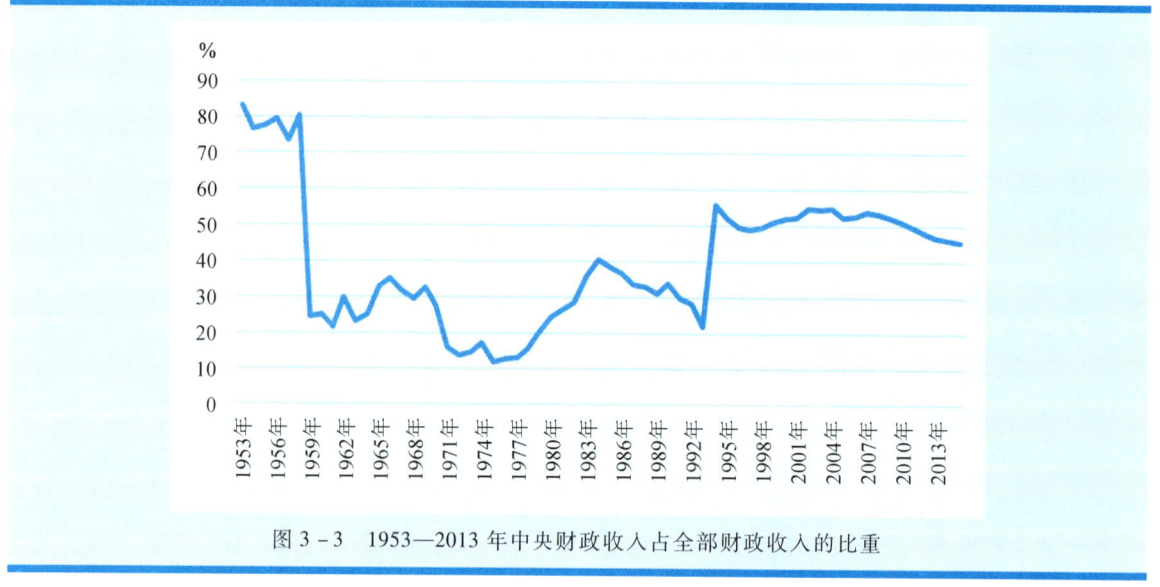

图3-3 1953—2013年中央财政收入占全部财政收入的比重

其次，全面改革税收制度，搭建了一个新型的税收制度体系，为社会主义市场经济的运行提供了制度保障。工商税制改革是一次全方位、根本性的改革，从改革力度、利益调整、影响范围方面，在中国的税制改革史上是前所未有的。其成就主要体现在以下几个方面：一是建立了以增值税为主体的税制设置，为不同行业在市场中的公平竞争奠定了税制基础。二是统一了不同所有制性质的内资企业所得税，并对内外资企业实施统一的流转税制。三是简

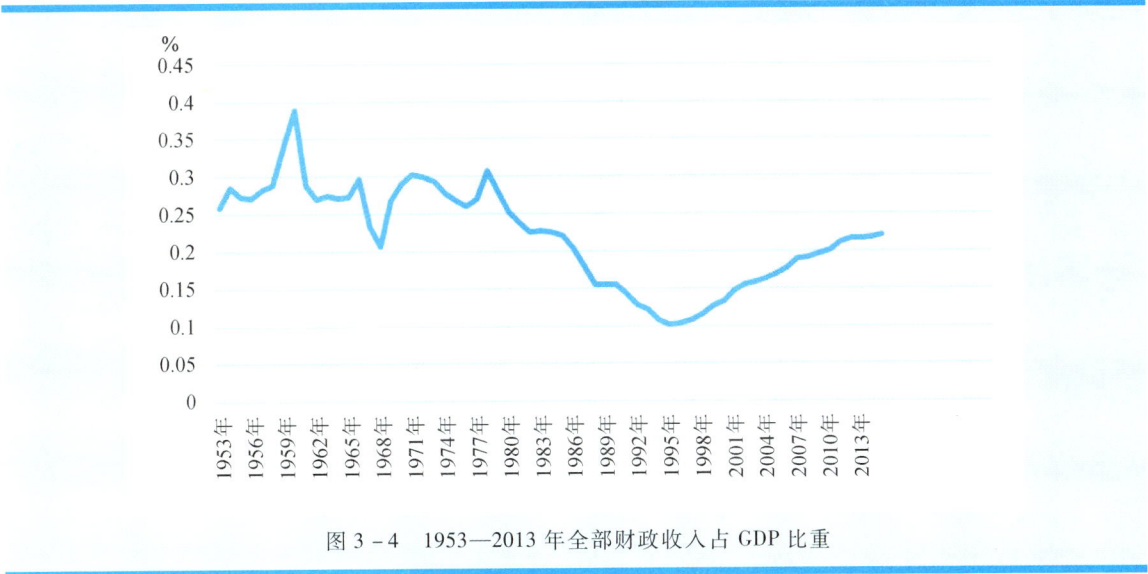

图 3-4　1953—2013 年全部财政收入占 GDP 比重

化了税制，将工商税制的税种由 32 个简化到 18 个，初步实现了税制的高效。四是取消了财政向央行借款的途径，从制度上斩断财政赤字与通货膨胀之间的必然联系。五是全面改革国有企业利润分配制度，理顺了国家和企业的关系，为国有企业的现代化以及后续的国有企业改革奠定了基础。

### 二、规范公共预算管理体系

公共财政框架下的公共预算管理体制改革是一次借鉴国际经验和考虑现实国情的预算体制的变革，是公共财政基本框架的必要组成部分，是社会主义市场经济体制改革的重要组成部分，是传统预算体制迈向公共预算管理体制的"关键一步"。公共预算管理体制的逐步确立，使得财政预算更加体现了国民经济发展的要求，满足了社会公共产品和服务的需要，优化和调整了财政支出结构，从而深化了预算的"公共性"，规范了国家的整个预算体系，增强了国家宏观调控的能力，推动着社会主义市场经济体制改革不断向前发展。

1. 部门预算改革是继 1994 年分税制改革以来，在财政支出管理体制上的又一个制度创新，初步建立起以部门预算为主导的预算编制组织形式。部门预算将预算内外资金和政府性基金都纳入了一本预算之内，使预算内容完整涵盖所有政府收支活动。传统预算编制比较粗，收入按类别、支出按功能，预算的真实情况很模糊，大量资金不在账本之内，人大监督难以到位。实行部门预算后，预算透明度得到增强，各预算单位的预算资金数额、用途都清晰明了，实现了预算编制的统一化、完整化、规范化；同时，所有公共资金都全面、细致、具体地体现了部门预算收支信息，逐步改变了以往政府预算"外行看不懂、内行看不清"的弊端，有利于人民代表大会代表履行监督职能，也有利于审计和社会各界对政府财政的监督。部门预算将使预算编制科学化、制度化，客观上会要求和促进各级领导强化预算观念，减少追加支出的随意性，有利于强化预算观念，提高预算管理水平。部门预算改革突出了财政公共性的特点，规范了预算管理，是我国构建和完善公共财政框架的重要内容；同时，在借鉴国际经验的基础上，通过改革政府收支分类，细化预算编制，逐步使所有财政资金的支付建立在明晰的预算基础上，也为顺利实施国库单一账户制度创造条件。

2. 国库集中收付制度的单一账户体系、规范的缴纳拨付体系，从顶层设计上避免了层层流转、资金流经环节多带来的截留、挪用的问题，从而缩短流通环节，加快资金周转，提高了资金的安全性，硬化了预算的约束，从源头上有效地预防了腐败和浪费。以往执收单位设置收入过渡账户，带来了人为调节税款入库进度和经费余缺的问题，从而在收入缴库过程中普遍存在拖欠挤占财政收入现象，同时各支出单位每一笔资金的用途、财政资金流向、流量无法全程监控，致使腐败行为的滋生蔓延。国库集中收付制度从制度和财务收支程序上对财政资金做出明确、系统的规定，资金运作过程透明度高，制约机制完善，政府对财政资金的使用情况实施有效监督和控制，进一步推动了财政性资金使用的规范、高效、合理。除此之外，国库单一账户以后，国库款都在国库单一账户中锁定，财政资金的支拨仅在要求政府付款的最终阶段才会发生，从而全面压缩了所有在途财政资金，并大大减少了推行政府采购制度的阻力。

3. 政府采购制度是一种公共资金管理制度，是规范政府支出行为、加强财政资金支出管理，提高资金使用效益的有效机制。政府采购制度的意义可从经济意义和社会意义两方面来理解。一方面，政府通过集中采购方式，在采购中引入竞争机制和信息披露机制，掌握了采购主动权，节约了采购资金，提高了财政资金的使用效率，加强了支出管理，并且通过统一的政府采购，贯彻了政府在总量调控和结构调整方面的意图，有利于发挥稳定物价的调控作用，有利于体现政府的某些特定政策。另一方面，政府采购制度本身存在内在监督约束机制，采购主体之间因为利益驱动而形成的内部互相监督机制，因采购的"阳光下交易"模式，使得外部也发挥了积极的监督约束作用，起了反腐倡廉的作用，有利于加强政府系统的廉政建设和促进社会的持续健康发展。

4. 预算执行阶段的政府采购制度、部门预算编制过程、国库集中支付制度的资金支付活动、"金财工程"的信息基础、收支两条线的规范运行、各个制度之间的相互联动，共同促进了公共财政框架下公共预算管理制度的不断完善。

在看到成绩的同时，我们应当认识到，中国的财政管理改革远未结束，还有许多问题和薄弱环节需要不断改进。在部门预算方面，部门预算编制与决策和国家战略及政策重心脱节；现行预算编制模式不具有绩效监督及问责的功能，偏离预算全面性；收付实现制预算会计与部门预算改革不相适应。在国库集中收付制度方面，预算管理体制仍不够完善，信息网络建设还不够发达；改革打破了传统的资金运行方式，触动了一些部门利益，改革难度大。在政府采购管理方面，"规范"与"效率"目标远未实现；高价采购与低价恶性竞争的现象并存，政府采购与部门预算改革未实现"无缝对接"；采购扶持政策与公平竞争原则难以平衡；政府采购监督需进一步强化；政府购买公共服务尚需进一步探索。

### 三、重新划分中央与地方利益关系

基于当时的财税制度背景和社会经济问题，所得税分享改革，是为了建立市场经济体制，以理顺政府和市场关系，规范中央和地方政府之间的分配关系。可以说，是一次意义深远的改革。具体地说，有以下几个方面的改革成效和影响。

首先，打破了企业所得税按隶属关系划分收入归属的格局，一定程度上抑制了地方政府为追逐税收利益搞地方保护主义和重复建设，阻碍了企业兼并、重组的倾向，有利于经济结构的调整。

其次，中央集中了原属于地方的所得税收入，然后通过一般性转移支付对财力较弱的地区进行补贴，同时，利用专项转移支付弥补地方政府某些公共服务缺失。这不仅有利于平衡地区间财力尤其是东部沿海与中西部地区的差距，而且有利于公共服务的均等化。这有力地体现了1998年国家提出的公共财政逻辑，回归了公共财政的本质。

最后，分设两套征税机关后，直接导致国税和地税的征收规模直线增加，但国税局增加得更快（见图3-5）。主要是因为国税局负责增收的企业增多。这为中央在全局谋划中国的经济体制改革奠定了财力保障。

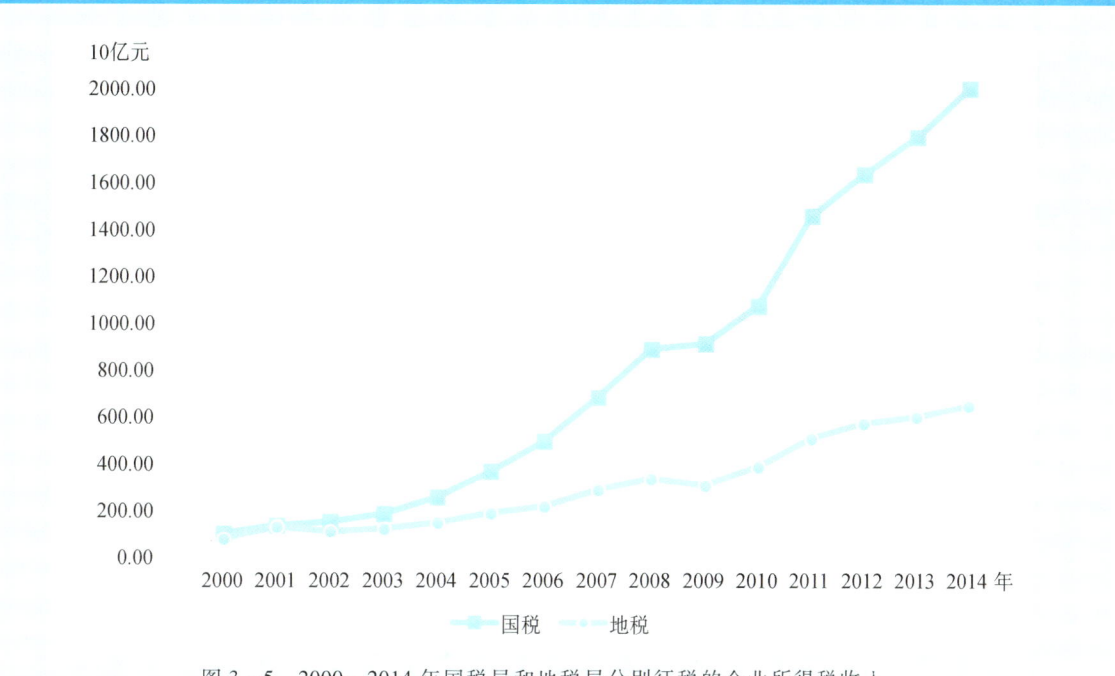

图3-5 2000—2014年国税局和地税局分别征税的企业所得税收入

2002年的所得税分享改革，又是一次中央和地方政府的利益划分，首当其冲的是地方政府的财力，改革阻力重重。为此，中央此项改革以2001年为基数，中央保证各地区分享所得不低于2001年所得税收入基数，中央与地方实施增量分成。即便如此，这也带来了地方政府行为的异化，社会经济也不可避免地出现一些问题。

首先，按照2002年1月1日开始实施的所得税征管机构改革的规定，在2002年1月1日之后成立的企业，无论其主营业务是缴纳增值税还是缴纳营业税，其企业所得税均是由国税局征收。从纳税人的角度考虑，对于缴纳增值税的企业来说，并没有不便利之处，但是对于缴纳营业税的企业，营业税和企业所得税均是其面临的主要税种，需要到不同的税务机关办理相关纳税手续，极其不便。而从征管机构的角度来考虑，国税局在征收流转税以营业税为主的企业的所得税时，不能利用营业税发票帮助核算企业的收入，无法达到"以票控税"的效果。另外，企业所得税通常是在每年的五月集中汇算清缴，国税机关平时和纳税人之间的信息交流并没有地税机关在征收营业税时频繁（尤其是当企业的预缴企业所得税期限选择较长期限时，如1个月或1季度）。这种信息不对称加大了征管难度，也不利于税收风险管理。因此，为了进一步提高企业所得税征管质量和效率，2009年国家税务总局对新办企业的所得税征管范围做了进一步的修改、完善和重新调整。

其次，所得税分成改变了地方政府的财政激励，进而影响了地方政府的政策选择。1998年中央政府给予了地方政府出让土地使用权获取收益的权力，而且赋予地级市制定城市计划的权限。但当时地方政府可以获得下辖企业所得税的全部收入，因此卖地收入并未成为地方政府的主要收入来源。2002年所得税分享改革后，财政压力使地方政府急需寻找新的收入来源，而土地恰恰提供了丰厚的收益。这是地方政府从经营企业转向经营城市的重要节点，也为随后兴起的中国房地产业以及房价的高企埋下了伏笔。不仅如此，地方政府在经济发展中逐渐加大了对土地出让金的依赖，由此产生的"土地财政"已经成为威胁地方财政体制稳定的一大隐患①。

### 四、理顺完善出口退税机制

2003年起的一系列出口退税改革措施引起了很大的正效应，本次改革的积极意义在于：

1. 理顺了出口退税机制。以前出口退税是中央独自承担，既给中央财政添加不合理的负担，又加剧了地方之间财力的不均衡。通过建立新的出口退税机制，明确了中央与地方之间的比例，与此同时改革出口退税的管理机制，提高了出口退税的经济效益。出口退税机制的完善不仅减少了国家尤其是中央财政的负担，还降低了国家的财政风险，使得国家有余力去推动整个宏观经济的发展。

2. 改善了出口产品结构甚至整个国民经济的产业结构。以往一些国家鼓励出口的产品出口退税力度下，国际竞争力不足，同时国内低端的产业机构也没有动力和资金进行改善，而另一些国家限制出口的产品又常常遭受经济掠夺。通过出口退税率的调整，在赚取大量出口产品换取的外汇的同时，影响外贸出口结构的变化，引导出口企业资源的流向，扭转了现有的资源配置不良状况局面，改善了产品结构和产业结构的布局。一方面，既避免了我国一直成为世界的原料来源地和产品倾销地，又促进了产业的升级改造，提高了资本的利用效益；另一方面，保护了相关资源和产业免受外国资本的经济掠夺，使得出口退税这一机制成为国家宏观调控的一项有效工具。

3. 带动了出口增长，提高了经济增长率。1999年为抵消亚洲金融危机的影响，出口退税率由12.56%上调到15.51%，相应地，当年出口增长率从上半年的下降4.7%提高到下半年的增长15.8%，提高了20.5个百分点，上调出口退税率的出口弹性系数接近7②。产出＝消费＋私人投资＋政府支出＋进出口（出口－进口），这一公式告诉我们出口对经济增长的巨大效用。出口的快速增长带来了巨大的贸易顺差和外汇储备的增长，在直接拉动GDP的同时，国家有巨大的财力进行产业结构的优化，进而推动经济的发展。

尽管2003年改革取得了一定成效，但是对于出口额较大、出口依存度较高的地方而言，不一定有能力负担出口退税。鉴于较高的出口增长势头，地方财政中用于出口退税部分所占的比例会不断增长，这势必加剧这些地方的财政困难。也就是说，出口退税负担机制的改革使中央的财力不足演变为地方的财力不足，部分地方再次出现"欠退税"问题，随之而来的农业税取消会使地方财政更加困难。国务院于2005年决定，在坚持中央与地方共同负担出口退税的前提下完善现行的机制：在出口退税基数不变的基础上，超基数部分，中央与地方按照92.5∶7.5的比例共同负担，并明确提出各地不得干预出口外贸企业的正常发展③。负担比例的调整在一定程度上有助于缓解地方的财政压力，但是共同负担机制将中央与地方的矛盾转化为地方与地方之间的矛盾这一本质没有改变。

### 五、缓解基层政府财政困境

省以下财政体制改革具有明显"减负"

---

① 白彦锋、刘畅：《中央政府土地政策及其对地方政府土地出让行为的影响——对"土地财政"现象成因的一个假说》，《财贸经济》，2013年第7期。
② 陈共：《财政学（第六版）》，中国人民大学出版社2009年版，第452页。
③ 《关于完善中央与地方出口退税负担机制的通知》（国发〔2005〕25号）。

"放权"的特点。农村税费改革是一次具有深远意义的改革，彻底取消了一直以来压在农民头上的苛捐杂税。农民负担明显减轻，农民根本利益得到初步维护，初步理顺了农村分配关系，大体上规范了农村税费制度，改善了干群关系，维护了农村社会稳定。此外，农村税费改革还达到了一些间接效果。一方面通过财力下沉来解决基层政府的基本公共服务问题，另一方面通过规范和调整省以下政府间财政关系，激励与约束并举，减缓县乡财政的公共支出压力，这显著提高了农民收入水平[1]。

2006年1月1日起全面取消农业税，农村税费改革圆满完成阶段性历史任务，转入以县乡财政管理体制改革为主要内容的农村综合改革新阶段。作为调整财政层级的省直管县财政体制改革，不仅对经济增长、环境质量有着正向的影响[2]，而且减少了地级市财政对县级转移支付的截留，使县级得到的上级总转移支付显著增加，财政匹配度显著提高[3]，最终增加了基层财政自给能力。财政层级改革后县级财力与支出责任匹配度提高的主要原因是这种"财政解困"效应不仅具有明显的持续性，而且在财政较困难县的改革效应更明显，从而间接地缩小了县级政府间财力差距。财政层级的扁平化有利于夯实基层财力基础。

然而，值得一提的是，省以下改革尚需要漫长的路要走。首先，农村税费改革并不彻底，城乡分配关系和工农分配关系扭曲并未得到矫正，农村税费不均现象依然未缓解，农民种田积极性未能得到有效提高，基层政权组织运转困难，乡村债务难以化解，减负反弹问题时有发生。其次，省直管县财政层级改革，在一定程度上改变了经济发展中的"小马拉大车"的现象，但此次改革并未触及收支责任划分的根本性问题，政府间财力和支出责任的划分问题没有完全厘清。虽然提高了转移支付到基层政府的可达性，一定程度上改善了地方财政间财力与支出责任的匹配程度，但并不一定能促使地方政府回归公共服务职能以解决财政行为中的越位和缺位问题[4]。

---

[1] 周黎安、陈烨：《中国农村税费改革的政策效果：基于双重差分模型的估计》，《经济研究》，2005年第8期。
[2] 才国伟、黄亮雄：《政府层级改革的影响因素及其经济绩效研究》，《管理世界》，2010年第8期。
[3] 杨龙见、尹恒：《县级政府财力与支出责任：来自财政层级的视角》，《金融研究》，2015年第4期。
[4] 尹恒、杨龙见：《地方财政对本地居民偏好的回应性研究》，《中国社会科学》，2014年第5期。

# 第四章　市场基础性地位巩固时期的公共财政完善

建立社会主义市场经济体制，就是要使市场在国家宏观调控下对资源配置起基础性作用。2002年11月8日，中国共产党第十六次全国代表大会召开，明确提出"坚持社会主义市场经济的改革方向，使市场在国家宏观调控下对资源配置起基础性作用"，必须建立全国统一开放的市场体系，促进资源的优化配置，转变政府管理经济的职能，建立以间接手段为主的完善的宏观调控体系，其中推进财税体制改革是一个重要抓手。

2003年10月，中共十六届三中全会召开并通过了《关于完善社会主义市场经济体制若干问题的决定》。在《决定》中，根据公共财政体制框架已经初步建立的判断，提出了进一步健全和完善公共财政体制的战略目标。2005年10月召开的中共中央十六届五中全会以及2006年3月举行的十届全国人大四次会议，又将"十一五"期间的税制改革安排写入了《中共中央关于制定国民经济和社会发展第十一个五年规划的建议》第24条和《中华人民共和国国民经济和社会发展第十一个五年规划纲要》第32章第2节。这些表述标志着"新一轮税制改革"以及公共财政改革的开启。它们的提出和建立都是适应中国国情的，是与市场经济制度相适应的。"新一轮税制改革"以及公共财政改革的推进有利于合理界定政府与市场职能范围，减少政府的干预，适应我国市场经济地位确立的客观需求。这一阶段的财税体制改革使得财政收支的"公共性"大大增强，对完善社会主义市场经济体制起了重要的推动作用。税收制度的改革、财政透明度的增强以及财政激励机制的发挥，对于这一阶段的经济发展和福利提升起了重要作用。

## 第一节 市场基础性地位巩固与政府职能转变

### 一、市场基础性地位巩固与经济建设成就

2007年10月，党的十七大提出："要深化对社会主义市场经济规律的认识，从制度上更好发挥市场在资源配置中的基础性作用，形成有利于科学发展的宏观调控体系。"并要求："加快推进政企分开、政资分开、政事分开、政府与市场中介组织分开，规范行政行为，加强行政执法部门建设，减少和规范行政审批，减少政府对微观经济运行的干预。"

经过20多年改革，我国经济体制发生了巨大变化。改革开放取得丰硕成果。社会主义市场经济体制初步建立。公有制经济进一步壮大，国有企业改革稳步推进。个体、私营等非公有制经济较快发展。市场体系建设全面展开，宏观调控体系不断完善，政府职能转变步伐加快。财税、金融、流通、住房和政府机构等改革继续深化。开放型经济迅速发展，商品和服务贸易、资本流动规模显著扩大。国家外汇储备大幅度增加。我国加入世贸组织，对外开放进入新阶段。市场在资源配置中的基础性作用迅速扩大和巩固，中国经济取得了重要成就。

1. 中国实现了长时间的经济高速发展

2012年，中国的GDP超过51.9万亿元人民币。从1992—2012年来看，中国经济的平均增长率约为10.2%。2012年中国的实际经济规模约为2004年的3.25倍。2001年底，中国加入WTO，经济保持了平稳快速发展的态势：2003年到2007年，中国经济每年的经济增长速度均超过10%。亚洲金融危机使得1998—1999年的中国经济增长速度放慢。2000年总体经济景气有所回升，2002年，政府确立了扩张性的财政政策以扩大总需求。2003年即使受到非预期的"非典"影响，经济运行仍然显示出良好的增长趋势，2004年到2007年GDP增长速度都在10%以上。2008年受到美国次债危机引发的全球金融危机影响，2008年和2009年GDP增长速度下跌到9.6%和9.2%，政府实施了四万亿元的投资计划，实施积极的财政政策和适度宽松的货币政策，以投资带消费，以消费促增长。2010年中国经济又重新向好的趋势发展起来（见表4-1）。到2012年，中国在外资外贸、外汇储备等领域创造了诸多世界之首。

表4-1　2004—2012年我国GDP及经济发展速度

| 年份 | GDP（亿元） | 增长速度（%） |
| --- | --- | --- |
| 2004 | 159878.3 | 10.1 |
| 2005 | 184937.4 | 10.4 |
| 2006 | 216314.4 | 11.6 |
| 2007 | 265810.3 | 11.9 |
| 2008 | 314045.4 | 9.6 |
| 2009 | 340902.8 | 9.2 |
| 2010 | 401202 | 10.4 |
| 2011 | 472882 | 10.3 |
| 2012 | 519470 | 7.7 |

资料来源：《中国统计年鉴》。

## 2. 中国开始创造了诸多世界之首

对外贸易方面，1992年到2012年，中国外贸年平均增长率约为18.5%，2012年，中国外贸总额是1991年的30倍。中国外贸总额在世界的名次由改革开放前1978年的第27位上升到2012年的第2位，仅次于美国。2012年，中国为世界第一出口大国，为世界第二进口大国。2009年我国出口额达1.2万亿美元，成为全球第一大出口国；2010年中国GDP总量5.8万亿美元，超过日本正式成为第二大经济体；中国出口产品物美价廉，极具国际竞争力。截止到2012年，中国外汇储备超过3.2万亿美元，居世界首位，中国进口商具有高度的国际贸易信用。

2012年，在关系国计民生的百种主要工农产品生产方面，中国居世界首位。中国的钢铁、煤炭、水泥、化肥、棉布、粮食、肉类、棉花、水果和家用电器的产量均居世界第一。2010年，中国制造业产值，首次超过美国，从而结束了美国百年世界制造业大国的历史地位。

2012年，中国消费品零售额为18.1万亿元人民币。1992年到2012年，中国国内消费品市场扩大100多倍，中国年消费品零售额年平均发展速度约为15.5%。中国是世界最大的潜在市场，中国加入WTO后，已按WTO的原则，对所有WTO成员国开放了国内市场；在保证国家经济安全的条件下，中国欢迎世界各个国家、各种企业到中国市场上竞争。中国消费品市场商品极为丰富，世界各国生产的消费品均有销售。2002年我国颁布《政府采购法》，全面规范政府采购行为。10年来，政府采购规模从2002年的1009亿元增长到2011年的1万亿元。

中国利用外资规模连续20年居世界所有发展中国家之首。加入WTO后的近10年，中国每年吸引外资平均在800亿美元以上，2010年和2011年已超过1000亿美元。中国利用外资规模连续25年居世界所有发展中国家之首。

外汇是发展中国家和实施经转轨国家最紧缺的资源之一。1978年底，中国只有1.67亿美元的外汇储备，到2007年底，中国外汇储备额高达15300亿美元，稳居世界首位。特别是在中国加入WTO（世界贸易组织）以后的10年（2002—2011年）中，中国外汇储备每年以31%的速度猛增。

中国于1991年起兴办资本市场，中国股票市场市价总值从1991年的109亿元上升到2012年的21.5万亿元（为2012年中国GDP的45%），平均每年上升幅度高达45%。2012年初，中国（国内A股和B股）股票市场（有效）投资账户已超过1.4亿户，上市公司数为2571家[①]；2012年初，中国政府债券市场规模为18万亿元，为GDP的38%；2012年初，中国有证券公司106家，其资产总额为3.1万亿元；中国有约915只证券投资基金，近70家基金公司，各种基金投资总额约占股票市场投资总额的1/4。2012年初，中国股票市场规模居世界第三位，中国股票市场融资额居世界首位。

## 3. 赤字和公债政策成熟运用

政府成熟运用赤字与公债政策在这一阶段也得到体现。自2004年开始，中国已经走出通货紧缩，进入新一轮经济周期的上升阶段，财政政策也随之由积极转向为稳健。赤字从2002年最高的3%逐渐下降至2007年的不足1%，而长期建设国债也逐年下降至600亿元以下（见表4-2）。自2008年以后，政府再次根据经济形势调整赤字与公债政策。为了应对全球金融危机，中央政府将稳健的财政政策再度调整为积极的财政政策，通过提高赤字、增发国债的方式来扩大公共资本支出，带动全社会的投资，从而促进经济增长。

---

① 其中，A股2342家，B股108家，H股171家。

表 4-2　　　　2004—2012 年中国财政赤字与公共债务规模　　　　单位：10 亿元

| 年度 | GDP | 财政收入 | 财政支出 | 财政赤字 | 公债余额 | 公债/GDP（%） | 赤字率（%） | 赤字依存度（%） |
|---|---|---|---|---|---|---|---|---|
| 2004 | 161840.2 | 26396.47 | 28486.89 | 2090.42 | 25777.6 | 15.93 | 1.29 | 7.34 |
| 2005 | 187318.9 | 31649.29 | 33930.28 | 2280.99 | 31848.59 | 17.00 | 1.22 | 6.72 |
| 2006 | 219438.5 | 38760.2 | 40422.73 | 1662.53 | 34380.24 | 15.67 | 0.76 | 4.11 |
| 2007 | 270232.3 | 51321.78 | 49781.35 | -1540.43 | 51467.51 | 19.05 | -0.57 | -3.09 |
| 2008 | 319515.5 | 61330.35 | 62592.66 | 1262.31 | 52799.32 | 16.52 | 0.40 | 2.02 |
| 2009 | 349081.4 | 68518.3 | 76299.93 | 7781.63 | 59736.95 | 17.11 | 2.23 | 10.20 |
| 2010 | 413030.3 | 83101.51 | 89874.16 | 6772.65 | 66987.97 | 16.22 | 1.64 | 7.54 |
| 2011 | 489300.6 | 103874.43 | 109247.79 | 5373.36 | 71410.8 | 14.59 | 1.10 | 4.92 |
| 2012 | 540367.4 | 117253.52 | 125952.97 | 8699.45 | 76747.91 | 14.20 | 1.61 | 6.91 |

资料来源：国家统计局，历年中国统计年鉴。

由表 4-2 可以发现，我国赤字与公债规模的迅速扩大是在 1997 年之后。中国在亚洲金融危机爆发后实行积极财政政策，政府财政赤字和债务急剧增大，而且连年不断。在危机过后，政府实行了稳健的财政政策，但预算仍然是赤字，从而使得政府债务规模不断扩大。2007 年中国经济高涨，股票交易印花税等税收大增，使得中国财政 25 年后首次出现财政盈余。但是后来随着全球金融危机的蔓延，国家财政又重新陷入赤字，国务院随之出台了依靠赤字与公债融资的数额庞大的经济刺激计划，使得我国 2009 年的中央财政赤字超过 7000 亿元。随后中国继续采用赤字政策，在 2014 年，我国的赤字为 1.14 万亿元，赤字率为 1.77%。从财政赤字率的角度来看，我国的财政赤字率并不高，没有超过《马斯特里赫特条约》所规定的 3%。但是，从赤字依存度的角度来看，该指标在部分年度已经和发达国家的水平非常接近，甚至略微高出。例如，美国政府在 2000 年至 2002 年的赤字依存度均在 10% 以下。与此同时，政府为了填补财政赤字，不得不大量发行国债。公债余额从最初的不到 50 亿元上升到 2014 年的 9.46 万亿元，占 GDP 的比重也从最初的 1% 逐步上升到 2014 年的 14.70%。

## 二、政府职能向公共服务社会管理转变

### （一）政府职能向公共服务社会管理转变的必要性

完善的公共服务既是现代社会的重要标志之一，也是政府的核心职能之一；经济社会越发展，公共服务职能的重要性就越突出。一个国家或地区能否国泰民安、社会和谐，很大程度上取决于政府公共服务的有效性。2004 年到 2012 年这个时期，政府职能转变主要体现为政府机构设置改革，政府职能从宏观调控更多转向公共服务和社会管理。

进入 21 世纪后，经济社会的快速发展对政府公共服务职能建设提出了新的要求，党中央对加强和改善公共服务职能做了更为明确和深刻的阐述，对政府公共服务职能的认识和相应改革部署逐步走向系统化。2002 年党的十六大报告指出，要"完善政府的经济调节、市场监管、社会管理和公共服务的职能，减少和规范行政审批"，"加强公共服务设施建设，改善生活环境"。2003 年，十六届三中全会做出的《关于完善社会主义市场经济体制若干问题的决定》明确提出，"完善政府社会管理和公共服务职能，为全面建设小康社会提供强有

力的体制保障",首次将"政府社会管理和公共服务"上升到全面建设小康社会重要体制保障的高度。2005年,十六届五中全会做出的《关于制定国民经济和社会发展第十一个五年规划的建议》,细化了对政府公共服务的要求,提出"各级政府要加强社会管理和公共服务职能","建立健全与城镇化健康发展相适应的财税、征地、行政管理和公共服务等制度","强化政府对农村的公共服务,建立以工促农、以城带乡的长效机制","健全扶持机制,按照公共服务均等化原则,加大国家对欠发达地区的支持力度","强化政府促进就业的公共服务职能"。2006年,十六届六中全会着眼于构建社会主义和谐社会,进一步强调"建设服务型政府,强化社会管理和公共服务职能",要求"创新公共服务体制,改进公共服务方式,加强公共设施建设","按照转变职能、权责一致、强化服务、改进管理、提高效能的要求,深化行政管理体制改革,优化机构设置,更加注重履行社会管理和公共服务职能。以发展社会事业和解决民生问题为重点,优化公共资源配置……逐步形成惠及全民的基本公共服务体系"。明确提出将"基本公共服务体系更加完备,政府管理和服务水平有较大提高"作为到2020年构建社会主义和谐社会的目标和主要任务之一。2007年,胡锦涛同志在党的十七大报告中强调,要"加快行政管理体制改革,建设服务型政府","健全政府职责体系,完善公共服务体系……强化社会管理和公共服务",并将基本公共服务高度凝练为"学有所教、劳有所得、病有所医、老有所养、住有所居"。这一系列重要论述,在强调公共服务重要性的同时,也指出了转变政府职能的必要性,公共服务的加强与改善和政府职能转变密切相关。2010年10月,党的十七届五中全会指出,要"把保障和改善民生作为加快转变发展方式的根本出发点和落脚点","逐步建立和完善符合国情、比较完善、覆盖城乡、可持续的基本公共服务体系"。

2010年,我国人均GDP超越4000美元,已经进入中等偏上收入国家行列,各项经济社会改革进入了"攻坚阶段"。全球经验显示,许多发展中国家在进入这一阶段后都陷入了长期经济停滞和社会动荡。我国也将面临跨越"中等收入陷阱"的艰巨任务,客观上急需政府以高效的公共服务供给,有效调节更趋复杂和多样化的社会利益关系,为经济结构调整、发展方式转变和全面建设小康社会提供坚实的制度保障。从理论和实践经历看,完善高效的公共服务既是社会成功转型的重要标志,又是深化改革、转变政府职能、推进社会管理体制和公共服务体系创新的重要着力点。

**(二) 2008年改革:探索政府职能有机统一的"大部门"体制**

随着我国社会主义市场经济的不断发展和经济全球化的影响,我国的社会结构逐步从"一元结构"转变为"多元结构",政府、企业和社会成为共同的主导。市场经济的不断成熟和公民社会的不断发展使得对公共事务管理的需求越来越多,过多的社会需求导致政府无力承担,需要将一部分的社会事务转移给社会组织来共同承担,因此需要将政府职能朝着市场化、社会化的方向转变。同时,综合事务在政府管理中的比例不断攀升,政府职能之间的整合越来越重要,公民也更加关心政府是否能够提供更多更好的公共产品和服务。因此迫切需要政府创新管理机制,促使政府职能向着服务化、综合化的方向转变。

2008年行政机构改革是在深入贯彻科学发展观、构建和谐社会的大背景、大思路下进行的。为建设服务型政府,改善民生,促进科学发展和社会和谐,政府改革需要以民为本,向责任、法治、廉洁政府的方向发展。进一步提升政府责任和回应能力,不断完善政府善治的治理结构成为本届政府的政治责任。2008年改革的诉求主要包括五个方面:

第一,确立与科学发展、与和谐社会相适应的政府主体责任体系,按照职能转变的要求,突出管理和服务的重点:(1)在调节经济方面，提高宏观调控的能力，综合运用多种手段，充分发挥市场机制的基础性作用，尽可能地减少行政干预；（2）在社会管理方面，切实做好公共服务工作，大力促进教育、医疗等基础性公共服务的均等化，调节收入分配以保障社会公平。

第二，调整和梳理职能关系，促进职能的有效配置。在政府内部关系上，中央政府通过制定方针和政策等方式解决发展中全局性的、重大的问题，把握国家的发展方向，从宏观层面对国家事务进行管理，地方政府则负责具体行政权力的执行，做好基层和群众的服务工作；在政府与市场、企业和社会的关系上，推进政企分开、政资分开、政事分开、政社分开，以完善的法律制度保障市场机制的基础性作用，维护社会组织管理社会公共事务的合法权力。

第三，通过建立"大部制"来深化行政机构改革。所谓"大部制"就是指将一些职能相近或相关的部门重组为一个大部门，其目标是有机地将政府职能组合起来，减少职能交叉和多头管理，以降低行政管理的交易成本。对"大部制"的探索是2008年改革的一个重点议题，此轮改革中对15个部门进行了重组，将正部级机构减少了4个，重组后国务院组成部门为27个。

第四，围绕行政管理体制改革设定的职能转变总体方向，国务院内设机构职责进一步予以调整，更明确了各个职能部门的工作方向和主体责任，以保证部门强化和削弱的职责得以到位。

第五，进一步健全政府权力运行机制，使政府的决策权、执行权、监督权在相互制衡的前提下发挥各自有效的作用。根据授权，在权力架构设计上，决策、执行、监督三种职权有的由不同政府部门分别行使，有的则由同一个部门的不同内设机构或下设机构分别行使。有效地解决了政府在某些方面权力过于集中、缺乏有效监督以及决策执行不力的问题。

2008年改革是政府为了进一步顺应经济和社会的发展需要，建立服务型政府和构建社会主义和谐社会的目标所做出的努力。此次改革最主要的成果可以概括为两个方面：一是推行大部门体制，强化政府职能部门的整合。"大部制"使政府各职能部门具有很高的综合性，可以有效地避免政府职能交叉，从而提高行政效率。二是抓"大"放"小"，把宏观调控放在政府职能转变的首要位置。此次改革中最引人注目的是发改委转型，《国务院机构改革方案》要求其将主要精力集中到宏观调控上来，减少对微观经济事务的干预，进一步改革行政审批制度。

### （三）政府职能向公共服务社会管理转变的成效

随着经济的发展和行政管理体制改革的深化，我国政府不断加大公共服务投入的力度，为改革开放提供了有力的公共财政支持与保障。总体来看，我国政府公共服务的水平处于中等收入国家行列，与我国人民生活达到小康水平这一经济社会发展阶段基本相适应。其主要标志就是我国政府公共服务的许多重要指标都从低收入国家的行列跃升到了中下等收入国家的行列。改革开放以来，各级政府越来越重视人民群众的公共需求，努力增加公共产品的数量，提高公共服务的水平。特别是按照"三个代表"重要思想的要求，通过加强物质文明、精神文明和政治文明建设，不断满足人民群众日益增长的物质文化需求，发展科技教育、公共卫生、社会保障等公共服务。初步形成了文化、教育、科技、卫生、社会保障、农村公共服务等全方位公共服务体系。公共服务总量有较大的增长。

1. 教育公共服务进展明显

我国财政教育经费及占GDP的比重逐年增加。2004年，国家财政性教育经费4460.6亿元，到2011年增加到18060.9亿元，占国内生产总值的3.83%，2012年提升到4.28%（见表4-3）。

表4-3　我国财政教育经费增长及占GDP比重

| 年份 | 国家财政性教育经费（亿元） | 财政教育经费占GDP比重（%） |
| --- | --- | --- |
| 1995 | 1411.52 | 2.41 |
| 1996 | 1671.7 | 2.46 |
| 1997 | 1862.54 | 2.5 |
| 1998 | 2032.45 | 2.59 |
| 1999 | 2287.18 | 2.79 |
| 2000 | 2562.61 | 2.87 |
| 2001 | 3057.01 | 3.19 |
| 2002 | 3458.09 | 3.3 |
| 2003 | 3979.27 | 3.41 |
| 2004 | 4460.6 | 2.97 |
| 2005 | 5196.73 | 2.81 |
| 2006 | 6511.05 | 3.01 |
| 2007 | 8559.08 | 3.22 |
| 2008 | 10928.77 | 3.48 |
| 2009 | 12238.38 | 3.59 |
| 2010 | 14566.18 | 3.66 |
| 2011 | 18060.9 | 3.83 |
| 2012 | 22226.98 | 4.28 |

资料来源：《中国统计年鉴》。

2. 科技公共服务水平提高

我国坚持实施科教兴国战略，科技投入逐年增加，科技实力不断增强，科学研究与试验发展（R&D）经费支出的比重持续增长，从2004年的1.23%上升到2012年的1.98%。2004年，我国科学研究与试验发展经费支出达到1966.3亿元，比2003年增长21.7%，占国内生产总值的1.23%。2012年，全国共投入研究与试验发展经费10298.4亿元，首次突破万亿元大关。2012年，国家财政科技支出为5600.1亿元，比上年增长16.7%；财政科技支出占当年国家财政支出的比重为4.45%，高于上年4.39%的水平。

3. 我国社会保障体系基本建立

我国不断加强社会保障体系建设。以国有企业职工基本养老保险、失业保险、城市居民最低生活保障制度等"三条保障线"和职工基本医疗保障制度为重点的社会保障体系初步形成，覆盖范围逐步扩大。据《中国的劳动和社会保障状况》白皮书公布的数字：基本养老保险的参保职工已由1997年末的8671万人增加到2001年末的10802万人。到2003年为15506万人；1998年至2001年末仅中央财政对基本养老保险补贴支出就达861亿元。到2001年底，全国97%的地市启动了基本医疗保险改革，参加基本医疗保险的职工达7629万人。到2003年为10902万人。从1998年到2003年，我国失业保险参保人数由7928万人扩大到10373万人。据2005年民政事业统计发展公报统计结果显示，我国城市低保补助标准进一步提高，全国平均标准155元，全国共有994.7万户2234.2万城市居民得到了最低生活保障，分别比上年同期增长4.1%和1.3%。我国最低生活保障开展以来的情况如

表4-4所示，可见城市居民最低生活保障家庭覆盖面进一步扩大，家庭人口规模进一步降低，使重病、重残和"三无"人员等特困人群得到了重点援助，基本实现了动态管理下的"应保尽保"。

表4-4　最低生活保障制度开展以来情况

| 年份 | 保障人数（万人） | 年增长率（%） |
| --- | --- | --- |
| 2000 | 402.6 | 51.4 |
| 2001 | 1170.7 | 190.8 |
| 2002 | 2064.7 | 76.4 |
| 2003 | 2246.8 | 8.8 |
| 2004 | 2205 | -1.9 |
| 2005 | 2234.2 | 1.3 |
| 2006 | 2240.1 | 0.26 |
| 2007 | 2272.1 | 1.42 |
| 2008 | 2334.8 | 2.76 |
| 2009 | 2345.6 | 0.46 |
| 2010 | 2310.5 | -1.5 |
| 2011 | 2276.8 | -1.46 |
| 2012 | 2143.5 | -5.85 |

资料来源：《中国统计年鉴》。

4. 卫生公共服务支出提高

我国卫生总费用与政府卫生支出不断增加。我国卫生总费用从2004年的7590.29亿元，增加到2012年的27846.84亿元。其中，政府卫生支出从2004年的1293.58亿元，增加到2012年的8265.98亿元。卫生总费用中的政府卫生支出呈现出"先慢后快"的增长态势。2000—2005年政府卫生支出的增长较为缓慢，而2006—2012年增长迅速。从政府卫生支出占财政支出的比重来看，呈现出"先波动性徘徊后快速上升"的趋势：2000—2006年比重一直徘徊在4%—5%，而2007—2012年这一比重由5.19%快速上升到7.20%。从政府卫生支出占GDP的比重来看，呈现了缓慢上升趋势，由2000年的0.72%上升到2012年的1.74%。2006年是我国医疗卫生政府支出规模增长变化的分水岭。从2006年6月起，中央开始酝酿新一轮的医疗卫生体制改革，逐步加大了政府的财政责任。特别是2009年正式启动深化医疗卫生体制改革以来，逐步完善医疗卫生的财政投入机制和补偿机制。因此，2006年以后政府卫生支出呈现快速增长的态势，2009年以后更是出现了跳跃式增长。

5. 环境保护公共服务投入增加

我国环境保护投入显著增加，据国家环保局统计，随着污染治理投入的加大，环境保护各项工作取得积极进展。与2013年相比，化学需氧量排放量下降2.47%，氨氮排放量下降2.90%，二氧化硫排放量下降3.40%，氮氧化物排放量下降6.71%。2004年，全国环境治理投资为1908.6亿元，比上年增长17.3%，全国环境污染治理投资占国内生产总值的1.2%。2005年，全国环境污染治理投资为2388亿元，比上年增长25.1%。全国环境污染治理投资占GDP的1.29%。其后，全国环境污染治理投资持续快速增长，2008年和

2010年更是分别比上年增长45.75%和44.76%，到2012年，全国环境污染治理投资额达到8253.5亿元，比上年增长16%，占当年GDP的比重达1.58%。历年全国环境污染治理投资情况如表4-5所示。

表4-5　全国环境污染治理投资情况表

| 年份 | 投资（亿元） | 比上年增长（%） | 占当年GDP比重（%） |
| --- | --- | --- | --- |
| 2001 | 1106.6 | 4.3 | 1.01 |
| 2002 | 1363.4 | 23.2 | 1.13 |
| 2003 | 1627.3 | 19.4 | 1.2 |
| 2004 | 1908.6 | 17.3 | 1.2 |
| 2005 | 2388 | 25.1 | 1.29 |
| 2006 | 2566 | 7.5 | 1.18 |
| 2007 | 3387.3 | 32 | 1.27 |
| 2008 | 4937 | 45.75 | 1.57 |
| 2009 | 5258.4 | 6.5 | 1.54 |
| 2010 | 7612.2 | 44.76 | 1.89 |
| 2011 | 7114 | -6.5 | 1.5 |
| 2012 | 8253.5 | 16 | 1.58 |

资料来源：《全国环境统计公报》。

## 第二节　公共财政完善框架下的财政改革

2003年10月，中共十六届三中全会召开并通过了《关于完善社会主义市场经济体制若干问题的决定》。《决定》提出了进一步健全和完善公共财政体制的战略目标。公共财政的提出和建立都是适应中国国情的，是与市场经济制度相适应的财政制度，建设公共财政框架要以合理界定政府与市场职能范围为前提，减少政府的干预，适应了我国市场经济地位确立的客观需求。在这个阶段，市场取向的改革带给财政运行格局的最根本变化，就是财政收支的"公共性"大大增强，财政收入由"取自家之财"走向"取众人之财"，财政支出由"办自家之事"走向"办众人之事"，政策取向由"区别对待"走向"国民待遇"。完善的公共财政体制是完善的社会主义市场经济体制的一个重要组成部分，民生财政的改善、财政透明度的增强以及财政激励机制的发挥，对于这一阶段的经济发展和福利提升起了重要作用。中国公共财政建设的实质性内容落实在彰显公共性的财政制度变革上。

### 一、财政收入及其结构的公共性变化

政府、企业、个人是市场经济中的三个主

体,政府的收支活动就形成了财政。政府收入在我国一度分为预算内收入和预算外收入,还有一部分是制度外收入。不规范的政府收入形式使得政府的隐性规模不断扩大,增加了经济主体的负担,对于市场经济的健康运行也造成了一定的阻碍。2003 年,财政收入的来源中,国有经济单位对财政收入的贡献相比改革开放初期,下降到 29.5%,集体企业、股份制企业、私营企业、外商投资企业等多种所有制企业以及农村居民和城市居民个人的缴纳,占了 70.5%。在此期间,全国公共财政收入平均同比增长率达到了 20.17%,增长速度最快的是 2007 年,同比增长了 32%。

财政收入中,税收收入被认为是较为规范的收入来源,尤其是在英美等国家,税收收入是财政收入甚至政府收入的主体。我国公共财政收入占政府收入的比重大概在 60% 左右,而税收收入占财政收入的比重则达到 90% 左右。在此期间,税收收入占财政收入的比重从 2004 年的 92% 下降到 2012 年的 86%,一部分原因是政府性基金收入的规范和增长,土地出让收入在政府性基金收入中占了较大的比重(见表 4-6)。

表 4-6　　　　　　　　　　　2004—2012 年财政收入结构的变化　　　　　　　　　单位:亿元

| 年份 | 全国公共财政收入 | 税收收入 | 非税收入 | 政府性基金收入 | 国有资本经营收入 | 社会保障基金收入 |
| --- | --- | --- | --- | --- | --- | --- |
| 2004 | 23570.34 | 21687.58 | — | — | | 5220.70 |
| 2005 | 29255.03 | 26748.01 | — | — | | 6296.94 |
| 2006 | 35423.38 | 32203.58 | — | — | | 7914.03 |
| 2007 | 44064.85 | 38946.17 | 5118.68 | — | | 9840.21 |
| 2008 | 58486.00 | 52361.00 | 6125.00 | — | | 12436.25 |
| 2009 | 66230.00 | 58673.33 | 7556.67 | — | | 14583.00 |
| 2010 | 73930.00 | 65002.34 | 8927.66 | 18704.49 | | 17070.66 |
| 2011 | 89720.00 | 79291.00 | 10429.00 | 25821.74 | | 25757.67 |
| 2012 | 113600.00 | 98289.00 | 15311.00 | 34796.76 | 1246.49 | 31411.00 |

注:—为没有公开统计数据。
资料来源:作者根据 wind 数据库整理。

分税制改革最核心的内容在于采用相对固定的分税种的办法来划分中央与地方的收入。2003 年起中央地方的分成比例从 75:25 调整到 60:40,税收收入向中央集中的趋势更加明显。与此同时,土地财政收入在地方财政收入中的重要性凸显。"土地财政"发酵并向"土地金融"转变。中央政府对地方土地出让行为施加的多重管制,阻碍了地方政府以"负地价"投入进行税收竞争的合约自由。这些管制措施从边际上改变了地方政府短期内通过增值税收入和土地出让金收入取得财政租值的相对难易程度,从而使得土地批租权对地方政府产生激励的作用机制由"实体经济发展型"转向"土地财政依赖型"。

中央财政在增值税分成中拿大头的直接后果是,营业税成了地方政府最大的税收来源。如表 4-7 所示,房地产行业产业链条较长,属于税高利大的行业。房地产相关行业主要缴纳营业税,与制造业主要缴纳的增值税不同,不参与与中央财政的分成,因此格外受到地方政府的青睐。地方财政对房地产相关行业的依赖使得地方政府攫取财政租值的行为从经营企业变为经营城市和经营土地。2002 年以来,房地产相关行业在营业税收入中所占的比重逐渐上升。

表4-7 全国营业税收入中房地产相关行业所占比重

| 年度 | 合计（%） | 房地产业（%） | 建筑业（%） | 金融业（%） |
|---|---|---|---|---|
| 2004 | 58.76 | 22.77 | 22.78 | 13.21 |
| 2005 | 59.97 | 23.56 | 23.35 | 13.06 |
| 2006 | 61.88 | 25.04 | 23.13 | 13.71 |
| 2007 | 64.77 | 21.45 | 27.21 | 16.11 |
| 2008 | 61.08 | 22.54 | 20.26 | 18.28 |
| 2009 | 63.99 | 26.28 | 21.32 | 16.40 |
| 2010 | 65.02 | 27.73 | 22.17 | 15.13 |
| 2011 | 64.74 | 26.25 | 22.68 | 15.82 |

资料来源：《中国税务年鉴（2003—2011）》，《全国税务统计（2011年）》。

地方政府投融资体系的创新十分迅速，某地政府一种新的做法往往通过"考察"和"经验交流"迅速在全国其他地区得到模仿和推广。土地投融资体制创新极大地软化了基础设施供给能力面临的融资约束，地方政府很快就发现，通过"土地金融"融资是一条比"土地财政"更加快捷高效的途径。地方政府通过其设立的投融资平台公司向商业银行抵押国有土地使用权，立马可以取得资金进行城市开发建设和土地收储。在土地收储和抵押的过程中，同一地块多次抵押等违规现象并不鲜见，地方政府"大干快上"引发的财政风险转化为国有商业银行的金融风险（见图4-1、表4-8）。

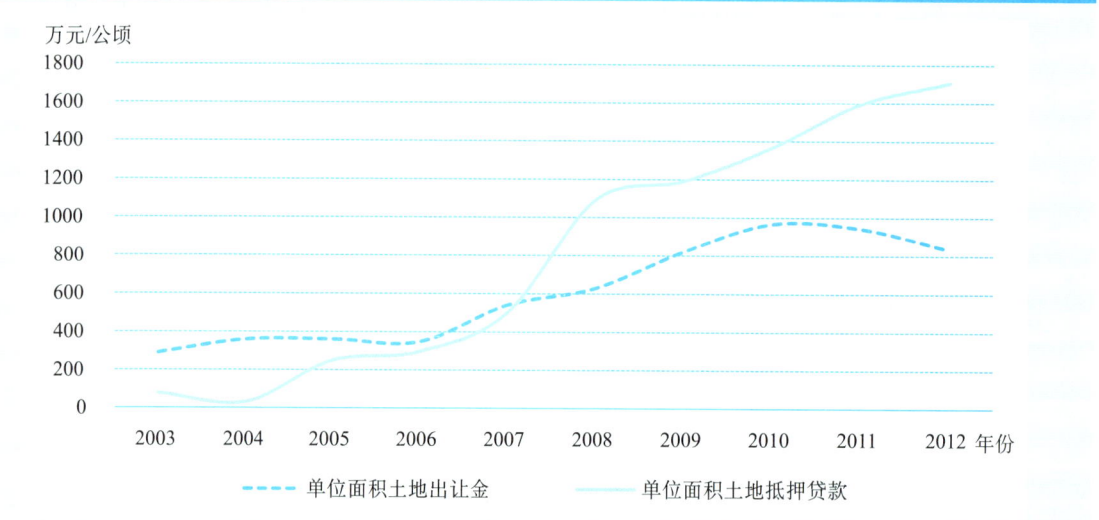

图4-1 2003—2012年全国单位面积土地出让金与土地抵押贷款

注：由于2010—2012年土地抵押贷款数据全国加总数据没有公布，这里使用的是国土资源部公布的78个主要城市数据，虽然总量上能够大体覆盖全国总量，但平均值可能略高于全国。

资料来源：《中国国土资源年鉴（2004—2009）》，《中国国土资源统计年报（2009—2012）》，刘守英等（2012）。

表4-8　　　　　　　　2004—2012年地方政府土地财政收入情况　　　　　　　　单位：亿元

| 财政年度 | 国土资源部门披露的土地出让金合同价款总额 | 国土资源部门披露的土地出让纯收益 | 财政部门披露的土地出让收入 | | | 地方一般预算财政收入总额 | 地方财政基金预算收入总额 | 地方财政预算外收入 |
| --- | --- | --- | --- | --- | --- | --- | --- | --- |
| | | | 合计 | 中央 | 地方 | | | |
| 2004 | 6412.17 | 2339.79 | 939.97 | 51.82 | 888.15 | 11893.37 | 3208.01 | 4348.49 |
| 2005 | 5883.82 | 2183.97 | 1310.79 | 66.68 | 1244.11 | 15100.76 | 4138.56 | 5141.58 |
| 2006 | 8077.64 | 2978.29 | 2204.59 | 167.08 | 2037.51 | 18303.58 | 5546.31 | 5940.77 |
| 2007 | 12216.72 | 4541.42 | 7713.3 | 128.46 | 7584.84 | 23572.62 | 9750.00 | 6289.95 |
| 2008 | 10259.80 | 3611.95 | 10582.63 | 192.16 | 10390.47 | 28649.79 | 13117.11 | 6125.17 |
| 2009 | 17179.53 | — | 15377.53 | 275.49 | 15102.04 | 32602.59 | 16765.98 | 6062.63 |
| 2010 | 27464.60 | — | 30381.91 | 288.21 | 30093.70 | 40613.04 | 33609.27 | 5395.09 |
| 2011 | 31474.40 | — | 33477.00 | 304.10 | 33172.90 | 52547.11 | 38232.31 | |
| 2012 | — | — | 29087.16 | 569.34 | 28517.82 | 61078.29 | 34216.74 | — |

资料来源：财政部综合会计司编《中国财政统计（1950—1991）》；财政部预算司编《国家预算决算辑要（1991—2000）》；《地方财政统计资料（1994—2009）》；《中国财政年鉴（1995—2012）》；《中国土地年鉴（1994—1995）》；《中国国土资源年鉴（1999—2012）》；《2012年中国国土资源公报》；财政部2008—2012年全国财政总决算报表；董黎明（1992）。

## 二、财政支出及其结构的公共性变化

我国财政支出的绝对和相对规模一直增长，财政支出结构也在逐步优化，对"三农"和涉及民生的教育、医疗、社会保障与就业等方面的支出逐步加大，这些领域的支出在财政总支出中的比重不断提高。这一时期的改革以政府职能的合理定位为前提，根据政府职能转型和满足公共需要的要求，合理安排各项支出。严格控制投资性支出与消费性支出，缩减经济事务支出和一般公共服务支出的比例，加大教育、医疗卫生、社会保障等民生投入。改善公共治理机制，提高财政支出的效率与效果。完善财政支出监督问责机制。

在财政支出结构中，2003年，财政支出中的基本建设支出所占比重已经下滑至13.9%。如果剔除当年以增发国债来安排的非正常性的基础设施投资，便不足10%。与此同时，用于养老保险基金补贴、国有企业下岗职工基本生活保障补助、城镇居民最低生活保障补助、抚恤和社会福利救济费等的社会保障性支出上升至17%，用于科教文卫事业项下的支出增长到了18.2%。

根据财政支出增长的理论，随着人均GDP的增长，财政支出规模也不断扩大，而且我国正处于发展过程和深化经济体制改革的关键时期，财政支出规模不断扩大是正常的。我国财政支出绝对规模一直增长，2002年我国财政支出22053.15亿元，2011年增长到103874.43亿元，是2002年的5.49倍，2002—2011年，我国财政支出年均增长18.58%（见图4-2、表4-9）。

1. 我国财政支出增长率与GDP增长率的关系

由图4-2可见，财政支出增长率在2003年最低，为11.8%；GDP增长率在2002年最低，为9.1%，2007年最高，为14.2%。纵观2002—2011年，财政支出增长率明显高于GDP增长率，尤其自2008以来的近3年财政支出增长率都是GDP增长率的两倍多。

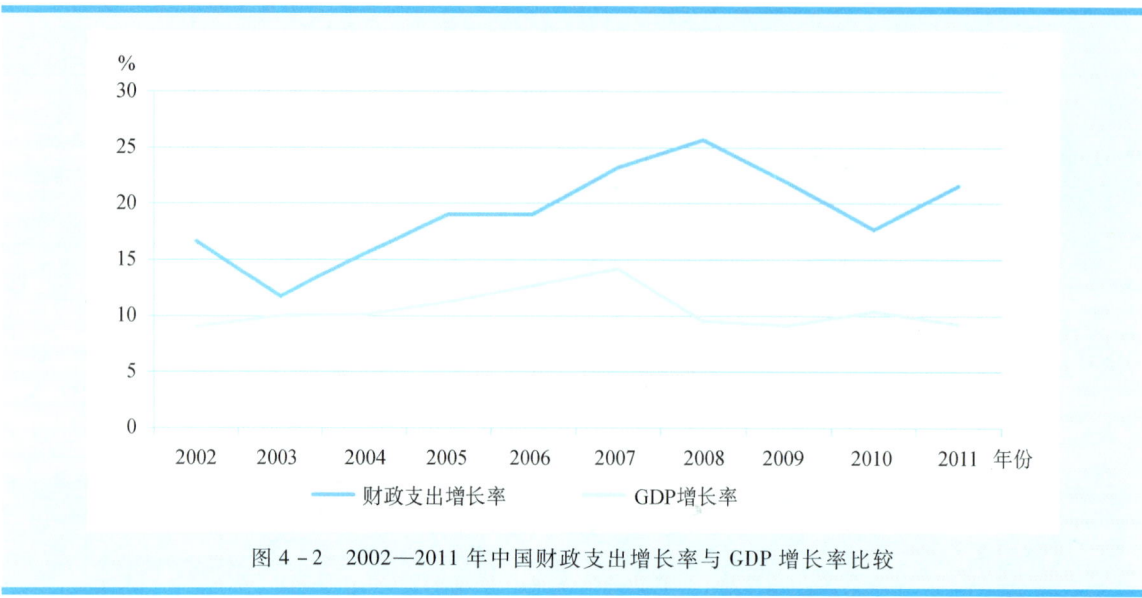

图4-2 2002—2011年中国财政支出增长率与GDP增长率比较

表4-9　　2002—2011年中国财政支出及增长率、GDP增长率情况

| 年份 | 财政支出（亿元） | 财政支出增长速度（%） | 财政支出占GDP比重（%） | GDP增长速度（%） |
| --- | --- | --- | --- | --- |
| 2002 | 22053.15 | 16.7 | 18.3 | 9.1 |
| 2003 | 24649.95 | 11.8 | 18.1 | 10 |
| 2004 | 28486.89 | 15.6 | 17.8 | 10.1 |
| 2005 | 33930.28 | 19.1 | 18.3 | 11.3 |
| 2006 | 40422.73 | 19.1 | 18.7 | 12.7 |
| 2007 | 49781.35 | 23.2 | 18.7 | 14.2 |
| 2008 | 62592.66 | 25.7 | 19.9 | 9.6 |
| 2009 | 76299.93 | 21.9 | 22.4 | 9.2 |
| 2010 | 89874.16 | 17.8 | 22.4 | 10.4 |
| 2011 | 109247.79 | 21.6 | 23.1 | 9.3 |

资料来源：根据《中国统计年鉴2012》相关数据整理计算。

2007年1月，我国全面实施政府收支分类改革。按照"公开透明、符合国情、便于操作"的原则，新的政府收支分类改革主要包括：一是建立新的政府收入分类体系，对政府收入进行统一分类，更加全面、清晰地反映政府各项收入，分设类、款、项、目四级科目；二是建立新的政府支出功能分类体系，更加完整、直观地反映政府各项职能活动，分设类、款、项三级科目；三是建立新的支出经济分类体系，更加全面、明晰地反映政府各项支出的具体用途，分设类、款两级科目；四是建立新的科目编码体系。

2007年以来，随着经济社会体制改革的不断深入和财政收入的持续快速增长，我国的财政支出结构也在逐步优化。特别是在"十一五"期间，中央大力调整财政支出结构，对"三农"和涉及民生的教育、医疗、社会保障与就业等方面的支出逐步加大。这些领域的支出在财政总支出中的比重不断提高，但仍存在一些问题，主要表现在以下方面（见表4-10）。

表 4-10  2007—2011 年中国各项财政支出占总支出比重  单位:%

| 项目 | 2007年 | 2008年 | 2009年 | 2010年 | 2011年 |
|---|---|---|---|---|---|
| 一般公共服务支出 | 17.1 | 15.7 | 12.0 | 10.4 | 10.1 |
| 外交支出 | 0.4 | 0.4 | 0.3 | 0.3 | 0.3 |
| 对外援助支出 | 0.2 | 0.2 | 0.2 | 0.2 | 0.1 |
| 国防支出 | 7.1 | 6.7 | 6.5 | 5.9 | 5.5 |
| 公共安全支出 | 7.0 | 6.5 | 6.2 | 6.1 | 5.8 |
| 武装警察支出 | 1.2 | 1.1 | 1.1 | 1.0 | 1.0 |
| 教育支出 | 14.3 | 14.4 | 13.7 | 14.0 | 15.1 |
| 科学技术支出 | 3.6 | 3.4 | 3.6 | 3.6 | 3.5 |
| 文化体育与传媒支出 | 1.8 | 1.8 | 1.8 | 1.7 | 1.7 |
| 社会保障和就业支出 | 10.9 | 10.9 | 10.0 | 10.2 | 10.2 |
| 医疗卫生支出 | 4.0 | 4.4 | 5.2 | 5.3 | 5.9 |
| 环境保护支出 | 2.0 | 2.3 | 2.5 | 2.7 | 2.4 |
| 城乡社区事务支出 | 6.5 | 6.7 | 6.7 | 6.7 | 7.0 |
| 农林水事务支出 | 6.8 | 7.3 | 8.8 | 9.0 | 9.1 |
| 交通运输支出 | 3.8 | 3.8 | 6.1 | 6.1 | 6.9 |
| 车辆购置税支出 | 1.7 | 1.6 | 1.4 | 1.7 | 2.1 |
| 地震灾后恢复重建支出 | 0.0 | 1.3 | 1.5 | 1.3 | 0.2 |
| 其他支出 | 5.9 | 4.7 | 4.2 | 3.0 | 2.7 |

资料来源:根据《中国统计年鉴2012》相关数据整理计算。

从表 4-10 可以看出,我国的一般公共服务支出占财政支出的比重高于其他国家。2008 年我国的经济事务支出所占比重高达 21.0%,而美国、法国、德国、日本、英国这一比重都在 10% 及以下,只有韩国所占的比重和我国基本持平。而我国一般公共服务支出占全部财政支出的比重也高于美国、法国、德国、韩国、日本五国。

在民生支出领域中,我国只有教育支出所占比重较大,为 14.4%,高于法国的 11.2%、德国的 8.8%、日本的 10.5% 和英国的 13.5%。但医疗卫生支出、社会保障与就业支出所占比重却远远低于其他国家。正是由于我国财政在经济事务方面的支出大,在一般公共服务方面的支出过多,出现重复建设,挤占了有限的财政资源,以致许多本应由政府承担的民生项目无法实施,财政力不从心,从而不利于民生的改善(见表 4-11)。

表 4-11  2008 年部分 OCED 国家与中国按功能分类财政支出结构情况  单位:%

| | 一般公共服务 | 经济事务 | 医疗卫生 | 教育 | 社会保障与就业 |
|---|---|---|---|---|---|
| 美国 | 13.5 | 10.0 | 21.1 | 16.9 | 18.6 |
| 法国 | 13.3 | 5.4 | 13.7 | 11.2 | 42.4 |
| 德国 | 12.5 | 7.2 | 14.3 | 8.8 | 46.5 |
| 韩国 | 13.2 | 21.3 | 13.5 | 15.7 | 12.4 |
| 日本 | 12.8 | 10.0 | 20.1 | 10.5 | 35.0 |
| 英国 | 9.5 | 10.2 | 15.8 | 13.5 | 33.5 |
| 中国 | 15.7 | 21.0 | 4.4 | 14.4 | 10.9 |

资料来源:OECD 网站:www.oecd.org;中国数据根据《中国财政年鉴2009》整理计算。

### 三、新一轮税制改革全面推开

2003年，十六届三中全会做出的《关于完善社会主义市场经济体制若干问题的决定》明确提出"完善政府社会管理和公共服务职能，为全面建设小康社会提供强有力的体制保障"，并提出"简税制、宽税基、低税率、严征管"的税制改革思路。2003年10月《决定》通过后，进行了一系列重要的税制改革，往往称为"新一轮税制改革"。主要内容如下。

一是农业税的改革。2005年12月29日，第十届全国人大常委会第19次会议决定，《农业税条例》自2006年1月1日起废止。全面取消农业税。

二是增值税改革。增值税改革包括两个方面：（1）增值税转型改革。从2004年7月1日起，增值税转型试点首先在东北三省的装备制造业、石油化工业等八大行业进行；2007年7月1日起，试点范围扩大到中部六省26个老工业基地城市的电力业、采掘业等八大行业；2008年7月1日，试点范围扩大到内蒙古自治区东部五个盟市和四川汶川地震受灾严重地区。自2009年1月1日起，在我国所有地区、所有行业推行增值税转型改革，由生产型增值税转为国际上通用的消费型增值税。（2）营业税改征增值税改革。2011年，经国务院批准，财政部、国家税务总局联合下发营业税改征增值税试点方案。从2012年1月1日起，在上海交通运输业和部分现代服务业，包括研发和技术服务、信息技术服务、文化创意服务（设计服务、广告服务、会议展览服务等）、物流辅助服务、有形动产租赁服务、鉴证咨询服务和广播影视服务，开展营业税改征增值税试点。至此，货物劳务税收制度的改革拉开序幕。截至2013年8月1日，"营改增"试行范围已推广到全国。从2014年1月1日起，将铁路运输和邮政服务业纳入营业税改征增值税试点，至此交通运输业已全部纳入"营改增"范围。

三是内外资企业所得税合并，实施新的企业所得税法。2008年，把我国之前分别针对内资企业和外资企业的两部税法（《中华人民共和国企业所得税暂行条例》和《外商投资企业和外国企业所得税法》）合并为同时适用于内外资企业的《企业所得税法》，实行公平税收待遇。新税法实行法人所得税，外资企业将不再享有比国内企业低十几个百分点的优惠税率，与内资企业一样缴纳25%的所得税。此外，外资企业单独享受的税前扣除优惠、生产性企业再投资退税优惠、纳税义务发生时间上的优惠等也与内资企业统一。

四是个人所得税改革。2011年全国人大常委会通过关于修改《个人所得税法》的决定，个税免征额由最初拟定的3000元提高到3500元，将之前的9级超额累进税率调整为7级，税率为3%至45%。修改后的《个人所得税法》自2011年9月1日起实施。这是自1994年个人所得税法实施以来第3次提高个税免征额，涉及的减税额最大。按照中央关于进一步加强税收对收入分配调节作用的要求，此次改革立足现实情况，着重解决现行分类税制中存在的突出问题，切实减轻中低收入者税收负担，适当加大对高收入者的税收调节，缩小收入分配差距，所以有必要对个人所得税法做相应修改。个人所得税法的修改调整，体现了多数人纳税的利益。全年税收减少1600亿元左右。其中提高减除费用标准和调整工薪所得税率级距带来的减收大约是1440亿元，占2010年工薪所得个人所得税的46%。这次修改个人所得税法将会在以下四个方面发挥积极的作用。第一，大幅度减轻中低收入纳税群体的负担。工薪收入者的纳税人数占比由目前的约28%下降到约7.7%，纳税人数由约8400万人减至约2400万人。这就意味着经过这样的调整，有约6000万人不需要缴纳个人所得税，只剩下约2400万人继续缴税。以北京市为例，修改后的个人所得税法，将惠及北京市470万纳税人，其中包括30万个体工商户等。

工薪阶层的纳税面将由目前的57%下降至28%，约有229万纳税人不需要再缴纳个人所得税，此外还有部分高收入者增加税负。这次税改，月收入（不含三费一金）的临界点从19000元提高到38600元，也就是月收入在38600元以上的群体，个税税负是增加的，最高增加税款1195元。而新规实施后，月收入8000元到12000元阶层减负最多，达480元。改革较好地提升了个人所得税调节收入分配的职能作用，也充分体现了民生财政、公共财政的发展方向和改革思路。

五是房产税的试点。房产税是指以房屋为征税对象，以房屋的计税余值或租金收入为计税依据，向产权所有人征收的一种财产税。鉴于房产税全国推行难度较大，试点从个别城市开始。2011年1月27日，上海、重庆宣布次日开始试点房产税，上海征收对象为本市居民新购房且属于第二套及以上住房和非本市居民新购房，税率暂定0.6%；重庆征收对象是独栋别墅高档公寓，以及无工作户口无投资人员所购二套房，税率为0.5%—1.2%。

六是车船税立法。车船税是对行驶于我国公共道路，航行于国内河流、湖泊或领海口岸的车船，按其种类、吨位，实行定额征收的一种税。从1951年的车船使用牌照税，到1986年新开征的车船使用税，再到2007年合并了车船使用牌照税和车船使用税的车船税，我国车船税制度历经了多次改革和调整。2011年2月25日，第十一届全国人大常委会第十九次会议通过了《中华人民共和国车船税法》，自2012年1月1日起施行。

七是出口退税制度的改革。自2004年1月1日起，对出口退税机制进行改革，按照"新账不欠，老账要还，完善机制，共同负担，推进改革，促进发展"的原则，适当降低出口退税率；加大中央财政对出口退税的支持力度；建立中央和地方共同负担出口退税的新机制；推进外贸体制改革，调整出口产品结构；累计欠退税由中央财政负担。

八是完善财产税制。2006—2007年，修改了《城镇土地使用税暂行条例》和《耕地占用税暂行条例》。此外，经国务院批准，财政部、国家税务总局陆续调整了原油、天然气、煤炭、有色金属、盐等若干资源产品的资源税税额标准。

九是税费改革。2008年推出酝酿多年的成品油价格和税费改革，取消公路养路费、航道养护费、公路运输管理费、公路客货运附加费、水路运输管理费、水运客货运附加费等六项收费，提高成品油消费税单位税额等。此外，将船舶吨税重新纳入财政预算管理，取消了筵席税。

通过这些改革，中国的税制进一步简化、规范，税负更加公平，宏观调控作用增强，在促进经济持续快速增长的基础上实现了税收收入的连年大幅度增长。

## 四、国有资本经营预算制度的建立

2003年10月，中共中央第十六届三中全会《中共中央关于完善会主义市场经济体制若干问题的决定》强调，要建立国有资本经营预算制度和企业的经营业绩考核体系，正式确立了国有资本经营预算的提法。2005年，中共第十六届五中全会《中共中央关于制定国民经济和社会发展第十一个五年规划的建议》提出加紧建立国有资本经营预算制度，完善对金融资产、自然资源等非经营性资产的监管体制建设，重点防治国有资产流失的要求。

2007年5月，国务院决定从2007年开始在中央本级试行国有资本经营预算，地方试行的时间、范围和步骤由各省（区、市）及计划单列市人民政府决定。试行国有资本经营预算，要坚持以下原则：一是统筹兼顾、适度集中。统筹兼顾企业自身积累、发展和国有经济结构调整及国民经济宏观调控的需要，合理确定国有资本收益分配比例。二是相对独立、相互衔接。国有资本经营预算与政府公共预算分别编制，既保持国有资本经营预算的完整性和相对独立性，又要与政府公共预算相互衔接。

三是分级编制、逐步实施。按照国有资产分级管理体制,国有资本经营预算分级编制,并根据条件逐步实施。

2007年9月,国务院发布《关于试行国有资本经营预算的意见》(国发〔2007〕26号),标志着国有资本经营预算制度的正式建立。文件规定国务院各部委、各直属机构,以及各省、自治区、直辖市人民政府,自2008年起实施国有资本经营预算管理。十七大报告再次明确要求加快建设国有资本经营预算制度,完善各类国有资产管理体制和制度。

2008年10月,《企业国有资产法》颁布,将我国新型的国有资产监督管理体制通过立法以国家法律的形式确定下来,其中第12条规定了国有资产监督管理机构以出资人身份代表国家对企业依法享有资产收益、管理者任命和参与重大决策等权利,并在第六章中通过一整章篇幅,对国有资本经营预算的内容做了详细的规定。

2010年12月23日,财政部发布《关于完善中央国有资本经营预算有关事项的通知》(财企〔2010〕392号),扩大了中央国有资本经营预算的实施范围,并从2011年起适当提高中央国有企业国有资本收益收取比例。具体收取比例分为四类执行:第一类包括中国烟草总公司等15家中央企业,收取比例为15%;第二类包括中国铝业公司等78家中央企业,收取比例为10%;第三类包括中国核工业集团公司等33家中央企业,收取比例为5%;第四类包括中国储备粮管理总公司和中国储备棉管理总公司两家中央企业,免交国有资本收益。2012年起,中国烟草总公司税后利润上缴比例提高到20%。

2013年11月,党的十八届三中全会进一步提出完善国有资产管理体制,从原来的资产管理和人事管理结合的模式,转变为以管资本为主。改革国有资本授权经营体制,同时完善国有资本经营预算制度,提高国有资本收益上缴公共财政比例,2020年提高到30%,更多用于保障和改善民生。

## 五、全口径预算管理体系的全面推进

2003年中共十六届三中全会通过的《中共中央关于完善社会主义市场经济体制若干问题的决定》,提出要"实行全口径预算管理和对或有负债的有效监控"。这是全口径预算概念第一次在中央文件中正式提出,标志着全口径预算管理进入了制度化轨道,有关预算的改革措施陆续启动。全口径预算是针对我国预算管理存在的问题而提出的:一是我国预算外资金仍大量存在,二是预算内资金的管理仍缺乏规范性、专业性。2000年,部门预算改革正式开始,以部门预算改革为核心,规范预算外收支管理和非税收入的政策措施陆续出台。但改革始终缺乏统一的方向、综合的统筹和全局性的概念,十六届三中全会提出实行全口径政府收支管理,准确指明了未来我国财政预算改革的方向和路径。全口径预算,一是指按资金性质划分的一般公共预算、国有资本经营预算、政府性基金预算和社会保险基金预算全部纳入统一管理,应保证四本账规范操作。地方债务、"过头"税费等也要纳入预算。一方面拓展"收入笼子"的内涵,另一方面要整顿"预算盘子"的基本面。二是指预算口径的统一。中央和地方各级预算统编、审批权限存在交叉越位的问题,一级预算规定了同级的人大及其常委会仅对本级的政府预算行使审批监督权,对下级行政机关无决算的审查权,即政府全口径预算的监督主体是同级人大,具有行政区域约束性。

2009年全国"两会"后,财政部首次在其网站公布了经全国人大审议通过的预算报告和中央财政预算四张主要表格。2011年全国"两会"后,中央各部门陆续公开部门预算。

2010年6月,财政部发文规定自2011年1月1日起,中央各部门各单位的全部预算外收入纳入预算管理。据初步统计,2011年中央约60亿元、地方约2500亿元原按预算外资金管理的收入,已全部纳入预算管理。2010

年 6 月，财政部制发《关于将按预算外资金管理的收入纳入预算管理的通知》，规定自 2011 年 1 月 1 日起，中央各部门各单位的全部预算外收入纳入预算管理，收入全额上缴国库，支出通过公共财政预算或政府性基金预算安排。地方各级财政部门要按照国务院规定，自 2011 年 1 月 1 日起将全部预算外收支纳入预算管理。相应修订《政府收支分类科目》，取消全部预算外收支科目。这是我国预算管理制度改革乃至财政制度改革进程中的又一个重要里程碑。一是规范了政府资金的分配秩序，保证了预算的完整，推动了由公共财政预算、政府性基金预算、国有资本经营预算和社会保险基金预算组成的有机衔接的政府预算体系建设；二是规范了市场经济秩序，有利于减少乱收费、乱罚款和乱摊派等不良现象，从源头上治理腐败；三是强化了财政资金管理，有利于加强人大和社会各界对财政资金的监督，提高财政管理透明度和依法理财水平。

2011 年，以建立国库单一账户体系为基础、资金缴拨以国库集中收付为主要形式的财政国库管理制度从 2001 年开始试点。经过 10 年发展，2011 年所有中央预算单位和所有一般预算、政府性基金和国有资本经营预算资金都实行国库集中支付。

《财政部门监督办法》自 2012 年 5 月 1 日起施行。财政监督将覆盖所有政府性资金，监管范围可达乡镇，财政监督贯穿于财政资金的分配、使用、绩效到内部控制各个环节。2012 年，中共十八大报告中提出"加强对政府全口径预算决算的审查和监督"，再次申明人大是预算监督的主体，强调人大在预算审批和监督中的重要地位。全口径预算的内涵不断延伸，由外部的框架构建到内部的制度完善，从技术层面的规范到民主预算的推进，预算的编制、执行、监督各个环节进行更加细化、更为科学的改革，充分体现了现代财政制度建设"统一、全面、法治、高效、透明"的要求。

2011 年各级政府所有非税收入全部纳入预算管理，全面取消预算外资金，初步建立政府收入的四本账（见表 4-12）。

表 4-12　我国政府收入的统计口径

| 公共财政收入 | | 政府性基金收入 | 国有资本经营收入 | 社会保障基金收入 |
|---|---|---|---|---|
| 税收收入 | 非税收入 | | | |
| 增值税、消费税、营业税、企业所得税、个人所得税、资源税、城市维护建设税、房产税、印花税、城镇土地使用税、土地增值税、关税等各税种收入 | 专项收入、行政事业性收费、罚没收入、其他收入 | 农网还贷资金收入、铁路建设基金收入、民航基础设施建设基金收入、转让政府还贷道路收费权收入、港口建设费收入、国有土地使用权出让金收入等共 37 项收入 | 利润收入、股利股息收入、产权转让收入、清算收入、其他国有资本经营收入 | 城镇职工基本养老保险费收入、失业保险费收入、城镇基本医疗保险费收入、工伤保险费收入、生育保险费收入 |

资料来源：根据国家财政部预算司网站和 2012 年《中国统计年鉴》整理。

目前，中国政府预算体系由公共财政预算、政府性基金预算、国有资本经营预算和社会保险基金预算组成。表 4-13 是 2013 年四项子预算收入和支出的规模与比重。从中可以看出，在预算收入中，公共财政预算收入占 64%，而政府性基金预算收入接近 20%。国有资本经营预算收入比重非常低，不足 1%。

表4-13　　　　　　　　2013年四项子预算收入的规模与比重

| | 公共财政预算 | 政府性基金预算 | 国有资本经营预算 | 社会保险基金预算 |
|---|---|---|---|---|
| 预算收入规模（亿元） | 126630 | 36756.15 | 1569.4 | 32828.78 |
| 占四项预算收入总额比重 | 64.02% | 18.58% | 0.79% | 16.61% |

资料来源：根据国家财政部预算司网站和2013年《中国统计年鉴》整理。

### 六、省以下财政管理体制的改进

在中央对省实行分税制后，各地也比照中央对省的分税制框架，实行了省以下分税制，在进一步明晰省以下各级政府事权的基础上，大部分地区按税种划分了各级政府的收入范围，省级财政调控力度有所增强。与此同时，初步建立了相对规范的省以下转移支付制度，转移支付规模逐年扩大。2002年全国大多数地区相应调整了省以下财政管理体制。2002年12月26日国务院下发了《国务院批转财政部关于完善省以下财政管理体制有关问题意见的通知》，对省以下财政管理体制的调整和完善提出了指导性意见。2009年6月，财政部发布了《关于推进省直接管理县财政改革的意见》（简称《意见》），明确提出了省直接管理县（以下简称"省直管县"）财政改革的总体目标。省直管县体制是指省、市、县行政管理关系由"省—市—县"三级管理转变为"省—市、省—县"二级管理，对县的管理由现在的"省管市—市领导县"模式变为由省替代市，实行"省直管县"。实行省直管县财政改革，就是在政府间收支划分、转移支付、资金往来、预决算和年终结算等方面，省财政与市、县财政直接联系，开展相关业务工作。目前，省直接管理县财政改革总体进展顺利。从改革的实施情况看，财政资金调度和专项资金拨付由省直接到县，加快了资金周转速度，提高了资金使用效率，最明显的体现就是"指标下达快、资金调度快、项目申报快"。省对县的财政政策可以直接传达落实到县，县级财政情况和问题也可以迅速反映到省，财政管理信息上下通达，管理措施直接到位，进一步提高了县级财政管理水平。

## 第三节　财政改革健全市场基础性作用

### 一、公共财政进程中的全口径预算管理建立

"实行全口径预算管理"是党的十六届三中全会在勾画完善社会主义市场经济体制的蓝图时提出的改革目标。这是基于进一步完善公共财政体制改革的需要而确立的重要目标。1998年，中国明确提出要建立适应社会主义市场经济要求的公共财政。在预算改革上，通过积极推行部门预算，加强预算外资金管理，推动非税收入管理改革，已经初步构建起公共财政体制框架，具体可概括为四类预算体系和两类预算权力划分。

#### （一）四大预算体系现状

1. 一般公共预算

从规模、涉及面以及规范性角度来看，一般公共预算是政府的第一账本。来源主要是税收收入，支出主要用于农业、社会保障、就业、医药卫生、教育、科技、文化、住房、节

能环保、交通运输等方面，是国家为民生操心的记账本。一般公共预算占总预算规模的60%左右，是财政收入的最主要部分。中央一般公共预算除了本级预算收入之外，每年会适度调入中央预算稳定基金和其他基金预算。地方一般公共预算除本级预算收入之外，还包括中央对地方的税收返还和转移支付。近年来，国有资本经营预算调入公共预算比例逐步提高，政府性基金转列幅度加大。2014年预算报告公布，全国一般公共财政收入为140349.74亿元，比上年增长8.6%。支出总额为151661.54亿元，增长8.2%，中央一级支出74174.36亿元，农林水支出6474.22亿元，完成预算的99.8%，增长8.4%。社会保障和就业支出7066.09亿元，完成预算的98.8%，增长8.5%，低于预算主要是据实结算的特大自然灾害救济费、优抚对象补助经费减少。医疗卫生与计划生育支出2931.26亿元，完成预算的96.5%，增长11%，低于预算主要是据实结算的城乡居民医疗保险等支出以及根据医改工作进程安排的公立医院改革支出减少。教育支出4101.9亿元，完成预算的99.2%，增长8.2%。科学技术支出2541.82亿元，完成预算的95.1%，增长3.5%，低于预算主要是国家科技重大专项根据科研进度据实安排，部分专项研发难度大，2014年实际进度低于年初计划。住房保障支出2529.78亿元，完成预算的100%，增长9%。节能环保支出2032.81亿元，完成预算的96.4%，增长3.2%。从以上数据可看出，随着预算规模的扩大，我国一般公共预算在民生支出方面力度更大，范围更广，底气更足，切实做到了统筹多方资金力量，坚持为民生兜底。

2. 国有资本经营预算

国有资本经营预算是指政府以国有资本所有人身份依法取得经营收入、安排支出的一种专门预算，是对政府在一个财政年度内国有资本收支活动进行价值管理和分配的工具。企业应向政府上缴利润，支持保障和改善民生事业，促进非公经济发展，实现企业的社会责任和服务价值。但国有企业利润留成问题一直影响着"社会分红"的实现，国有资本经营收入上缴比例较低一直是国有资本经营预算管理中的突出问题。虽然从综合数据来看，上缴比例不断提高，2000年为5%，2013年为8%，2020年目标为30%，但实际上缴比例较低①，利润返还比例居高不下，上缴企业分类不公等问题依然存在。例如，垄断性企业、高能耗企业应提高利润上缴比例，与一般性竞争企业拉开差距，给予后者更多的调整空间。国有资本经营预算收入规模较大，解决好量入问题的同时应安排好支出工作。

3. 政府性基金预算

政府性基金预算具有专项性。设立的初衷是支持地方公共基础设施建设和社会事业发展，主要收入包括政府的土地出让金、发行彩票和专项收益等。目前，地方政府财政矛盾突出，一方面"营改增"后，地方税源减少，政府财政经费紧张，地方债负担沉重。另一方面随着经济放缓，各级财政资金存量较大，长期闲置。2011年起，规范政府性收入已经逐步提上预算管理议程，但仍存在基金管理粗放，执行效率较低，人治凌驾于法治之上等问题。政府性基金有"准税收"一说，凭借政府强制力征收，用于特定目的。在税收法定原则被正式确立之后，政府性基金的征收、预算的编制、专项账户的执行也需要详细的法律规定。

4. 社会保险基金预算

社会保险基金预算是指有关部门根据社会保险的年度规划和任务编制，经过法定批准，可以反映社保基金年度收支的预算体系。2013年，社会保险基金被正式纳入全口径预算，并按险种分类编制预算，实现了我国预算制度完整性的一项重大改革。随着老龄化浪潮的逼近，2014年，全国社会保险基金公开明细账

---

① 目前每年均未超过10%。

单，总收入 37667 亿元，较上年增长 9.1%，与 2013 年相比，资金趋紧明显，或面临账户亏空的危险。未来，社保基金预算管理应着手建立短期弥补机制，积极调入其他基金或收益，化解账户亏空风险。目前，对于社会保险基金是否应纳入预算，学界仍有不同声音，但纳入全口径预算体系之后，必定有利于社会保险金的规范管理，提高基金运行透明度。并且，社会保险基金预算在保持其完整性、独立性的同时，需要与公共财政预算进行有效衔接，一般公共预算资金调入社保基金能缓解当下社保资金缺口压力，间接与国有资本经营收入、政府性基金关联。在四大预算各有分工、重点不同的情况下，之间的"互动"和"支持"逐渐清晰，国家账本向细化、精准、公开的目标迈进。

### （二）预算权力划分

#### 1. 中央与地方财权与事权划分

分税制改革调整了中央和地方的财权责任，理顺了各级政府间的财政关系。中央财政主要用于执行国家大型规划、重点工程投资，支持我国科教文卫事业发展，扶助贫困地区、补贴农业发展等。地方财政主要支持本地经济发展以及公共服务建设等。在税种划分上，将关乎国家经济命脉，税源较广、数额较大的税种归为中央税；将可保证地方经济发展，与地方财政息息相关的税种纳入地方税；由国家税务总局征收，收入为中央与地方共同负责管理的归为中央与地方共享税。目前，地方税种虽名目繁多，但税源分散、收入规模偏小，税收缺乏后生增长动力。随着城镇化的推进，地方需要履行更多的公共建设职能，财政压力日渐加大。地方财力与事权的不匹配影响地方财政，进而在预算上表现为收入与支出失衡，支出管理存在漏洞，资金使用效率低下。

#### 2. 预算分权

纵向的预算分权。预算的纵向分权是指中央与地方财政权力分配在预算管理上的体现。从区域性发展和公共需求来看，地方政府为一级预算主体，财政活动的出发点在于促进地方经济发展，保证本地区人民安居乐业。中央在掌握财政大权的同时，客观上造成地方财力与事权的脱钩：一方面地方政府有心办事，无力筹资。另一方面中央决定了地方预算的收支平衡和转移支付，地方难以参与最终的转移支付决策。加之"跑部钱进"现象一时间难以遏制，中央一旦形成既定的财政分配方案，即使地方利益受损，也只能被动接受下达的指令。预算权力的失衡不仅打击了地方财政的积极性和主动性，而且影响了预算功能的正常发挥。

横向的预算分权。预算的横向分权即预算权力在人大、法院、政府行政机关、财政部门之间的划分。根据预算的标准流程（编制、审批、执行、监督），在各预算权力主体之间进行权责划分，形成相互支持又相互制约的权力结构，使政府的财政行为得到有效控制。《预算法》做出明确规定，政府负责预算的编制、执行及调整。政府编制预算受环境和时限的制约，编制线条粗糙，缺乏科学严谨的数据收集、分析和测算。各级人大及其常委会的审批程序也缺乏相应的专业指导。以政府内部监督为主，强调上级政府对下级政府的监督，财政部门对其他预算部门的监督。人大监督力度不足，缺乏实质性审议和硬性约束。法院通过案件审理来解决政府间、政府与公民间的预算纠纷，但由于预算法及其他经济法律没有明确规定法院在政府预算案件中的具体职权，预算纠纷在现实中难以解决，法院在预算管理中的作用无法落到实处。人大、法院和政府三者间的预算权分配也处于失衡状态。

### （三）全口径预算改革成效

全口径预算管理体系的推进符合公共财政要求和公共资源的透明高效配置。财政透明度是良好财政管理的一个方面，是促进效率、保障政府和官员负责任的一种方法。在这一时期，财政透明度提升的亮点就是非税收入成为历史，政府各项收入均纳入预算口径。全口径预算管理是对全部政府性收支实行统一、完整、全面、规范的预算管理，即凡是凭借政府行政权力获得的收入与为行使行政职能所管理的一切支出，都应纳入政府预算管理范围。

一是基本建立收缴管理运行机制。2007年7月，财政部、国家税务总局和中国人民银行联合印发了《财税库银税收收入电子缴库横向联网实施方案》和《财税库银税收收入电子缴库横向联网管理暂行办法》，要求改革税收收入缴库方式，实行税收收入电子缴库，这标志着全国财税库银税收收入电子缴库横向联网工作正式启动。通过系统化的执收项目管理、规范化的银行账户管理、科学化的收缴流程管理、电子化的执收票据管理，确立了缴款人依法缴款、执收单位依法执收、财政部门和主管部门依法实施监管的收缴管理机制，改变了长期以来财政资金滞留执收单位账户、资金入库速度慢的局面，提高了资金运行效率。

二是非税收入收缴管理制度体系初步形成。2000年，我国实施了以部门预算、国库集中收付和政府采购为主要内容的预算管理制度改革，将预算外资金统一纳入部门预算管理和国库单一账户体系。2001年，国务院办公厅转发《财政部关于深化"收支两条线"改革进一步加强财政管理意见的通知》，首次正式提出非税收入的概念。2003年5月发布的《财政部、国家发展和改革委员会、监察部、审计署关于加强中央部门和单位行政事业性收费等收入"收支两条线"管理的通知》（财综〔2003〕29号）文件中，第一次对"非税收入"概念提出了一个较明确的界定："中央部门和单位按照国家有关规定收取或取得的行政事业性收费、政府性基金、罚款和罚没收入、彩票公益金和发行费、国有资产经营收益、以政府名义接受的捐赠收入、主管部门集中收入等属于政府非税收入。"2004年，财政部印发《关于加强政府非税收入管理的通知》，明确了非税收入管理范围，初步构建了非税收入管理的制度体系。

三是收缴管理系统和动态监控机制日趋完善。通过在收缴系统中统一维护执收单位、执收项目和银行账户等基础信息，并下载到执收单位收缴系统中，实行机打开票，实现对收缴行为的直接控制，规范了执收行为。随着改革逐步深化，系统监控范围不断扩大，监控功能不断升级完善，财政部门通过信息系统收集缴款信息，将收缴全过程纳入监管视野，并通过比对分析和疑点核实，初步实现了对收缴行为的动态监控。

四是初步形成了中央本级非税收入收缴改革收入、中央本级全口径收入以及全国非税收入收缴执行收入三层数据架构，总结非税收入实践规律，加强收入预测分析。

全口径预算初步建立，各级财政预算的财力来源、规模约束明显增强，自收自支、自求平衡的责任明显加重。"围绕财源抓经济，围绕效益抓财源"已成为各级地方政府的共识，促进了经济建设和财源建设向依靠科技进步、低投入、高效益的方向转变。

## 二、公共财政进程中的民生财政改善

公共财政的推进很大意义上带来民生财政的改善。从建设财政和吃饭财政转向民生财政和公共财政是市场经济体制建立的必然要求。在传统的计划经济模式下，国家财政顺理成章地在社会资源配置中扮演主要角色。全社会如同一个大工厂，国家财政便是大工厂的财务部。在计划经济体制下，财政成为社会投资主体。基本建设拨款居财政支出首位，占国家财政支出的30%—40%。高额基建拨款支出对国家财政收支及整个国民经济运行产生决定性影响。除基本建设拨款外，国家财政还承担为国有企业供应主要流动资金的任务。同时，财政包揽各项社会事业。在计划经济财政支出运行机制中，财政除承担国防、外交、行政经费等国家政权建设支出外，还几乎包揽了科技、教育、文化、卫生等社会事业。

2003年10月，中共十六届三中全会召开并通过了《中共中央关于完善社会主义市场经济体制若干问题的决定》，提出进一步健全和完善公共财政体制的战略目标。在财政支出方面，也越来越向以教育、就业、医疗、社会保障和住房为代表的基本民生事项倾斜；围绕推进地区间基本公共服务均等化，加大了财政转移支付的力度并相应调整了转移支付制度体系；从实行全口径预算管理和政府收支分类改革入手，强化了预算监督管理，进一步推进了政府收支行为及其机制的规范化；等等。由此可以明显看出，以经济增长为中心的"建设财政"，正在逐步走向"公共财政"。

在公共财政的有力推动下，其他领域的经济体制改革取得重大进展，突出表现在五个方面。

一是农业基础进一步巩固和加强。在世纪之交，展开了旨在为减轻农民负担的农村税费改革，取消了农业税、牧业税、农业特产税、屠宰税，取消了乡"五统筹"和村"三提留"，以及农村教育集资等向农民征收的各种费税，同时取消了农民义务工和劳动积累工等税费外的负担。经多年的改革，终于取得历史性的成就，解除了长期以来压在农民身上的过重负担，进一步解放了农业生产力。近年来，加大农业生产补贴力度，稳步提高粮食最低收购价，加强以农田水利为重点的农业农村基础设施建设，开展农村土地整治，加强农业科技服务和抗灾减灾。全面落实强农惠农富农的各项政策，提高农业综合生产能力。开展现代农业示范区改革与建设试点，加强中型灌区节水配套改造，推广应用高效节水灌溉技术。推动农业生产经营体制创新。开展国家农业综合开发现代农业园区、龙头产业带动产业发展。完善农业保险保费补贴、农村金融机构定向费用补贴等政策，促进金融支持农业发展。积极支持改善农村人居环境。农村综合改革示范试点和国有农场办社会职能改革试点扩大到17个省份。

二是教育公平进一步推进。全面实现九年制义务教育，免除3000多万名农村寄宿制学生住宿费，其中1228万名中西部家庭经济困难学生享受生活补助。建立起完整的家庭经济困难学生资助体系。初步解决农民工随迁子女在城市接受义务教育的问题。推动实施"学前教育三年行动计划"，提高幼儿入园率。大力发展职业教育。加强中小学教师培训工作，扩大中小学教师职称制度改革试点，提高中小学教师队伍整体素质。首届免费师范生全部到中小学任教，90%以上在中西部。加强职业教育基础能力建设，免除395万名中等职业学校家庭经济困难学生和涉农专业学生学费。

三是基本医疗保险覆盖范围继续扩大。2007年7月，《国务院关于开展城镇居民基本医疗保险试点的指导意见》发布，决定开展城镇居民基本医疗保险试点。13亿城乡居民参保，全民医保体系初步形成。政策范围内住院费用报销比例提高，重大疾病医疗保障病种范围进一步扩大。各级财政对城镇居民医保和新农合的补助标准由每人每年120元提高到200元。国家基本药物制度在政府办基层医疗卫生机构实现全覆盖，基本药物安全性提高、价格下降。公立医院改革试点有序进行。基层医疗卫生服务体系基本建成。基本公共卫生服务均等化取得新进展。

四是覆盖城乡的社会保障体系建设取得突破性进展。社会保障覆盖范围继续扩大，城镇职工基本养老保险实现省级统筹，全国参加城镇基本养老保险、失业保险、工伤保险和生育保险人数大幅增加。2147个县（市、区）实施城镇居民社会养老保险试点，1334万人参保，641万人领取养老金。2343个县（市、区）开展新型农村社会养老保险试点，3.58亿人参保，9880万人领取养老金，覆盖面扩大到60%以上。解决了500多万名集体企业退休人员养老保障的历史遗留问题。将312万名企业"老工伤"人员和工亡职工供养亲属纳入工伤保险统筹管理。2014年决策层决定合并新型农村社会养老保险和城镇居民社会养老保险，建立全国统一的城乡居民基本养老保险制度。社会保障体系不断健全，向制度全覆盖迈出重大步伐，这是推进基本公共服务均等化取得的重要成就。

民生领域在住房保障方面已取得了积极进展，保障性安居工程建设取得阶段性成果。实施住房制度改革新举措，加大了投入力度。启动了廉租房建设，进一步规范了经济适用房的供给制度。启动了限价房建设，解决了中低收入家庭住房困难问题，取得显著成绩。2013年，新开工保障性安居工程660万套，基本建成540万套，年度计划建设任务提前超额完成，上千万住房困难群众喜迁新居。

五是推进节能减排和生态环境保护。随着科学发展观的树立，人们对发展规律的认识提高到一个新高度，节省资源、实行节能减排、切实保护生态环境已成为全民共识，成为全民的一项迫切要求。财政面对新的形势，在千方百计加大节省资源和保护生态环境投入力度的同时，开启了旨在促进节约资源、保护生态环境的制度改革，为发展的绿色化做出了新贡献。在财政大量投入引导下和各项政策制度激励下，各个地方和各个企业、各个机关团体和人民群众纷纷行动起来，大力发展循环经济，节省资源消耗，努力加大生态环境保护力度，已取得了显著成效。加强重点节能环保工程建设，新增城镇污水日处理能力1100万吨，5000多万千瓦新增燃煤发电机组全部安装脱硫设施。加大对高耗能、高排放和产能过剩行业的调控力度，淘汰落后的水泥产能1.5亿吨、炼铁产能3122万吨、焦炭产能1925万吨。实施天然林保护二期工程并提高补助标准，实行草原生态保护奖补政策，开展湖泊生态环境保护试点。植树造林9200多万亩。2013年节能环保支出1803.9亿元。北方采暖区完成既有居住建筑节能改造2亿平方米，支持开展重金属污染综合防治试点。支持页岩气资源规模化开发利用等。

### 三、公共财政进程中的市场平等待遇

市场主体的公平待遇是市场经济正常运行的重要基础。在这一时期，最能体现这个趋势的是内外资企业所得税的统一。2007年3月16日，备受瞩目的《中华人民共和国企业所得税法》获得十届全国人大五次会议高票通过，并于2008年1月1日起正式实施。新企业所得税法实现了内外资企业适用统一的企业所得税法，统一并适当降低企业所得税税率，统一和规范税前扣除办法和标准，统一税收优惠政策的"四个统一"。公平税负是税制设计的基本原则，也是成熟市场经济的客观要求。新企业所得税法出台，对于公平内外资企业税收负担，维护良好的市场竞争环境具有重要意义。

#### （一）企业所得税制度的改革历程

1994年以后，随着国有企业改革和投融资体制改革的深入，不同性质企业之间相互参股、控股情况十分普遍，企业组织形式向多元混合方向发展，继续实行按内资、外资性质分设的内外资两套税法已经难以适应新的情况。随着中国社会主义市场经济体制的逐步完善，特别是加入WTO后，国内市场进一步开放，内资企业在融入世界经济体系中面临越来越大的竞争压力，内外资企业继续适用不同的税法，已不适应发展变化了的社会经济情况，必将使内资企业处于不平等竞争地位，影响统一、规范、公平竞争的市场环境的建立，矛盾日趋突出。因此，需要尽快统一内外资企业所得税，为各类企业的发展提供统一、公平、规范的税收政策环境。2007年3月16日，十届全国人大第五次会议审议通过了《中华人民共和国企业所得税法》，至此，《中华人民共和国企业所得税暂行条例》和《中华人民共和国外商投资企业和外国企业所得税法》两部法律法规统一成一部所得税法，在税率、税前扣除、税收优惠政策等方面对内外资企业一视同仁。新企业所得税纳税人为除个人独资企业、合伙企业之外的企业和其他取得收入的组织，具体又分为居民企业和非居民企业。居民企业的征税对象为来源于中国境内、境外的所得；非居民企业的征税对象为来源于中国境内的所得，以及发生在中国境外，但与其所设机构、

场所有实际联系的所得。两者统一采用25%的比例税率。

### （二）2008年企业所得税法的主要措施

2008年1月1日起施行的《中华人民共和国企业所得税法》共分为8章60条，在企业所得税的纳税主体、税率、税前扣除、税收优惠等方面，做了更加细致全面的规定。具体可以归纳为"四个统一"。

1. 内外资企业使用统一的企业所得税法

新税法出台结束了我国内外资企业分别适用两个税法的历史，内资企业和外资企业的税负得到了统一，为我国内外资企业在市场经济中公平竞争创造了更好的税收环境。

2. 统一并适当降低企业所得税税率

新税法的实施显著降低了企业的税收负担，企业所得税税率下降，绝大多数内资企业从中受益。尤其是银行业和白酒业，过去实际发生的部分费用不能税前据实扣除，导致其实际税率远高于基础法定税率，因此在这次企业所得税法的修改中受惠最大。

3. 统一和规范税前扣除办法及标准

第一，企业合理工资薪金支出可以据实税前扣除。新企业所得税法规定，只要是企业真实合理的工资薪金支出都可以税前据实扣除，取消了计税工资的规定。职工福利费、工会经费和职工教育经费扣除标准上调，分别在"工资薪金"总额的2%、14%、2.5%的标准内据实扣除，减小了企业所得税应纳税所得额，尤其是提高了银行业、房地产业等高收入行业的税后净利。

第二，企业研究开发费用可以加计扣除。新企业所得税法规定，企业为开发新技术、新产品、新工艺发生的研究阶段费用可以按实际发生额加计扣除；资本化的开发阶段发生的费用，形成无形资产后可以按照资产进行折旧。这都有利于鼓励企业加大研发投入。

第三，通过县级以上政府或非营利公益组织进行的公益性捐赠，在年度利润总额12%以内的部分，准予在计算应纳税所得额时扣除，并且扣除范围只涉及向教科文卫、环保、民政、社会公共和福利事业等的捐赠的部分，非公益性捐赠不得税前扣除。

第四，广告费和业务宣传费投入可按销售收入的一定比例在税前列支。

4. 统一税收优惠政策。

新企业所得税法建立起的税收优惠体系主要以产业优惠为主，区域优惠为辅，注重对基础性、公益性、节能环保和创新性企业的税收优惠。具体情况如下：

第一，国家鼓励的产业和项目的企业所得税税收优惠范围更广，并且在此基础上增加了对非营利公益组织和创业投资机构的税收优惠政策。

第二，取消了福利企业和劳动服务企业直接免税的优惠制度，取而代之的是更好规范和管理企业安置残疾人员所支付工资的加计扣除和特定员工工资的优惠办法。

第三，取消了对低层次产业企业的税收优惠。

第四，民族区域自治的地方，其税收优惠政策有一定的自主制定权。

第五，为了实现税收优惠政策从原税法向新税法平稳转变，设定了过渡政策。例如为防止新税法的实施使受惠企业税负突增，允许其在新税法实施后五年内从原税率逐步过渡到新税率；又如享受定期减免优惠的企业可以在新税法实施后继续享受既定优惠至期满为止。

除了以上四个统一外，关于两税一体化模式选择问题，我国仍然采用的是税收减免法中的部分计征制模式，即对个人股东获得的股息收入实行"一半所得制"。

综上所述，我国企业所得税发展到今天有100余年的历史，经历了从无到有再到逐步完善的过程，尤其是2008年制定的新企业所得税法，统一内外资企业所得税，企业所得税税率统一降低为25%，为内外资企业的发展创造了公平的竞争环境，在更好地处理国家与企业的分配关系的同时降低了企业所得税的税负，有利于促进企业的发展。新企业所得税法通过规范税前扣除范围的方式使得企业所得税的征纳更为科学规范。同时新所得税法建立起"产业优惠为主、区域优惠为辅"的新税收优惠体系，更加关注基础性、创新性、环保性、公益性的产业，可以说新税法的颁布和实施使我国企业所得税的发展进入新的阶段。

### (三) 新企业所得税法取得的成效

新税法共分8章60条，集聚了内外资税法并列运行多年积累的征管经验，以科学发展观和构建和谐社会建设为基调，既反映了时代的要求，又体现了历史的延续性，既提升了税制的法律层次，又深化了税法的科学内涵，是一部科学规范、与国际惯例接轨的重要法律，对我国社会主义市场经济建设，促进改革开放具有深远的意义。它不仅增强了我国企业国际竞争力，而且在更高水平上为吸引外资、公平各类企业税负创造了有利条件。新企业所得税法统一实行法人所得税制，对具有法人资格的企业征收法人所得税，对不具有法人资格的个人独资企业和合伙企业征收个人所得税。这样有助于纳税人及其纳税义务的认定，使全社会的经济活动被所得税覆盖。统一税前扣除标准，充分体现对纳税人的劳动补偿、资本补偿、技术补偿和风险补偿的公平；统一税收优惠政策，使不同投资性质的企业享受相同的税收优惠；统一税率，在考虑内资企业现行税负和世界范围内企业所得税发展趋势的情况下，对目前众多的所得税税率进行简化归并，统一实行中等较低的比例税率，与国际接轨，增强国际竞争力；创立反避税制度，提出特别纳税调整措施，首次引入成本分摊协议、防范资本弱化、防范避税地避税、一般反避税、对补征税款加收利息等条款，很好地弥补了原税法的缺陷，对维护我国的税收权益起了重大的作用。总之，新税法不仅在形式上实现了法律的统一，更在实质上实现了制度创新和完善。

过去，由于税前扣除的差异和给予外资的大量税收优惠，企业在中国仅仅"姓内""姓外"不同而导致税负水平相差甚远。一方面，内外资企业所适用的税率千差万别，虽然名义税率都为33%，但外资企业大多可以享受24%、15%或10%的优惠税率；另一方面，内外资企业所得税税前扣除标准"内严外宽"，如内资企业支付的工资薪金及职工工会经费、职工福利费、职工教育经费都有严格的扣除标准，广告费、业务宣传费、向总机构支付管理费、公益救济性捐赠、计提坏账准备金比例、固定资产折旧方法以及业务招待费的扣除标准等也都存在区别。根据财政部、国家税务总局对全国企业所得税税源调查资料的测算，2005年内资企业平均实际税负为24.53%，外资企业平均实际税负为14.89%，内资企业税负高出外资企业近10个百分点。以地区为例，来自全国人大预算工委法案室的最新调查显示，2006年河南省内资企业平均实际税负为27.72%，外资企业为14.81%；而有经济特区和沿海经济开放区的广东省，内资企业的平均实际税负在23%—27%之间，外资企业的实际平均税负仅为10%左右。

这种差别使得众多内资企业在与外资同行的竞争中处于不利地位，也迫使不少企业为了享受外资的税收待遇，不惜"绕道"海外注册公司，再回流国内以"假外资"身份进行投资。税负过重也在一定程度上促使一些企业想尽各种办法减轻税负，甚至偷逃税款，承担了较大的税收风险。

为此，新的企业所得税法中，内外资企业适用统一的25%的税率，并对符合规定的小型微利企业实行20%的优惠税率，统一了内外资企业所得税税前扣除的标准，还对企业实际发生的有关固定资产、无形资产、长期待摊费用、投资资产和存货等的税务处理作了统一规范。这有利于为各类企业创造一个公平竞争的税制环境，是适应我国社会主义市场经济发展新阶段的一项制度创新，有助于推动统一、规范、公平竞争的市场环境的建设。

# 第五章 市场决定性作用与国家治理视野下的现代财政制度

2008年美国金融危机爆发后的几年时间里，我国经济发展的国内国外环境都发生了巨大的变化。2012年11月以习近平为总书记的党中央新一届领导集体，针对我国经济发展中的新情况新问题提出了一系列重大战略方针。2012年11月8日，中国共产党第十八次全国代表大会在京召开，提出了要确保2020年完成全面建成小康社会的目标，以及全面落实经济建设、政治建设、文化建设、社会建设、生态文明建设五位一体总布局，提出"更大程度更广范围发挥市场在资源配置中的基础性作用"。

2013年11月12日，党的十八届三中全会做出了《中共中央关于全面深化改革若干重大问题的决定》。在全面深化改革目标的总体思路上，第一句话强调的就是，紧紧围绕市场在配置资源中起决定性作用，深化经济体制改革。建立社会主义市场经济是我们党的一个重大理论和实践创新，解决了世界上社会主义国家长期没有解决的重大问题。经过三十几年的实践，我们成功实现了从高度集中的计划经济体制到充满活力的社会主义市场经济体制的伟大历史性转折。但仍旧存在不少问题，需要在实践中进一步探索和完善。《决定》明确从市场在资源配置中的"基础性作用"调整到"决定性作用"，是我们党在理论和实践上的又一重大推进。并且对全面深化改革进行了系统部署，其中，以前所未有的高度对财政进行了定位，指出"财政是国家治理的基础和重要支柱"。提出建立"现代财政制度"，认为"科学的财税体制是优化资源配置、维护市场统一、促进社会公平、实现国家长治久安的制度保障"。

2014年5月10日，习近平在河南考察时，根据我国经济发展呈现出的一系列变化，提出我国经济进入新常态。2014年6月，中共中央政治局通过了《深化财税体制改革总体方案》（以下简称《总体方案》），《总体方案》对于现代财政制度做出了如下描述："建立统一完整、法制规范、公开透明、运行高效，有利于优化资源配置、维护市场统一、促进社会公平、实现国家长治久安的可持续的现代财政制度。"按《总体方案》要求，2016年基本完成深化财税体制改革的重点工作和任务，2020年各项改革基本到位，现代财政制度基本建立。《总体方案》所描绘的新一轮财税体制改革，其影响力、涉及面、复杂性都超过以往的历次财税改革。新一轮财税体制改革，是经济发展步入"新常态"、致力于匹配国家治理现代化进程、立足于发挥国家治理的基础性和支撑性作用、以建立现代财政制度为标识的财税改革。

2015年10月，党的十八届五中全会公报再次重申，要"建立健全现代财政制度、税收制度"。2016年11月10日，习近平同志主持召开中央财经领导小组第十一次会议，提出要在适度扩大总需求的同时，着力加强供给侧结构性改革，着力提高供给体系质量和效率，增强经济持续增长动力，推动我国社会生产力水平实现整体跃升。

党中央提出的这一系列重大战略方针，有深刻的经济社会背景，是党中央在对我国经济社会发展实际和新的阶段性特征进行准确科学判断基础上提出的大政方针，将对我国的经济社会发展产生重要影响，也对我国的财政改革提出了新的要求。我国的财政体制建设和改革理应在这一阶段发挥更大更有效的作用，既要积极调整改革，应对新阶段给财政工作自身带来的困难和问题，也要积极发挥财政的支持保障作用，制定有效的财政政策，应对新阶段经济社会中存在的困难和问题。

## 第一节 市场在资源配置中起决定性作用

完善市场经济体制贯穿我国改革开放的全过程，市场经济的发展极大推动了我国经济的发展。未来我国经济要继续发展，还需要进一步完善市场经济，更大程度发挥市场在资源配置中的决定性作用。

经过30多年的改革开放，我国市场经济在资源配置中的重要性不断增强。党的十四大提出建立社会主义市场经济体制的改革目标，对政府和市场的关系，我们一直在根据实践拓展和认识深化寻找新的科学定位。党的十五大提出"使市场在国家宏观调控下对资源配置起基础性作用"，党的十六大提出"在更大程度上发挥市场在资源配置中的基础性作用"，党的十七大提出"从制度上更好发挥市场在资源配置中的基础性作用"，党的十八大提出"更大程度更广范围发挥市场在资源配置中的基础性作用"。党的十八届三中全会把市场在资源配置中的"基础性作用"修改为"决定性作用"，这是我们党对中国特色社会主义建设规律认识的一个新突破，标志着社会主义市场经济发展进入了一个新阶段。这个重要判断有利于在全党全社会树立关于政府和市场关系的正确观念，有利于转变经济发展方式，有利于转变政府职能，有利于抑制消极腐败现象。

要应对我国经济进入新常态之后出现的各种问题，抓住新常态带来的机遇，关键是要进一步发挥市场的作用，调动各方的积极性，充分利用各方的资源，提高经济效益。现在，我国社会主义市场经济体制已经初步建立，市场化程度大幅度提高，对市场规律的认识和驾驭能力不断提高，宏观调控体系更为健全。但目前我国的市场经济体制仍存在不少问题，核心问题还是政府对资源的直接配置过多、不合理干预太多。主要表现在：一些地方政府以追求经济和财税收入的高速增长为目标，出台各种优惠政策，通过低地价甚至零地价供给、税收减免、财政补贴、信贷扶持等各种方式招商引资，扭曲市场信号，扭曲企业的投资决策；借贷利率、主要资源、能源等要素价格由政府管控，在要素市场上市场配置资源的作用难以充分有效发挥，造成很大的资源浪费和效率损失；在一些竞争性行业，依靠行政性审批对企业投资经营进行管理，过度干预企业生产经营；部分行业国有经济规模过大，形成市场垄断，一些国有企业还拥有行政赋予的管理权力，妨碍市场公平竞争；等等。

继续坚持市场化改革方向，让市场在资源配置中发挥决定性作用，是解决现实经济问题的根本。经济发展需要提高资源尤其是稀缺资源的配置效率，以尽可能少的资源投入生产尽可能多的产品、获得尽可能大的效益。理论和实践都已经证明，市场是配置资源最有效率的方式。党的十八届三中全会做出"使市场在资源配置中起决定性作用"的定位，这一决定有利于在全党全社会树立关于政府和市场关系的正确观念，有利于促进我国市场经济体制的完善，有利于转变经济发展方式，有利于转变政府职能，有利于抑制经济社会中的腐败现象，将在未来相当长的时期对我国经济社会发展发挥积极有效的作用。

市场在资源配置中发挥决定性作用不是要政府完全退出经济。健全社会主义市场经济体制需要着力解决市场体系不完善、政府干预过多和监管不到位问题。要深化改革转变政府职能，政府的职责和作用主要是保持宏观经济稳定，加强和优化公共服务，保障公平竞争，加强市场监管，维护市场秩序，弥补市场失灵；要进一步简政放权，大幅度减少和下放行政审批事项，减少政府对企业投资活动的行政性干预，落实企业投资的自主权；要加快要素市场改革，让市场机制在土地、资源、能源等要素市场上真正发挥决定性作用。

随着我国市场经济体制的不断完善、市场决定性作用的发挥，我国经济社会发展的动力会更加充足，经济结构调整和产业结构升级步伐会明显加快，有力促进我国社会主义现代化建设，推动我国实现全面建设小康社会的目标。在这个过程中，财政改革要主动带头，引领政府各个方面的改革，让政府合理发挥市场经济体制下应有的作用。

## 第二节 经济新常态下的供给侧结构改革

### 一、我国经济进入新常态

根据当前经济社会发展的现状和发展趋势，确定未来一个时期发展的目标，在此基础上制定适当的方针政策，是我党改革开放以来取得重大成绩的基本方法。2012年以来，党中央新一届领导集体根据国内国外经济形势的变化以及我国经济发展的状况，确定了在2020年全面建成小康社会的伟大目标：经济持续健康发展，包括转变经济发展方式取得重大进展，实现国内生产总值和城乡居民人均收入比2010年翻一番等；人民民主不断扩大，包括民主制度更加完善，民主形式更加丰富，依法治国基本方略全面落实等；文化软实力显著增强，包括社会主义核心价值体系深入人心，公共文化服务体系基本建成等；人民生活水平全面提高，包括基本公共服务均等化总体实现，就业更加充分，收入分配差距缩小，扶贫对象大幅减少等；资源节约型、环境友好型社会建设取得重大进展，包括主体功能区布局基本形成，人居环境明显改善等。这五个方面的新要求，立足现实，与时俱进，覆盖了经济建设、政治建设、文化建设、社会建设、生态文明建设五大系统，是根据中国特色社会主义事业五位一体总体布局而制定的，集中精力着重解决全面建成小康社会进程中出现的不平衡、不协调、不可持续的突出问题，符合中国特色社会主义全面发展的内在要求，反映了中国特色社会主义道路在实践中的不断拓展，展示了中国特色社会主义事业全面发展的美好前景。

实现到2020年国内生产总值和城乡居民人均收入比2010年翻一番，必须保持一定的经济增长速度。初步测算,"十三五"时期,国内生产总值每年平均增长速度需保持在6.5%以上,主要经济指标平衡协调,才能实现翻一番目标。因此,保持经济中高速增长是我们长期的任务。但是自2008年美国次贷危机以来,国内国外经济形势都发生了一系列重要变化。为了促进我国经济的增长,必须在正确判断我国经济形势的基础上,采取适当的经济政策。

近年来,我国经济不断迈向新台阶。2010年我国GDP总量首次超过日本,成为世界第二大经济体。2014年我国人均国民总收入超过7000美元,按国际标准我国进入上中等收入国家行列。进入上中等收入国家,意味着我国面临着"中等收入陷阱"风险,一方面劳动力成本上升导致传统劳动密集型产业在国际上失去竞争优势,另一方面高技术产业又面临发达国家激烈的竞争,新的竞争优势难以形成。目前我国正在经历结构调整的阵痛期,在经济高速发展阶段过度投资形成产能过剩。2012年底,我国钢铁、水泥、电解铝、平板玻璃、船舶产能利用率分别仅为72%、73.7%、71.9%、73.1%和75%,明显低于国际通常水平。国际经济格局正在深刻调整,目前全球经济增长缓慢,各国在进行经济结构和发展模式调整,外部需求常态萎缩,发达国家将"再工业化"作为重塑竞争优势的重要战略,发出向实体经济回归的信号,围绕信息、生物、环保等领域的新一轮科技和产业竞争愈演愈烈,我国的外部需求萎缩。

在国内国外因素的共同影响下,我国经济呈现出一系列新的特征。2014年5月10日,习近平总书记在河南考察时,根据我国经济发展呈现出的一系列变化,提出了我国经济进入新常态。主要表现在:经济增长从高速增长转为中高速增长;经济结构不断调整,第三产业、消费需求逐步成为主体;从要素驱动、投资驱动转向创新驱动。

我国经济增长速度从2012年开始结束了近20年10%的高速增长,转而进入增速"换挡"期。根据国家统计局的数据显示,2012年我国经济增长率为7.8%,2013年我国经济增长率为7.7%,2014年我国经济增长率为7.4%,2015年我国经济增长率为6.9%,2016年我国经济增长率为6.7%。根据国际经验,经济增速回落是一种经济规律,世界经济史的研究表明,当一个国家或地区经历了一段时间的高速增长后,都会出现增速"换挡"现象。1950—1972年期间,日本GDP年均增速为9.7%,而1973—1990年期间回落至4.26%,1991—2012年期间更是降至0.86%。1961—1996年期间,韩国GDP年均增速为8.02%,而1997—2012年期间仅为4.07%。1952—1994年期间,我国台湾地区GDP年均增长8.62%,而1995—2013年期间下调至4.15%。

与此同时,我国经济结构由中低端向中高端转换。2013年中国产业结构出现历史性的变化,2013年我国第三产业(服务业)增加值占GDP比重达46.1%,首次超过第二产业,标志着中国经济正式迈入服务化时代,服务业正在成为中国经济增长的新引擎。当前,我国在研发设计、第三方物流、融资租赁、电子商务等生产性服务业领域发展迅猛,特别是信息网络技术等现代服务业的发展,推动了"大众创业、万众创新"浪潮的兴起。在养老、健康、文化创意、旅游等生活性服务业领域的发展也取得了长足进步,显著提升了人民的消费层次和消费福利。与此同时,"中国制造2025""互联网+"行动的实施,推动了新一代信息技术与制造业的深度融合,战略性新兴产业等领域的发展迅速,促进了产业结构的转型升级,支撑了产业发展迈向中高端水平。

过去支撑我国高速增长的主要动力是大规模的投资和大体量的出口,"三驾马车"中的消费需求动力明显不足,造成了内需结构的长期畸形发展,使得中国经济非常容易受到外需市场波动的影响。当前,随着我国居民收入水平的提高,居民消费快速增长,居民消费结构不断升级,养老家政消费、健康消费、信息消费、旅游休闲消费、绿色消费、住房消费、教育文化体育消费等形成大量消费热点。网络消费、订制消费等异军突起，电子金融、电子医疗等消费新产品、新业态、新商业模式方兴未艾。消费对经济的拉动作用不断增强，消费、投资和出口协调推动经济增长的良好态势已经初步形成。

在城乡结构方面，我国呈现出城乡二元结构和城市内部二元结构并存的局面。以户籍制度为代表的城乡二元制度，使得城乡之间的生产要素无法实现有效流动和优化配置，导致城乡差距不断拉大。随着我国城乡统筹、城乡一体化战略的实施，以人为本的新型城镇化正在持续发力，农业转移人口市民化进程加快，城镇基本公共服务常住人口全覆盖政策也在落实。数据显示，截止到2014年底，我国的常住人口城镇化率已经达到54.77%，这意味着中国进入了从乡村中国向城市中国的真正转型，这有力地促进城乡一体化进程和城乡结构的优化调整。未来五年，我国户籍人口城镇化率要从现在约36%提高到45%，这意味着1亿左右的城镇户口正在加快落地。

随着我国劳动力、资源、土地等价格上涨，依靠低要素成本驱动的经济发展的时代已经结束，创新开始成为经济增长的强劲引擎。党的十八大以来，我国加快实施创新驱动发展战略（"互联网+"和"中国制造2025"），科技体制改革不断深化，一系列新举措、新探索为中国发展注入新的动力。创新投入快速增加，2014年，我国全社会研发（R&D）投入经费13015亿元，比上年增长9.9%，R&D投入占GDP比重约为2.1%，超过欧盟平均水平。新技术、新成果加速转化，新模式、新业态不断涌现。

中国经济进入新常态，对中国未来的发展提出一个很大的挑战。财政建设要加快适应我国经济发展的新阶段，为进入新常态后的经济社会提供有效的支持保障。新常态下，财政宏观调控必须准确把握经济发展的阶段性特征，妥善应对收入增长放缓、支出继续刚性增长的财政运行态势变化，提高财政政策的精准性、有效性。要遵循发展规律，充分认识条件变化的客观性，发挥财政政策导向作用，着力提高经济发展的质量和效益，促进经济保持中高速增长、迈向中高端水平。要加强政策协同，注重财政与货币、产业等宏观政策协调配合，更好发挥政策协同组合效应，创新调控方式，确保经济运行在合理区间。要改善预期管理，充分考虑市场主体行为特点和社会心理，增强政策透明度，引导和改善市场预期，进一步调动市场主体积极性。党的十八大以来，我们积极改进和完善财政宏观调控，合理把握积极财政政策的重点、节奏和力度，激发市场主体活力，推动经济平稳运行和发展提质增效。

## 二、全面推进供给侧结构性改革

我国经济步入新常态，对我国经济结构调整提出了新的改革要求。当前中国经济进入一个变化的节点，长期的发展积累了庞大的经济总量，连续多年的两位数增长已经不可重复。中国经济正进入L型走势的中高速增长时期，我国经济结构发生重要变化。当前我国经济的主要问题之一是传统门类生产过剩。传统门类出现生产过剩不是因需求不足，而是经济需求结构已发生明显变化。

第一，以住、行主导的需求结构发生阶段性变化。进入21世纪以来，以住房和汽车为主的居民需求十分强劲，有力地拉动了我国经济的增长。2013年我国城镇常住人口户均达到1套房，2014年每千人汽车拥有量超过100辆。根据国际经验，这个阶段住、行的市场需求增长会明显放缓。2013年后，我国新开工房屋面积、住房销售面积先后出现负增长，汽车销售进入低增长阶段。

第二，需求结构加快转型升级。随着收入水平提高和中等收入群体扩大，居民对产品品质、质量和性能的要求明显提高，多样化、个性化、高端化需求与日俱增。服务需求在消费需求中的占比明显提高。随着恩格尔系数持续下降、居民受教育水平普遍提高和人口老龄化加快，旅游、养老、教育、医疗等服务需求快速增长。

第三，国际需求明显放缓。国际分工格局重构，我国面临严峻的国际经济形势。改革开放以来特别是加入世界贸易组织后，我国对外开放水平不断提高，国际竞争力明显增强。凭借低成本优势和较强的产业配套能力，我国在全球贸易中的地位迅速上升。2008年美国次贷危机后，欧美等国转向推进再工业化战略，一些高端制造业出现回流；能源原材料生产国迫于新能源技术快速发展的压力，着力延伸产业链，提高产品附加值；人力资源丰富的国家凭借劳动力低成本优势，抢占劳动密集型产业的国际市场。全球分工格局加快调整，各主要经济体都力求通过结构性调整提升分工位势，争取更有利的分工地位。随着我国经济的快速增长，生产要素成本逐步提高，传统比较优势逐步减弱，而我国的科技创新能力和发达国家相比还有很大的差距，面临"前有围堵、后有追兵"的双重挤压态势，出口明显放缓。

但目前我国经济的供给侧结构明显不适应需求结构的变化。第一，无效和低端供给过多。一些传统产业产能严重过剩，产能利用率偏低。2015年底，我国钢铁产能利用率已降至70%左右，煤炭产能利用率还要更低一些，产能过剩问题十分突出；商品房待售面积达7.2亿平方米，创下历史新高，尤其是三四线城市库存压力很大。过剩产能和积压的库存沉淀了大量的厂房、土地、设备和劳动力等生产要素，降低了资源配置效率。第二，有效和中高端供给不足。供给侧调整明显滞后于需求结构升级，居民对高品质商品和服务的需求难以得到满足，出现到境外大量采购日常用品的现象，造成国内消费需求外流。2015年我国居民出境超过1.2亿人次，境外消费达到1.5万亿元人民币，其中至少一半用于购物，而且购买的商品层次呈下移态势，从以往的高档奢侈品转向性价比高的日用消费品。这反映了我国供给体系和产品品质明显不适应市场需求变化，不适应居民消费结构升级的要求。

这种结构性问题单纯依靠刺激内需难以解决，必须改善供给结构，实现由低水平供需平衡向高水平供需平衡跃升，不断创造和引领新的需求。而目前我国的体制机制束缚了供给结构调整。受传统体制机制约束等影响，供给侧调整表现出明显的黏性和迟滞，生产要素难以从无效需求领域向有效需求领域、从低端领域向中高端领域配置，新产品和新服务的供给潜力没有得到释放。行业准入限制阻碍了生产要素在行业间和行业内的自由流动；金融市场不完善，降低了资金配置效率；市场诚信体系不健全、消费者权益得不到充分保护，致使消费者转向境外消费市场；知识产权保护不力，抑制了企业技术创新潜力的释放。

正是在这种背景下，习近平总书记提出要加强供给侧结构性改革，着力提高供给体系质量和效率。推进结构性改革就是要协调发展过程中的重大关系，在破解难题、补齐短板的同时巩固和厚植原有优势。推进供给侧结构性改革，关键是要打通要素流动和再配置的通道，使生产要素从无效需求领域流向有效需求领域、从低端领域流向中高端领域，进而提高要素配置效率。

推进供给侧结构性改革是供需结构再平衡的内在要求。供需结构错配是我国当前经济运行中的突出矛盾，矛盾的主要方面在供给侧，主要表现为过剩产能处置缓慢，多样化、个性化、高端化需求难以得到满足，供给侧结构调整受到体制机制制约。需求管理政策重在解决总量问题，注重短期调控，难以从根本上解决供需结构性矛盾，也难以从根本上扭转经济潜在产出水平下行趋势。当前，只有加快出清过剩产能，处置"僵尸企业"，推进资产重组，培育战略性新兴产业和服务业，建立有利于供给侧结构调整的体制机制，才能实现更高水平的供需平衡，增强我国经济持续健康发展的内生动力。

供给侧结构性改革也能发挥提振需求的作用。比如，房地产"去库存"政策中的保障房货币化，在棚户区改造中以货币化形式鼓励搬迁住户购买存量房以及降低商品房首付比例等，在去库存的同时将拉动装修和家电等相关消费。通过对贫困地区和农村地区增加投入、改善基础设施和公共服务等来带动投资和消费需求增长。供给侧结构性改革还可以通过产品和服务创新、提高产品品质和质量，吸引和创造更多的国内外需求。

供给侧结构性改革，既强调供给又关注需求，既突出发展社会生产力又注重完善生产关系，既发挥市场在资源配置中的决定性作用又更好地发挥政府作用，既着眼当前又立足长远。改革的内涵是增强供给结构对需求变化的适应性和灵活性，不断让新的需求催生新的供给，让新的供给创造新的需求，在互相推动中实现经济发展。

推进供给侧结构性改革，重点是促进产能过剩有效化解，促进产业优化重组，降低企业成本，发展战略性新兴产业和现代服务业，增加公共产品和服务供给，提高供给结构对需求变化的适应性和灵活性。当前的产能过剩矛盾十分突出，部分行业出现周期性过剩和绝对性过剩的相互叠加，产品供给远大于需求，使得工业品价格持续回落，企业利润大幅下降，企业亏损面不断扩大。与此同时，三四线城市和部分二线城市商品房库存规模偏大的问题尤为突出，需要较长的消化周期。通过"去产能"，逐步化解工业领域的过剩产能，促进企业优胜劣汰，有利于工业品价格合理回归，扭转企业整体利润下滑的局面。通过去库存，减少资金无效占用，降低债务违约风险，保持房地产市场稳定，可以发挥房地产业体量大、关联度高、带动力强的作用，避免经济运行出现大的波动。

推进供给侧结构性改革，要着力防范和化解风险。当前，我国企业的债务水平相对较高，特别是重化工和房地产领域债务高企，资金链紧张，违约风险上升。推进供给侧结构性改革，一方面可以通过处置"僵尸企业"和不良债务，加快资产重组，提高资产收益率，改善资产质量，避免潜在风险的积累；另一方面可以通过"降成本"，减轻企业负担，改善企业财务状况和偿债能力，降低银行贷款不良率上升的压力，引导资金更好地支持实体经济发展，增强实体企业的活力，提高国民经济整体效益。

推进供给侧结构性改革，要重塑中长期增长动力。要牢固树立创新发展理念，推动新技术、新产业、新业态蓬勃发展，为经济持续健康发展提供源源不断的内生动力。要促进产业转型升级，培育新一代信息技术、新能源、生物医药、高端装备、智能制造和机器人等新兴产业，使新增长点汇聚成强大的增长动力。要转向创新驱动，加大研发投入力度，加强知识产权保护，完善科技成果转化的激励机制，提高技术进步对经济增长的贡献率。要提高单位要素投入的产出率，通过加大人力资本投资、加强职业技术教育，提高劳动者技能和在劳动力市场的竞争能力，提高劳动生产率；通过能源资源价格形成机制改革，引入市场化交易机制，提高能源资源利用效率，增强经济的可持续增长能力。

全面建成小康社会是当前和今后一段时期我国经济社会发展的中心目标；认识新常态、适应新常态、引领新常态，是当前和今后一个时期我国经济发展的大逻辑；发挥市场在资源配置中的决定作用是应对新常态的基本途径；推动供给侧结构性改革是应对新常态的重点任务。未来我们要深入贯彻落实新发展理念，在适度扩大总需求的同时，大力完善市场经济体制，着力深化供给侧结构性改革，保持经济中高速增长，促进我国经济迈向中高端水平。

## 第三节 新一轮财税体制改革的战略定位

党的十八大以来，我国经济社会各项改革推向纵深。特别是党的十八届三中全会在提出全面深化改革总目标的同时，赋予财政"国家治理的基础和重要支柱"这一全新且高端的定位，对财税领域改革也提供了新的机遇、提出了新的挑战。新一轮财税体制改革站在国家治理视角，成为国家治理体系建设的重要一环，成为促进国家治理能力走向现代化的重要推手，其目标定位为建立"现代财政制度"，并细化为"改进预算管理制度、完善税收制度、建立事权和支出责任相适应的制度"三大任务。

### 一、财政的再定位：国家治理的基础和重要支柱

2012年党的十八大提出"市场起决定性资源配置作用"，与此相适应，国家"治理"而非"管理"越来越成为共识。2013年11月，党的十八届三中全会通过《中共中央关于全面深化改革若干重大问题的决定》（以下简称《决定》），对全面深化改革进行了系统部署，其中，以前所未有的高度对财政进行了定位，指出"财政是国家治理的基础和重要支柱"，这一定位，高屋建瓴而又切中财政的本质。之所以对财政赋予如此重要的地位和作用，究其原因，一方面，中国经济与政治、社会、生态文明建设发展严重脱节，中国的政治体制改革和社会管理体制改革严重滞后，已经成为全面发展的桎梏，而要推进这些领域的改革，财政因其作用所及方方面面，是最为关键且合适的突破口；另一方面，治理领域的改革不涉及框架性改革，是在已有宪政制度下的工具性改革，而中国现阶段恰恰需要一个相对温和、稳定而又富有成效的改革路径，对当前滞后的政治、社会改革进程加以促动，这种情况下，价值因素较少而技术因素较多的财政改革就成为最佳的选择。

#### （一）财政是国家治理的基础

在任何经济社会和任何发展阶段，国家治理的主体都是政府，财政则是政府履行职能的基础所在。

首先，政府做任何事或从事任何活动，都是需要花钱的，都是以花钱为条件的。政府所花的钱，来自于财政支出的拨付。政府要花钱，就要筹钱，就得有钱的来源。政府所筹措的钱，构成了财政收入。这一收一支之间或财政收支的过程，实际上便是作为国家治理主体的政府履行职能的活动。没有财政支出的拨付，没有财政收入的筹措，就不可能有政府职能的履行，也就不可能有国家治理的实现。可以说，财政与政府、财政与国家治理如影随形、亦步亦趋，是绑在一起、密不可分的统一体。

其次，在所有国家治理活动所涉及的政府职能中，由于所有政府活动均要以财政资金的及时、足额到位为前提条件，所以只有财政职能可以覆盖所有政府职能，并由此影响经济、政治、文化、社会、生态文明等所有领域。由此可见，财政是一项最具综合性的基本政府职能。

最后，在所有国家治理体系所涉及的制度安排中，由于国家治理体系格局的任何变化均要伴之以财税体制的同步变化，所以，只有财税体制的触角可以伸展至国家治理体系的方方面面。由此可见，财政是一项最具基础性的基本制度安排。在所有国家治理事务所涉及的利益关系中，由于所有公共事务最终均要落实到政府与市场、政府与社会、中央与地方等关系的调整上，通过财政收入的缴纳、财政支出的拨付以及财政资金的调动所形成的财政关系实际上构成了这些利益关系的基本方面，所以，只有财政关系可以承载并牵动公共事务线索上

的各方面关系。

中国财政科学研究院的刘尚希研究员曾指出,如何理解财政的这种重要性,可用"改进的木桶原理"来说明。木桶原理是指一个木桶能装多少水是由最短的那块木板的长度决定的。以系统论的观点来分析,每一块木板是同等重要的,共同决定木桶的功能。如果把国家治理比作木桶,那么,财政在其中不是竖着的木板,而是底板。对于木桶功能而言,底板与竖板的重要性有重大区别,前者决定整个木桶功能"有与无"的问题,桶底一旦有漏洞,或者掉了,整个木桶功能就丧失了;后者决定木桶功能"大与小"的问题,一旦出现短板,木桶功能就会大打折扣。显然,财政作为国家治理这个木桶的底板发挥基础性作用,若财政治理出了问题,就会动摇整个国家治理,甚至导致国家治理失效[①]。

### (二) 财政是国家治理的重要支柱

首先,政府的职能从大类上可分为两类,即行政事务——"事"和财政事务——"钱"。与之相适应,国家治理的实现也主要在于两个层面:事权与财权的界定和支出责任与财力的配置。只有各级政府和各个政府职能部门的事权与财权界定清楚了,各级政府和各个政府职能部门的支出责任和财力配置妥当了,各项政府职能的履行才可能落到实处,国家治理的相关活动才可能运行顺畅。从这两个层面看,财政是国家治理的重要支柱。

其次,在全面深化改革的系统部署中,加快转变政府职能是重头戏。而在这方面,我们实际面临着从"事"入手还是由"钱"入手来转变政府职能两种选择。相对于各级政府之间和各个政府部门之间的权力归属和利益分配关系而言,有关"事"的方面即行政管理体制的调整,触动是直接的、正面的,有关"钱"的方面即财税管理体制的调整,触动则是间接的、迂回的。显然,前者实施的难度较大、遇到的阻力因素较多。后者实施的难度和阻力,通常会弱于前者。以财税体制改革为突破口,顺势而上,显然有助于迂回地逼近政府职能格局的调整目标。这意味着,财税体制改革不仅可以也应当作为全面深化改革的重要支柱,而且可以也应当成为实现国家治理现代化的重要支柱。

最后,在现代社会的国家治理体系框架中,政府预算绝对是一个重要载体。通过政府预算治理国家,更是迄今可以观察到的有关现代国家治理活动的一个基本轨迹。作为政府财政收支安排的一个基本计划,政府预算反映和规定了政府在预算年度内的工作或活动范围、方向和重点。一本政府预算,就是一面反映政府工作的镜子,就是一本有关政府活动的详细记录。通过政府预算,我们可以了解政府的工作,透视国家治理的活动;作为各级人民代表大会审批的一个重要文件,政府预算还是人大代表和全体人民监督政府收支运作的途径和窗口。通过政府预算,我们可以评价政府收支运作的成本,考核国家治理工作或活动的绩效;作为必须经过各级人民代表大会审批才能生效的一部具有法律效力的文件,政府预算也是控制政府支出规模的一个有效手段。通过政府预算,我们可以形成对政府支出规模和国家治理活动成本的有效控制。

可见,现代国家治理体系与治理能力与财政的基础性和支撑性作用是相辅相成、密不可分的。伴随着人类社会向着现代国家治理阶段前行,财政必然作为国家治理的基础和重要支柱而存在及运转。当前,我国改革发展已经进入以国家治理现代化为目标定位的阶段。站在现代国家治理的高度,无论从哪个方面看,财政都是国家治理体系一个不可或缺的重要组成部分。

党的十八大提出,要让市场起决定性资源配置作用,因此,财政的作用领域应仅限于"市场无法起决定性资源配置作用"的领域,而这恰好是公共财政的应有之意。因此,国家

---

① 刘尚希:《财政改革、财政治理与国家治理》,《理论视野》, 2014 年第 1 期。

治理视野下的公共财政建设问题便成为新时期财税改革的核心,从而使财税改革在统筹推进经济建设、政治建设、文化建设、社会建设、生态文明建设、党的建设"六位一体"治国方针中发挥基础性和支柱性作用。

新的财政定位,将财政作为一个国家治理范畴,从而将财税体制作为国家治理体系的一个重要组成部分。这不同于以往囿于经济范畴、作为经济体制组成部分的财税体制改革。由经济范畴上升到国家治理范畴、由经济体制的一个组成部分到国家治理体系的一个组成部分,意味着此次财税体制改革已经被提升至国家治理全局的高度加以定位,从而将财税体制改革融入全面深化改革进程,将财税改革渗透到经济、政治、文化、社会、生态文明、党建的"六位一体"建设中,进而推进国家治理体系和治理能力的现代化。可以发现,财税改革的过程是国家治理改革的过程,也是国家治理结构成熟的过程,两者是合二为一的。国家治理和治理能力现代化的基本标志就是财税改革的进展和现代财政体制的建立。如果财政制度没有现代化,就谈不上国家治理现代化,只有把财税改革真正改革到位了、理顺了,才意味着新的国家治理结构形成了。

"财政是国家治理的基础和重要支柱",因而,财税体制改革也要着力于发挥国家治理基础和支柱性作用,并且财税体制也是"优化资源配置、维护市场统一、促进社会公平、实现国家长治久安的制度保障",这与以往财税体制改革通常将其功能定位于"优化资源配置、调节收入分配和促进经济稳定"相比,更加凸显了财税改革的意义。新一轮财税改革是站在国家治理的总体角度,将财税体制改革作为国家治理的基础性和支撑性要素加以打造,在推进国家治理现代化的进程中发挥其基础性和支撑性作用。

## 二、新一轮财税体制改革总目标:建立现代财政制度

"财政是国家治理的基础和重要支柱"的新定位,对新时期的财税体制改革提出了更高的要求。

2013年党的十八届三中全会做出的《决定》中提出建立"现代财政制度",认为"科学的财税体制是优化资源配置、维护市场统一、促进社会公平、实现国家长治久安的制度保障"。2014年6月,中共中央政治局通过了《深化财税体制改革总体方案》(以下简称《总体方案》),《总体方案》对于现代财政制度做出了如下描述:"建立统一完整、法制规范、公开透明、运行高效,有利于优化资源配置、维护市场统一、促进社会公平、实现国家长治久安的可持续的现代财政制度。"(楼继伟,2014)按《总体方案》要求,2016年基本完成深化财税体制改革的重点工作和任务,2020年各项改革基本到位,现代财政制度基本建立。《总体方案》所描绘的新一轮财税体制改革,影响力、涉及面、复杂性都超过以往的历次财税改革。新一轮财税体制改革,是经济发展步入"新常态"、致力于匹配国家治理现代化进程、立足于发挥国家治理的基础性和支撑性作用、以建立现代财政制度为标识的财税改革。2015年10月,党的十八届五中全会公报再次重申,要"建立健全现代财政制度、税收制度"。2017年10月,党的十九大再次提出,要"加快建立现代财政制度,建立权责清晰、财力协调、区域均衡的中央和地方财政关系"。此次,党中央在"建立现代财政制度"前加上了"加快"的字眼,体现了改革任务的紧迫性。

构建现代财政制度,成为新一轮财税体制改革的总目标。按照财政理论,不论什么样的国家或者体制,财政制度一般都要包括财政的收入、支出,以及政府间财政关系,反映在制度建设上,主要就是预算制度、税收制度和中央与地方分级财政体制的建设。现代财政制度是在建设社会主义市场经济体制下的公共财政的基础上提出的,它充分体现民主财政和法治化财政理念,是一套由专门部门主导,多部门制衡,与国家现代化建设目标一致的财政

制度。

### （一）法治化是现代财政制度的基础

党的十八届四中全会首次以全会的形式专题研究部署全面推进依法治国这一基本治国方略，审议并通过了《中共中央关于全面推进依法治国若干重大问题的决定》。依法治国成为新常态下我国推进社会经济体制改革的基础和前提条件，政府行为法制化则是重中之重。中国政府行为要法制化，重点体现在财政活动的法制化和约束力。只有政府行为法治化、财政活动法治化，才能保证公共资源的配置决策科学、合理。从财政资源的来源来讲，财政资金是政府从社会生产活动中无偿占有的一部分国民收入，因此财政资金的安排必须具有公益性和社会性，不得私人占有，因此，需要法律体系来规范政府的收支行为。就资金用途而言，财政资金一方面维持国家机构的正常运作和职能发挥，另一方面实现社会资源的再分配，因此涉及资金安排等支出决策必须法治化，约束作为代理人的政府官员的个人理性思维和参与寻租活动的倾向。对政府财政活动的监督和约束是规范政府行为的关键环节。

### （二）透明民主是建立现代财政制度的基石

公众参与性和信息公开透明是建立现代财政制度的基石，也是推进财政管理科学化的重要途径。现代财政制度必然是公共财政，而公共财政的"公共"属性要求政府财政决策行为符合市场需要，真正反映公众的意愿和偏好，代表公众的利益。同时，要给公众充分的知情权，让他们知道财政的每一分钱花得对、花得值。从政府的角度看，增强政府财政管理的透明度，有利于提高政府管理效率，提高政府决策水平，提高政府的执政力和公信力，对推动现代财政制度发展具有重要的现实意义。

### （三）专业化是现代财政制度的治理技术

不同于传统财政制度下的统治，现代财政制度基于一整套专门的财政治理技术体系。政府预算既是政府收支的基本计划，提供政府活动的基本信息，又是联系政策与支出项目的纽带。科学的财政收入预测，是预算支出计划安排的基本依据，形成科学的财政收入预测方法体系，是现代财政制度建设的内容之一。财政支出安排应与政策目标一致，在提供公共服务的同时实现对经济周期的逆行调节。从财政管理上看，要形成现代化的国库管理制度，让国库集中收付制度的效率得到最大的发挥。随着计算机技术的普及和互联网的发展，财政管理赖以生存的决策信息取得途径在发生变化，取得成本在下降，财政管理的半径在缩小。应互联网时代的需要，国库管理制度正成为现代财政制度建设的重要内容。

### 三、财税体制改革的基本思路和主要任务

十八届三中全会提出，财税体制改革的基本思路是"完善立法、明确事权、改革税制、稳定税负、透明预算、提高效率"。而新一轮财税体制改革正是围绕这 6 句话 24 个字展开的。一是完善立法。树立法治理念，依法理财，将财政运行全面纳入法制化轨道。二是明确事权。合理调整并明确中央和地方的事权与支出责任，促进各级政府各司其职、各负其责、各尽其能。三是改革税制。优化税制结构，逐步提高直接税比重，完善地方税体系，坚持清费立税，强化税收筹集财政收入主渠道作用。改进税收征管体制。四是稳定税负。正确处理国家与企业、个人的分配关系，保持财政收入占国内生产总值比重基本稳定，合理控制税收负担。五是透明预算。逐步实施全面规范的预算公开制度，推进民主理财，建设阳光政府、法治政府。六是提高效率。推进科学理财和预算绩效管理，健全运行机制和监督制度，促进经济社会持续健康发展，不断提高人民群众生活水平。

2017 年党的十九大报告中，对这一改革思路进行了再次重申，指出要"加快建立现代财政制度，建立权责清晰、财力协调、区域均

衡的中央和地方财政关系";要"建立全面规范透明、标准科学、约束有力的预算制度,全面实施绩效管理";要"深化税收制度改革,健全地方税体系"。这三句话分别与十八届三中全会的六句话相呼应,分别对应了"完善立法、明确事权""透明预算、提高效率"和"改革税制、稳定税负"。

"深化财税体制改革不是政策上的修修补补,更不是扬汤止沸,而是一场关系国家治理现代化的深刻变革,是一次立足全局、着眼长远的制度创新和系统性重构。"原财政部部长楼继伟详解《深化财税体制改革总体方案》时曾这样说。新一轮财税体制改革,着眼全面深化改革全局,坚持问题导向,围绕党的十八届三中全会部署的"改进预算管理制度、完善税收制度、建立事权和支出责任相适应的制度"三大任务,有序有力有效推进。从逻辑看,预算管理制度改革是基础、要先行;收入划分改革需在相关税种税制改革基本完成后进行;而建立事权与支出责任相适应的制度需要量化指标并形成有共识的方案。但同时也应看到,2017年党的十九大中提出的财税改革任务内容与十八届三中全会的一致,但安排次序上发生了变化,"中央和地方财政关系"被摆在了第一位。这既反映了我们党在安排财税改革部署上的大局观、一致性,又反映了我们党根据改革进度,对改革的侧重点进行微调,同时也反映了"中央和地方财政关系"这一改革的艰巨性。

**(一) 改进预算管理制度**

十八届三中全会决定中提出:"实施全面规范、公开透明的预算制度。审核预算的重点由平衡状态、赤字规模向支出预算和政策拓展。清理规范重点支出同财政收支增幅或生产总值挂钩事项,一般不采取挂钩方式。建立跨年度预算平衡机制,建立权责发生制的政府综合财务报告制度,建立规范合理的中央和地方政府债务管理及风险预警机制。"

"完善一般性转移支付增长机制,重点增加对革命老区、民族地区、边疆地区、贫困地区的转移支付。中央出台增支政策形成的地方财力缺口,原则上通过一般性转移支付调节。清理、整合、规范专项转移支付项目,逐步取消竞争性领域专项和地方资金配套,严格控制引导类、救济类、应急类专项,对保留专项进行甄别,属地方事务的划入一般性转移支付。"

《深化财税体制改革总体方案》中进一步指出,现代预算制度是现代财政制度的基础,改进预算管理制度主要从七方面推进:以推进预算公开为核心,建立透明预算制度;完善政府预算体系,研究清理规范重点支出同财政收支增幅或生产总值挂钩事项;改进年度预算控制方式,建立跨年度预算平衡机制;完善转移支付制度;加强预算执行管理;规范地方政府债务管理;全面规范税收优惠政策。其中,建立透明预算制度居于预算改革的首位。预算公开本质上是政府行为的透明,是建设阳光政府、责任政府的需要,也是依法行政、防范财政风险的需要。

十九大报告中又指出:"建立全面规范透明、标准科学、约束有力的预算制度,全面实施绩效管理。"这一提法,仍然强调规范透明是预算制度的根本,但同时也强调了预算的科学性和严肃性,增加了"标准科学、约束有力"的新表述,突出强调了预算绩效管理,是对前一阶段预算制度改革的总结、完善、具体化和细化,增加了预算技术、预算监督、预算效率的新内容,标志着我国预算制度改革进入更高阶段、更深层次、更广领域。

**(二) 完善税收制度**

十八届三中全会决定中提出:"深化税收制度改革,完善地方税体系,逐步提高直接税比重。推进增值税改革,适当简化税率。调整消费税征收范围、环节、税率,把高耗能、高污染产品及部分高档消费品纳入征收范围。逐步建立综合与分类相结合的个人所得税制。加快房地产税立法并适时推进改革,加快资源税改革,推动环境保护费改税。""按照统一税制、公平税负、促进公平竞争的原则，加强对税收优惠特别是区域税收优惠政策的规范管理。税收优惠政策统一由专门税收法律法规规定，清理规范税收优惠政策。完善国税、地税征管体制。"

楼继伟在解释《深化财税体制改革总体方案》中进一步指出，一是清理规范税收优惠政策。我国现行税收优惠政策尤其是区域优惠政策过多，已出台实施的区域税收优惠政策约50项，几乎囊括了全国所有省（区、市）。还有一些地方政府和财税部门执法不严或者出台"土政策"，通过税收返还等方式变相减免税收，侵蚀税基、转移利润，制造税收"洼地"，不利于实现结构优化和社会公平，影响了公平竞争和统一市场环境建设，不符合建立现代财政制度的要求。今后，除专门的税收法律、法规外，起草其他法律、法规、发展规划和区域政策都不得突破国家统一财税制度、规定税收优惠政策；未经国务院批准，不能对企业规定财政优惠政策。清理规范各类税收优惠政策，违反法律法规的一律停止执行；没有法律法规障碍且具有推广价值的，尽快在全国范围内实施；有明确时限的到期停止执行，未明确时限的设定政策终结时间点。建立税收优惠政策备案审查、定期评估和退出机制，加强考核问责，严惩违法违规行为。二是通过六大税种引领税制改革。完善税制改革的目标是建立"有利于科学发展、社会公平、市场统一的税收制度体系"，改革重点锁定六大税种，包括增值税、消费税、资源税、环境保护税、房地产税、个人所得税。增值税改革目标是按照税收中性原则，建立规范的消费型增值税制度。下一步"营改增"范围将逐步扩大到生活服务业、建筑业、房地产业、金融业等各个领域，"十二五"全面完成"营改增"改革目标，相应废止营业税制度，适时推进增值税立法。完善消费税制度。调整征收范围，优化税率结构，改进征收环节，增强消费税的调节功能。加快煤炭资源税改革。推进资源税从价计征改革，逐步将资源税扩展到水流、森林、草原、滩涂等自然生态空间。建立环境保护税制度。按照重在调控、清费立税、循序渐进、合理负担、便利征管的原则，将现行排污收费改为环境保护税，进一步发挥税收对生态环境保护的促进作用。加快房地产税立法并适时推进改革，由人大常委会牵头，加强调研、立法先行、扎实推进。探索逐步建立综合与分类相结合的个人所得税制，抓紧修订《税收征管法》等。

十九大报告中提出，要"深化税收制度改革，健全地方税体系"。深化税收制度改革的目标是形成税法统一、税负公平、调节有度的税收制度体系，促进科学发展、社会公平和市场统一。与十八大报告关于"构建地方税体系，形成有利于结构优化、社会公平的税收制度"的表述相比做出了某些调整，突出强调了税收法治在税制改革中的重要作用，完善税收法律制度框架。

## （三）建立事权和支出责任相适应的制度

十八届三中全会《决定》中提出："适度加强中央事权和支出责任，国防、外交、国家安全、关系全国统一市场规则和管理等作为中央事权；部分社会保障、跨区域重大项目建设维护等作为中央和地方共同事权，逐步理顺事权关系；区域性公共服务作为地方事权。中央和地方按照事权划分相应承担和分担支出责任。中央可通过安排转移支付将部分事权支出责任委托地方承担。对于跨区域且对其他地区影响较大的公共服务，中央通过转移支付承担一部分地方事权支出责任。""保持现有中央和地方财力格局总体稳定，结合税制改革，考虑税种属性，进一步理顺中央和地方收入划分。"十九大报告进一步强调，要"加快建立现代财政制度，建立权责清晰、财力协调、区域均衡的中央和地方财政关系"。

政府间事权划分是处理好中央和地方关系的重要制度安排。从理顺中央和地方收入划分看，保持现有中央和地方财力格局总体稳定，是合理划分中央和地方收入的前提。目前我国中央财政的集中程度并不高，国际上英国、法国、意大利、澳大利亚等国家，中央财政收入比重都在 70% 以上，美国常规年份也在 65% 左右。

楼继伟在解释《深化财税体制改革总体方案》时指出，进一步理顺中央和地方收入划分，主要是在保持中央与地方收入格局大体不变的前提下，合理调整中央和地方收入划分，遵循公平、便利、效率等原则，考虑税种属性和功能，将收入波动较大、具有较强再分配作用、税基分布不均衡、税基流动性较大的税种划为中央税，或中央分成比例多一些；将地方掌握信息比较充分、对本地资源配置影响较大、税基相对稳定的税种，划为地方税，或地方分成比例多一些。收入划分调整后，地方形成的财力缺口由中央财政通过税收返还方式解决。此外，合理划分各级政府间事权与支出责任，要充分考虑公共事项的受益范围，信息的复杂性和不对称性以及地方的自主性、积极性。根据这样的原则，将国防、外交、国家安全、关系全国统一市场规则和管理的事项集中到中央，减少委托事务，通过统一管理，提高全国公共服务水平和效率；将区域性公共服务明确为地方事权；明确中央与地方共同事权。在明晰事权的基础上，进一步明确中央和地方的支出责任。中央可运用转移支付机制将部分事权的支出责任委托地方承担。

党的十九大报告中提出，要"建立权责清晰、财力协调、区域均衡的中央和地方财政关系"，不仅将完善中央和地方财政关系提升为加快建立现代财政制度的首要任务，而且在改革目标方面有了更为清晰、更为具体的要求；不仅是央地财政关系在财税体制改革中居于"牵一发而动全身"的核心地位的反映，也体现了党中央对中央和地方财政关系问题的高度重视和敢于啃硬骨头的坚定信心。

## 第四节 迈向现代财政制度之路

2012 年以来的财税改革是与经济发展进入新常态、着力供给侧结构性改革、发挥市场决定性作用以及中国现阶段社会主要矛盾的变化一致的。围绕预算、税制和政府间关系调整三大主要任务，国务院出台了一系列具体改革措施，有力地推动了经济社会的全面发展。

### 一、预算制度改革

预算是财政体制的核心，尽管从 1995 年我国实施《中华人民共和国预算法》（以下简称《预算法》）以来，我国在加强预算制度建设方面取得了长足进展，但离现代预算制度还有一定差距，如预算的统一性仍不够、透明性仍不高、预算资金分配机制仍不够科学、债务管理风险亟待提高等。对此，十八届三中全会所列的财税体制改革任务中将预算制度改革置于首位，包含的改革任务有七项。从近几年国务院和财政部所发的文件看，改革在稳步推进，而且，从发文层次、数量规模来看，预算制度改革是财税改革的重头戏，如表 5-1 所示。从表中可看出，预算领域的两个重要文件分别是 2014 年颁布的新《预算法》和国发〔2014〕45 号文对预算制度改革起统领作用。2014 年 8 月全国人大修订了《预算法》，为深化财税体制改革全局奠定了法律基础，而从新修订的预算法本身来看体现了四大亮点：一是建立全口径预算体系，二是健全闭环式地方政府债务管理制度，三是系统规范财政转移支付，四是将预算管理公开透明正式纳入法制化轨道。国发〔2014〕45 号文则对全面推进深化预算管理制度改革的各项工作做了部署，包括：完善政府预算体系，积极推进预算公开；改进预算管理和控制，建立跨年度预算平衡机制；加强财政收入管理，清理规范税收优惠政策；优化财政支出结构，加强结转结余资金管理；加强预算执行管理，提高财政支出绩效；规范地方政府债务管理，防范化解财政风险；规范理财行为，严肃财经纪律；等等。

表 5-1 预算制度改革推进情况

| 序号 | 十八届三中全会财税改革任务 | 目前已经进行的改革 |
| --- | --- | --- |
| 1 | 实施全面规范、公开透明的预算制度 | 2013 年全国社会保险基金预算提交全国人大审议 |
| | | 2014 年颁布新《预算法》，2015 年开始实施 |
| | | 《关于深化预算管理制度改革的决定》（国发〔2014〕45 号） |
| | | 《国务院办公厅关于进一步做好盘活财政存量资金工作的通知》（国办发〔2014〕70 号） |
| | | 《国务院办公厅关于进一步加强涉企收费管理减轻企业负担的通知》（国办发〔2014〕30 号） |
| | | 《财政部关于贯彻实施修改后的预算法的通知》（财法〔2014〕10 号） |
| | | 《财政部关于完善政府预算体系有关问题的通知》（财预〔2014〕368 号） |
| | | 2015 年《中华人民共和国政府采购法实施条例》（国务院令第 658 号） |
| | | 关于印发《中央国有资本经营预算管理暂行办法》的通知（财预〔2016〕6 号） |
| | | 关于印发《地方预决算公开操作规程》的通知（财预〔2016〕143 号） |
| | | 2017 年《政府采购货物和服务招标投标管理办法》（财政部令 87 号） |
| 2 | 审核预算的重点由平衡状态、赤字规模向支出预算和政策拓展 | 《国务院办公厅关于政府向社会力量购买服务的指导意见》（国办发〔2013〕96 号） |
| | | 2014 年颁布新《预算法》，2015 年开始实施 |
| | | 《关于深化预算管理制度改革的决定》（国发〔2014〕45 号） |
| | | 《财政部关于贯彻实施修改后的预算法的通知》（财法〔2014〕10 号） |
| | | 《财政部关于完善政府预算体系有关问题的通知》（财预〔2014〕368 号） |
| | | 《国务院办公厅关于进一步做好盘活财政存量资金工作的通知》（国办发〔2014〕70 号） |
| | | 《政府购买服务管理办法（暂行）》（财综〔2014〕96 号） |
| | | 《关于推进地方盘活财政存量资金有关事项的通知》（财预〔2015〕15 号） |
| | | 《关于盘活中央部门存量资金的通知》（财预〔2015〕23 号） |
| | | 关于印发《中央部门预算绩效目标管理办法》的通知（财预〔2015〕88 号） |
| | | 《关于加快推进中央本级项目支出定额标准体系建设的通知》（财预〔2015〕132 号） |
| | | 《关于开展 2016 年度中央部门项目支出绩效目标执行监控试点工作的通知》（财办预〔2016〕85 号） |
| | | 《关于开展中央部门项目支出绩效自评工作的通知》（财办预〔2016〕123 号） |
| | | 关于印发《财政管理绩效考核与激励暂行办法》的通知（财预〔2016〕177 号） |
| | | 关于印发《中央国有资本经营预算支出管理暂行办法》的通知（财预〔2017〕32 号） |
| | | 关于进一步完善中央部门项目支出预算管理的通知（财预〔2017〕96 号） |
| 3 | 清理规范重点支出同财政收支增幅或生产总值挂钩事项，一般不采取挂钩方式 | 2014 年颁布新《预算法》，2015 年开始实施 |
| | | 《关于深化预算管理制度改革的决定》（国发〔2014〕45 号） |
| | | 《关于清理规范重点支出同财政收支增幅或生产总值挂钩事项有关问题的通知》 |

续表

| 序号 | 十八届三中全会财税改革任务 | 目前已经进行的改革 |
|---|---|---|
| 4 | 建立跨年度预算平衡机制，建立权责发生制的政府综合财务报告制度，建立规范合理的中央和地方政府债务管理及风险预警机制 | 2014年颁布新《预算法》，2015年开始实施 |
| | | 《关于加强地方政府性债务管理的意见》（国发〔2014〕43号） |
| | | 关于印发《地方政府存量债务纳入预算管理清理甄别办法》的通知（财预〔2014〕351号） |
| | | 《关于批转财政部权责发生制政府综合财务报告制度改革方案的通知》（国发〔2014〕63号） |
| | | 《国务院办公厅关于进一步做好盘活财政存量资金工作的通知》（国办发〔2014〕70号） |
| | | 《关于深化预算管理制度改革的决定》（国发〔2014〕45号） |
| | | 《关于实行中期财政规划管理的意见》（国发〔2015〕3号） |
| | | 《财政部关于推进中央部门中期财政规划管理的意见》（财预〔2015〕43号） |
| | | 关于印发《2015年地方政府专项债券预算管理办法》的通知（财预〔2015〕32号） |
| | | 关于印发《2015年地方政府一般债券预算管理办法》的通知（财预〔2015〕47号） |
| | | 《关于对地方政府债务实行限额管理的实施意见》（财预〔2015〕225号） |
| | | 关于印发《地方政府一般债务预算管理办法》的通知（财预〔2016〕154号） |
| | | 关于印发《地方政府专项债务预算管理办法》的通知（财预〔2016〕155号） |
| | | 关于印发《财政部驻各地财政监察专员办事处实施地方政府债务监督暂行办法》的通知（财预〔2016〕175号） |
| | | 关于印发《新增地方政府债务限额分配管理暂行办法》的通知（财预〔2017〕35号） |
| | | 关于印发《地方政府土地储备专项债券管理办法（试行）》的通知（财预〔2017〕62号） |
| | | 《关于坚决制止地方以政府购买服务名义违法违规融资的通知》（财预〔2017〕87号） |
| 5 | 完善一般性转移支付增长机制，重点增加对革命老区、民族地区、边疆地区、贫困地区的转移支付 | 2014年颁布新《预算法》，2015年开始实施 |
| | | 《关于深化预算管理制度改革的决定》（国发〔2014〕45号） |
| | | 《国务院关于改革和完善中央对地方转移支付制度的意见》（国发〔2014〕71号） |
| | | 关于印发《革命老区转移支付资金管理办法》的通知（财预〔2015〕121号） |
| 6 | 中央出台增支政策形成的地方财力缺口，原则上通过一般性转移支付调节 | 2014年颁布新《预算法》，2015年开始实施 |
| | | 《关于深化预算管理制度改革的决定》（国发〔2014〕45号） |
| | | 《国务院关于改革和完善中央对地方转移支付制度的意见》（国发〔2014〕71号） |
| 7 | 清理、整合、规范专项转移支付项目，逐步取消竞争性领域专项和地方资金配套，严格控制引导类、救济类、应急类专项，对保留专项进行甄别，属地方事务的划入一般性转移支付 | 2014年颁布新《预算法》，2015年开始实施 |
| | | 《关于深化预算管理制度改革的决定》（国发〔2014〕45号） |
| | | 《国务院关于改革和完善中央对地方转移支付制度的意见》（国发〔2014〕71号） |
| | | 关于印发《中央对地方专项转移支付绩效目标管理暂行办法》的通知（财预〔2015〕163号） |
| | | 关于印发《中央对地方专项转移支付管理办法》的通知（财预〔2015〕230号） |

资料来源：根据财政部网站发文情况整理。

## （一）建设全面规范的预算制度

新《预算法》第五条规定："预算包括一般公共预算、政府性基金预算、国有资本经营预算、社会保险基金预算。"其中，一般公共预算是对以税收为主体的财政收入，安排用于保障和改善民生、推动经济社会发展、维护国家安全、维持国家机构正常运转等方面的收支预算。这一改革，把政府税收收入、基金收入、社会保险收入、国有资本上缴利润等政府收入及其对应的支出都纳入预算管理的范畴，真正实现财政收支等于政府收支，彻底解决由于部分收支游离于预算管理的范围而造成大量的财政资源配置低效率，甚至腐败等问题，以消除预算监管财政性资金的死角，提高预算管理的统一性和刚性。《财政部关于完善政府预算体系有关问题的通知》（财预〔2014〕368号）又进一步提出，要加大政府性基金预算、国有资本经营预算与一般公共预算的统筹力度，加强一般公共预算各项资金的统筹使用。《国务院办公厅关于进一步做好盘活财政存量资金工作的通知》（国办发〔2014〕70号），规定政府性基金不再专款专用，规范结转结余资金收回程序，结转资金规模较大的调入一般公共预算。加大盘活存量资金的力度，并着手建立财政存量资金定期报告制度。《国务院办公厅关于进一步加强涉企收费管理减轻企业负担的通知》（国办发〔2014〕30号）中，要求进一步清理规范基金收费，建立政府性基金目录清单，向社会公开账户明细，并强调加快推进收费基金立法，规范非税收入管理。政府性基金预算随着资金收支管理的日益完善，在公共财政的建设中将发挥更加积极的作用。

## （二）建设公开透明的预算制度

在预算公开透明方面，首先，落实《预算法》所要求的公开的及时性。《预算法》规定，经本级人民代表大会或者本级人民代表大会常务委员会批准的预算、预算调整、决算、预算执行情况的报告及报表，应当在批准后20日内由本级政府财政部门向社会公开，并对本级政府财政转移支付安排、执行的情况以及举借债务的情况等重要事项做出说明。经本级政府财政部门批复的部门预算、决算及报表，应当在批复后20日内由各部门向社会公开，并对部门预算、决算中机关运行经费的安排、使用情况等重要事项做出说明。其次，逐步扩大预算公开的内容，做到除涉及国家国防与安全的事项外，公开所有政府预算。预算信息公开的对象要真正做到全覆盖，在民主社会和公共财政体制下，使用财政资源的机构要向包含纳税人在内的所有委托者公开预算信息，从而方便委托者监督政府职能的履行。同时，对公众比较关心的"三公经费"等项目的公开，让政府预算在"阳光下运行"，接受纳税人的监督。政府要及时回应社会各界对政府预算信息的质疑。为加强地方财政预决算及时公开，财政部专门印发了《地方预决算公开操作规程》（财预〔2016〕143号）。在预算支出执行环节，通过实施《政府采购法实施条例》（2015年）和《政府采购货物和服务招标投标管理办法》（2017年）等，进一步增强了预算的透明性。

## （三）推进预算绩效管理

绩效管理是新《预算法》关注的重要内容，为进一步贯彻《预算法》，加强预算绩效管理，财政部发布了《财政部关于贯彻实施修改后的预算法的通知》（财法〔2014〕10号），进一步明确"各级财政部门要加快建立健全预算绩效管理机制，全面推进预算绩效管理工作，强化支出责任和绩效意识，加强绩效评价结果应用，将评价结果作为编制年度预算草案、调整支出结构、完善财政政策和科学安排预算的重要依据"。随后，绩效预算改革在绩效目标设计、绩效执行、绩效自评、绩效考核和激励改革上取得长足进展。在绩效改革推进的同时，针对财政存量资金偏大的情况，2014年国务院办公厅发布了《关于进一步做好盘活财政存量资金工作的通知》（国办发〔2014〕70号），提出了盘活财政存量资金的10条具体措施，这是国务院首次全面部署唤醒财政存量资金,标志着盘活财政存量资金改革进入实质性操作阶段。2015年财政部又相继发布了《关于推进地方盘活财政存量资金有关事项的通知》(财预〔2015〕15号)和《关于盘活中央部门存量资金的通知》(财预〔2015〕23号),对地方和中央部分如何盘活存量资金做了进一步部署。盘活存量资金、加快支出进度也是提高财政资金绩效的一个重要表现。

**(四)统筹安排重点财政支出**

我国在较长一段时间内对教育、医疗、科技等重点支出领域采取了与财政收支增速或者GDP增速挂钩方式安排支出。据统计,截止到2013年,我国与财政收支增幅或GDP挂钩的重点支出涉及7类15项规定,2012年仅财政安排的上述7类与财政收支增幅或GDP挂钩的重点支出就占全国财政支出的48%。"支出挂钩机制"在特定发展阶段为促进有关领域事业发展发挥了积极作用,但也不可避免地导致财政支出结构固化僵化,肢解了各级政府预算安排,加大了政府统筹安排财力的难度。全国财政从中央到县四级都要求挂钩,不符合社会事业发展规律,容易引发攀比,部分领域甚至出现财政投入与事业发展"两张皮""钱等项目""敞口花钱"等问题。这也是造成专项转移支付过多、资金投入重复低效的重要原因。对此,《国务院关于深化预算管理制度改革的决定》(国发〔2014〕45号)中明确:"清理规范重点支出同财政收支增幅或生产总值挂钩事项,一般不采取挂钩方式。重点支出根据推进改革的需要和确需保障的内容统筹安排,优先保障,不再采取先确定支出总额再安排具体项目的办法。"2016年12月习近平总书记主持召开中央全面深化改革领导小组第三十一次会议,并审议通过了《关于清理规范重点支出同财政收支增幅或生产总值挂钩事项有关问题的通知》,将这项改革继续推向深入。

**(五)建立跨年度预算平衡机制**

过去,我国执行的年度预算平衡机制虽能较好地保证预算年度之内财政收支平衡的实现,但其弊端也日益凸显:其一,这种财政收支的短期行为,使财政政策无法在更长的年度内有效、灵活地应对经济周期;其二,若审核预算的重点向支出预算和政策拓展,以往收支平衡的状态将被打破,并且为进行宏观调控及保障民生领域的财政投入,财政赤字将成为常态,这使年度预算平衡机制愈发不能符合时代的要求。因此应将预算审核的重点由平衡状态、赤字规模向支出预算和政策拓展,以有效地消除宏观经济管理中的"顺周期"行为。通过中长期对财政收支和财政政策进行统筹与规划,避免短期行为的发生。同时,需相应地建立起跨年度弥补超预算赤字的机制,控制财政预算周期内的收支平衡状态和赤字规模,以确保财政的可持续性,促进经济和社会的健康持续发展。

《预算法》第十二条提出:"各级政府应当建立跨年度预算平衡机制。"《国务院办公厅关于进一步做好盘活财政存量资金工作的通知》(国办发〔2014〕70号)进一步提出,要"编制三年滚动预算"。从2015年起,在财政部编制全国三年财政规划、地方财政部门编制本地区三年财政规划的同时,对目标比较明确的项目,各部门必须编制三年滚动预算,特别是要在水利投资运营、义务教育、卫生、社保就业、环保等重点领域开展三年滚动预算试点,加强项目库管理,健全项目预算审核机制,明确规划期内将要开展的项目。对列入三年滚动预算的项目,各部门、各单位要提前做好项目可行性研究、评审、招投标、政府采购等前期准备工作,确保资金一旦下达就能实际使用;因特殊原因无法使用的资金,要及时调剂用于规划内的其他项目,并报同级财政部门备案。

**(六)规范地方政府债务管理**

《预算法》规定,经国务院批准的省、自治区、直辖市的预算中必需的建设投资的部分资金,可以在国务院确定的限额内,通过发行地方政府债券举借债务的方式筹措。举借债务的规模，由国务院报全国人民代表大会或者全国人民代表大会常务委员会批准。省、自治区、直辖市依照国务院下达的限额举借的债务，列入本级预算调整方案，报本级人民代表大会常务委员会批准。举借的债务应当有偿还计划和稳定的偿还资金来源，只能用于公益性资本支出，不得用于经常性支出。除前款规定外，地方政府及其所属部门不得以任何方式举借债务。除法律另有规定外，地方政府及其所属部门不得为任何单位和个人的债务以任何方式提供担保。国务院建立地方政府债务风险评估和预警机制、应急处置机制以及责任追究制度。国务院财政部门对地方政府债务实施监督。从表5-1可见，从2014年起，政府一直都非常重视地方政府债务管理，财政部预算司发布了一系列关于加强地方债务管理的办法，包括对存量债务进行甄别、对债务实行限额管理。2014年3月，财政部印发《地方财政管理绩效综合评价方案》，其中加强债务管理是此次方案的一大亮点。根据该方案的规定，以政府性债务率、新增债务率、偿债率、逾期率等为对象，评价地方政府性债务风险程度和管理情况，引导和督促地方加强政府债务管理，防范和化解财政风险。

2014年5月，经国务院批准，2014年上海、浙江、广东、深圳、江苏、山东、北京、江西、宁夏、青岛试点地方政府债券自发自还。同时印发的《2014年地方政府债券自发自还试点办法》规定，试点地区发行政府债券实行年度发行额管理，全年发行债券总量不得超过国务院批准的当年发债规模限额；试点地区要按照市场化原则发行政府债券，并开展债券信用评级。

2014年10月，国务院出台《关于加强地方政府性债务管理的意见》，即国发43号文。出台关于加强地方政府性债务管理的意见。一是通过明确举债主体、规范举债方式、严格举债程序等措施，解决好"怎么借"的问题；二是通过控制举债规模、限定债务用途、纳入预算管理等措施，解决好"怎么管"的问题；三是通过划清偿债责任、建立风险预警、完善应急处置等措施，解决好"怎么还"的问题。此外，《意见》明确提出妥善处理存量债务，既要确保在建项目后续融资，又要切实防范风险。

2015年新预算法施行之后，国务院开始以债务置换的方式处理2014年底的14.34万亿元包括地方融资平台等在内的地方政府负有偿还责任的存量债务，化解地方债潜在风险。

特别是进入2016年以来，财政部出台专门办法对一般债务和专项债务进行管理，加强了对地方债务的监督、限额分配管理。2017年以来又根据新的形势，制定了《地方政府土地储备专项债券管理办法（试行）》，发布《关于坚决制止地方以政府购买服务名义违法违规融资的通知》，防控地方债风险。同时，地方政府融资模式也开始向市场化、规范化和透明化模式转变。

### （七）完善转移支付制度

完善转移支付制度改革以整合转移支付资金为突破口。2013年8月，经国务院批准，我国在黑龙江"两大平原"启动支农资金整合试点，将中央财政安排的3大类77项涉农资金全部纳入整合范围，涉及20多个中央部门。整合后中央各部门的资金审批权下放到地方。在财政资金体量日益庞大的背景下，这一改革试点具有深远意义，传递出国家大力清理归并专项转移支付的改革信号。

2014年《关于深化预算管理制度改革的决定》对完善转移支付制度改革做出了详细部署。完善一般性转移支付增长机制，增加一般性转移支付规模和比例，逐步将一般性转移支付占比提高到60%以上；明显增加对革命老区、民族地区、边疆地区和贫困地区的转移支付；中央出台增支政策形成的地方财力缺口，原则上通过一般性转移支付调节。要大力清理、整合、规范专项转移支付，在合理界定中央与地方事权的基础上，严格控制引导类、救济类、应急类专项转移支付，属地方事务的划入一般性转移支付。对竞争性领域的专项转移支付逐一进行甄别排查，凡属"小、散、乱"以及效用不明显的要坚决取消，其余需要保留的也要予以压缩或实行零增长，并改进分配方式，减少行政性分配，引入市场化运作模式，逐步与金融资本相结合，引导带动社会资本增加投入。对目标接近、资金投入方向类同、资金管理方式相近的专项转移支付予以整合。规范专项转移支付项目设立，严格控制新增项目和资金规模，建立健全专项转移支付定期评估和退出机制。加快修订完善中央对地方转移支付管理办法，对转移支付项目的设立、资金分配、使用管理、绩效评价、信息公开等做出规定。研究建立财政转移支付同农业转移人口市民化挂钩机制。在明确中央和地方支出责任的基础上，认真清理现行配套政策，对属于中央承担支出责任的事项，一律不得要求地方安排配套资金；对属于中央和地方分担支出责任的事项，由中央和地方按各自应承担数额安排资金。各地区要对本级安排的专项资金进行清理、整合、规范，完善资金管理办法，提高资金使用效率。完善一般性转移支付的稳定增长机制。

为进一步推进改革，2014年又发布了《国务院关于改革和完善中央对地方转移支付制度的意见》，2015年发布了《革命老区转移支付资金管理办法》。

**（八）加大政府购买服务改革力度**

政府购买服务改革是政府加强预算管理的重要举措之一。2012年，党的十八大提出要"改进政府提供公共服务方式"，"加大政府购买服务力度"。2013年国务院办公厅发布了《关于政府向社会力量购买服务的指导意见》（国办发〔2013〕96号），拉开了政府购买服务改革的大幕。政府购买服务，即"政府向社会力量购买服务"，就是通过发挥市场机制作用，把政府直接向社会公众提供的一部分公共服务事项，按照一定的方式和程序，交由具备条件的社会力量承担，并由政府根据服务数量和质量向其支付费用。这一改革，推进了政府与市场关系的调整，对转变政府职能、提高公共服务供给效率和供给质量、减轻政府的财政压力起了重要的推动作用。2014年11月，财政部、民政部、工商总局发布的《政府购买服务管理办法（暂行）》（财综〔2014〕96号）对政府购买服务的购买主体和承接主体、购买内容和指导目录、购买方式及程序、预算及财务管理、绩效和监督管理等进行了全面规定。

**（九）大力推进PPP改革**

2014年以来，为进一步贯彻落实党的十八届三中全会关于"允许社会资本通过特许经营等方式参与城市基础设施投资和运营"精神，促进政府职能加快转变，完善财政投入及管理方式，进一步发挥市场的决定性资源配置作用，我国开始大力推进PPP改革。截至2017年6月，我国已落地PPP项目2021个，总投资额3.3万亿元。

为规范和促进PPP发展，国家相继发布了一系列关于PPP的文件和管理办法，如《国家发展改革委关于发布首批基础设施等领域鼓励社会投资项目的通知》（发改基础〔2014〕981号）、《财政部关于推广运用政府和社会资本合作模式有关问题的通知》（财金〔2014〕76号）、《政府和社会资本合作模式操作指南试行》（财金〔2014〕113号）、《国家发展改革委关于开展政府和社会资本合作的指导意见》（发改投资〔2014〕2724号）、《政府和社会资本合作项目通用合同指南2014年版》（发改投资〔2014〕2724号）、《PPP项目合同指南试行》（财金〔2014〕156号）、《关于创新重点领域投融资机制 鼓励社会投资的指导意见》、《关于在公共服务领域推广政府和社会资本合作模式指导意见的通知》（国办发〔2015〕42号）、《政府和社会资本合作项目政府采购管理办法》《关于推广运用政府和社会资本合作模式操作指南（试行）的通知》《关于进一步做好政府和社会资本合作项目示范工作的通知》（财金〔2015〕57号）、《关于切实做好〈基础设施和公用事业特许经营管理办法〉贯彻实施工作的通知》（发改法规〔2015〕1508号）、《关于公布第二批政府和社会资本合作示范项目的通知》（财金〔2015〕109号）、《关于积极发挥新消费引领作用加快培育形成新供给新动力的指导意见》（国发〔2015〕66号）、《关于加快发展生活性服务业促进消费结构升级的指导意见》（国办发〔2015〕85号）、《政府和社会资本合作项目财政承受能力论证指引》《PPP物有所值评价指引（试行）》（财金〔2015〕167号）、《政府和社会资本合作项目财政管理暂行办法》（财金〔2016〕92号）、《传统基础设施领域实施政府和社会资本合作项目工作导则》（发改投资〔2016〕2231号）。2017年以来，PPP改革加速推进。2017年6月份财政部、中国人民银行、中国证监会三部门联合发布《关于规范开展政府和社会资本合作项目资产证券化有关事宜的通知》（财金〔2017〕55号）。2017年7月国务院法制办关于《基础设施和公共服务领域政府和社会资本合作条例（征求意见稿）》全文发布，通过后，将统一PPP领域的法律规则。

## 二、税收制度改革

2012年以来的税制改革，在清理税收优惠政策的同时，焦点主要集中在六大税种改革，包括增值税、消费税、资源税、环境保护税、房地产税、个人所得税，此外，《税收征收管理法》的修订也日渐提上日程。改革推进情况如表5-2所示。

表5-2　税收制度改革推进情况

| 序号 | 十八届三中全会税收制度改革任务 | 目前已经进行的改革 |
|---|---|---|
| 1 | 深化税收制度改革，完善地方税体系，逐步提高直接税比重 | 推进缓慢 |
| 2 | 推进增值税改革，适当简化税率 | 《关于印发〈营业税改征增值税试点方案〉的通知》（财税〔2011〕110号） |
| | | 《财政部 国家税务总局关于在上海市开展交通运输业和部分现代服务业营业税改征增值税试点的通知》（财税〔2011〕111号） |
| | | 《关于上海市开展营业税改征增值税试点有关预算管理问题的通知》（财预〔2011〕538号） |
| | | 《关于上海市营业税改征增值税试点增值税一般纳税人资格认定有关事项的公告》（国家税务总局公告2011年第65号） |
| | | 《关于营业税改征增值税试点有关税收征收管理问题的公告》（国家税务总局公告2011年第77号） |
| | | 《财政部 国家税务总局关于在北京等8省市开展交通运输业和部分现代服务业营业税改征增值税试点的通知》（财税〔2012〕71号） |
| | | 《关于交通运输业和部分现代服务业营业税改征增值税试点应税服务范围等若干税收政策的补充通知》（财税〔2012〕86号） |
| | | 《财政部 国家税务总局关于营业税改征增值税试点中文化事业建设费征收有关问题的通知》（财综〔2012〕68号） |
| | | 《财政部 国家税务总局关于营业税改征增值税试点中文化事业建设费征收有关问题的补充通知》（财综〔2012〕96号） |
| | | 《国家税务总局关于调整增值税纳税申报有关事项的公告》（国家税务总局公告2012年第31号） |

续表

| 序号 | 十八届三中全会税收制度改革任务 | 目前已经进行的改革 |
|---|---|---|
| 2 | 推进增值税改革，适当简化税率 | 《关于北京等8省市营业税改征增值税试点有关税收征收管理问题的公告》（国家税务总局公告2012年第42号） |
| | | 《关于北京等8省市营业税改征增值税试点增值税纳税申报有关事项的公告》（国家税务总局公告2012年第43号） |
| | | 《关于营业税改征增值税试点文化事业建设费缴费信息登记有关事项的公告》（国家税务总局公告2012年第50号） |
| | | 《关于营业税改征增值税试点文化事业建设费申报有关事项的公告》（国家税务总局公告2012年第51号） |
| | | 《关于在全国开展交通运输业和部分现代服务业营业税改征增值税试点税收政策的通知》（财税〔2013〕37号） |
| | | 《财政部 国家税务总局关于将铁路运输和邮政业纳入营业税改征增值税试点的通知》（财税〔2013〕106号） |
| | | 《财政部 国家税务总局关于铁路运输和邮政业营业税改征增值税试点有关政策的补充通知》（财税〔2013〕121号） |
| | | 《关于营业税改征增值税试点有关文化事业建设费征收管理问题的通知》（财综〔2013〕88号） |
| | | 《关于发布〈营业税改征增值税试点期间航空运输企业增值税征收管理暂行办法〉的公告》（国家税务总局公告2013年第7号） |
| | | 《关于营业税改征增值税试点中非居民企业缴纳企业所得税有关问题的公告》（国家税务总局公告2013年第9号） |
| | | 《关于营业税改征增值税总分机构试点纳税人增值税纳税申报有关事项的公告》（国家税务总局公告2013年第22号） |
| | | 《关于交通运输业和部分现代服务业营业税改征增值税试点增值税一般纳税人资格认定有关事项的公告》（国家税务总局公告2013年第28号） |
| | | 《国家税务总局关于调整增值税纳税申报有关事项的公告》（国家税务总局公告2013年第32号） |
| | | 《关于营业税改征增值税试点中文化事业建设费征收有关事项的公告》（国家税务总局公告2013年第35号） |
| | | 《关于在全国开展营业税改征增值税试点有关征收管理问题的公告》（国家税务总局公告2013年第39号） |
| | | 关于发布《营业税改征增值税跨境应税服务增值税免税管理办法（试行）》的公告（国家税务总局公告2013年第52号） |
| | | 《关于营业税改征增值税试点有关文化事业建设费登记与申报事项的公告》（国家税务总局公告2013年第64号） |
| | | 《关于营业税改征增值税试点增值税一般纳税人资格认定有关事项的公告》（国家税务总局公告2013年第75号） |

续表

| 序号 | 十八届三中全会税收制度改革任务 | 目前已经进行的改革 |
|---|---|---|
| 2 | 推进增值税改革，适当简化税率 | 《关于铁路运输和邮政业营业税改征增值税发票及税控系统使用问题的公告》（国家税务总局公告2013年第76号） |
| | | 《财政部 国家税务总局关于将电信业纳入营业税改征增值税试点的通知》（财税〔2014〕43号） |
| | | 《国家税务总局关于铁路运输和邮政业营业税改征增值税后纳税申报有关事项的公告》（国家税务总局公告2014年第7号） |
| | | 《国家税务总局关于重新发布〈营业税改征增值税跨境应税服务增值税免税管理办法（试行）〉的公告》（国家税务总局公告2014年第49号） |
| | | 《关于营业税改征增值税试点期间有关增值税问题的公告》（国家税务总局公告2015年第90号） |
| | | 《关于做好全面推开营改增试点工作的通知》（国发明电〔2016〕1号） |
| | | 《关于印发全面推开营改增试点后调整中央与地方增值税收入划分过渡方案的通知》（国发〔2016〕26号） |
| | | 《财政部 国家税务总局关于营业税改征增值税试点有关文化事业建设费政策及征收管理问题的通知》（财税〔2016〕25号） |
| | | 《财政部 国家税务总局关于全面推开营业税改征增值税试点的通知》（财税〔2016〕36号） |
| | | 《关于营改增后契税 房产税 土地增值税 个人所得税计税依据问题的通知》（财税〔2016〕43号） |
| | | 《关于进一步明确全面推开营改增试点金融业有关政策的通知》（财税〔2016〕46号） |
| | | 《关于进一步明确全面推开营改增试点有关劳务派遣服务、收费公路通行费抵扣等政策的通知》（财税〔2016〕47号） |
| | | 《关于促进残疾人就业增值税优惠政策的通知》（财税〔2016〕52号） |
| | | 《关于进一步明确全面推开营改增试点有关再保险 不动产租赁和非学历教育等政策的通知》（财税〔2016〕68号） |
| | | 《关于金融机构同业往来等增值税政策的补充通知》（财税〔2016〕70号） |
| | | 《关于部分营业税和增值税政策到期延续问题的通知》（财税〔2016〕83号） |
| | | 《关于收费公路通行费增值税抵扣有关问题的通知》（财税〔2016〕86号） |
| | | 《关于延续免征国产抗艾滋病毒药品增值税政策的通知》（财税〔2016〕97号） |
| | | 《关于明确金融 房地产开发 教育辅助服务等增值税政策的通知》（财税〔2016〕140号） |
| | | 《关于全面推开营业税改征增值税试点后增值税纳税申报有关事项的公告》（国家税务总局公告2016年第13号） |
| | | 《关于发布〈纳税人转让不动产增值税征收管理暂行办法〉的公告》（国家税务总局公告2016年第14号） |
| | | 《关于发布〈不动产进项税额分期抵扣暂行办法〉的公告》（国家税务总局公告2016年第15号） |
| | | 《关于发布〈纳税人提供不动产经营租赁服务增值税征收管理暂行办法〉的公告》（国家税务总局公告2016年第16号） |

续表

| 序号 | 十八届三中全会税收制度改革任务 | 目前已经进行的改革 |
| --- | --- | --- |
| 2 | 推进增值税改革，适当简化税率 | 《关于发布〈纳税人跨县（市、区）提供建筑服务增值税征收管理暂行办法〉的公告》（国家税务总局公告2016年第17号） |
| | | 《关于发布〈房地产开发企业销售自行开发的房地产项目增值税征收管理暂行办法〉的公告》（国家税务总局公告2016年第18号） |
| | | 《关于营业税改征增值税委托地税机关代征税款和代开增值税发票的公告》（国家税务总局公告2016年第19号） |
| | | 《关于营业税改征增值税委托地税局代征税款和代开增值税发票的通知》（税总函〔2016〕145号） |
| | | 《关于进一步做好营改增税控装置安装服务和监督管理工作有关问题的通知》（税总函〔2016〕170号） |
| | | 《关于全面推开营业税改征增值税试点有关税收征收管理事项的公告》（国家税务总局公告2016年第23号） |
| | | 《关于发布增值税发票税控开票软件数据接口规范的公告》（国家税务总局公告2016年第25号） |
| | | 《关于明确营改增试点若干征管问题的公告》（国家税务总局公告2016年第26号） |
| | | 《关于纳税人销售其取得的不动产办理产权过户手续使用的增值税发票联次问题的通知》（税总函〔2016〕190号） |
| | | 《关于调整增值税纳税申报有关事项的公告》（国家税务总局公告2016年第27号） |
| | | 《关于发布〈营业税改征增值税跨境应税行为增值税免税管理办法（试行）〉的公告》（国家税务总局公告2016年第29号） |
| | | 《关于营业税改征增值税部分试点纳税人增值税纳税申报有关事项调整的公告》（国家税务总局公告2016年第30号） |
| | | 《关于发布〈促进残疾人就业增值税优惠政策管理办法〉的公告》（国家税务总局公告2016年第33号） |
| | | 《关于修订土地增值税纳税申报表的通知》（税总函〔2016〕309号） |
| | | 《关于红字增值税发票开具有关问题的公告》（国家税务总局公告2016年第47号） |
| | | 《关于被盗、丢失增值税专用发票有关问题的公告》（国家税务总局公告2016年第50号） |
| | | 《关于保险机构代收车船税开具增值税发票问题的公告》（国家税务总局公告2016年第51号） |
| | | 《关于优化完善增值税发票选择确认平台功能及系统维护有关事项的公告》（国家税务总局公告2016年第57号） |
| | | 《关于纳税人申请代开增值税发票办理流程的公告》（国家税务总局公告2016年第59号） |
| | | 《关于开展赋予海关特殊监管区域企业增值税一般纳税人资格试点的公告》（国家税务总局 财政部 海关总署公告2016年第65号） |
| | | 《关于营改增后土地增值税若干征管规定的公告》（国家税务总局公告2016年第70号） |
| | | 《关于按照纳税信用等级对增值税发票使用实行分类管理有关事项的公告》（国家税务总局公告2016年第71号） |

续表

| 序号 | 十八届三中全会税收制度改革任务 | 目前已经进行的改革 |
|---|---|---|
| 2 | 推进增值税改革，适当简化税率 | 《关于纳税人转让不动产缴纳增值税差额扣除有关问题的公告》（国家税务总局公告 2016 年第 73 号） |
| | | 《关于调整增值税一般纳税人留抵税额申报口径的公告》（国家税务总局公告 2016 年第 75 号） |
| | | 《关于走逃（失联）企业开具增值税专用发票认定处理有关问题的公告》（国家税务总局公告 2016 年第 76 号） |
| | | 《关于房地产开发企业土地增值税清算涉及企业所得税退税有关问题的公告》（国家税务总局公告 2016 年第 81 号） |
| | | 《关于启用增值税普通发票（卷票）有关事项的公告》（国家税务总局公告 2016 年第 82 号） |
| | | 《关于启用全国增值税发票查验平台的公告》（国家税务总局公告 2016 年第 87 号） |
| | | 《关于土地价款扣除时间等增值税征管问题的公告》（国家税务总局公告 2016 年第 86 号） |
| | | 《关于发布〈研发机构采购国产设备增值税退税管理办法〉的公告》（国家税务总局公告 2017 年第 5 号） |
| | | 《关于进一步做好增值税电子普通发票推行工作的指导意见》（税总发〔2017〕31 号） |
| | | 《关于使用印有本单位名称的增值税普通发票（卷票）有关问题的公告》（国家税务总局公告 2017 年第 9 号） |
| | | 《关于增值税发票开具有关问题的公告》（国家税务总局公告 2017 年第 16 号） |
| 3 | 调整消费税征收范围、环节、税率，把高耗能、高污染产品及部分高档消费品纳入征收范围 | 《关于对废矿物油再生油品免征消费税的通知》（财税〔2013〕105 号） |
| | | 《关于成品油消费税有关问题的公告》（国家税务总局公告 2014 年第 65 号） |
| | | 《关于提高成品油消费税的通知》（财税〔2014〕94 号） |
| | | 《关于进一步调整成品油消费税有关征收管理问题的公告》（国家税务总局公告 2014 年第 71 号） |
| | | 《关于调整消费税政策的通知》（财税〔2014〕93 号） |
| | | 《关于进一步提高成品油消费税的通知》（财税〔2014〕106 号） |
| | | 《关于成品油消费税纳税申报有关问题的公告》（国家税务总局公告 2015 年第 3 号） |
| | | 《财政部 国家税务总局关于继续提高成品油消费税的通知》（财税〔2015〕11 号） |
| | | 《关于电池 涂料消费税征收管理有关问题的公告》（国家税务总局公告 2015 年第 5 号） |
| | | 《关于对电池 涂料征收消费税的通知》（财税〔2015〕16 号） |
| | | 《关于修订〈葡萄酒消费税管理办法（试行）〉的公告》（国家税务总局公告 2015 年第 15 号） |
| | | 《关于卷烟消费税政策调整后纳税申报有关问题的公告》（国家税务总局公告 2015 年第 35 号） |
| | | 《关于白酒消费税最低计税价格核定问题的公告》（国家税务总局公告 2015 年第 37 号） |
| | | 《关于调整消费税纳税申报有关事项的公告》（国家税务总局公告 2015 年第 32 号） |
| | | 《关于调整卷烟消费税的通知》（财税〔2015〕60 号） |
| | | 《关于调整小汽车进口环节消费税的通知》（财关税〔2016〕63 号） |
| | | 《关于高档化妆品消费税征收管理事项的公告》（国家税务总局公告 2016 年第 66 号） |
| | | 《关于调整化妆品消费税政策的通知》（财税〔2016〕103 号） |
| | | 《关于对超豪华小汽车加征消费税有关事项的通知》（财税〔2016〕129 号） |
| | | 《关于超豪华小汽车消费税征收管理有关事项的公告》（国家税务总局公告 2016 年第 74 号） |

| 续表 | | |
|---|---|---|
| 序号 | 十八届三中全会税收制度改革任务 | 目前已经进行的改革 |
| 4 | 逐步建立综合与分类相结合的个人所得税制。加快房地产税立法并适时推进改革，加快资源税改革，推动环境保护费改税 | 《环境保护税法实施条例（征求意见稿）》 |
| | | 《关于推广实施商业健康保险个人所得税政策有关征管问题的公告》（国家税务总局公告2017年第17号） |
| | | 《关于将商业健康保险个人所得税试点政策推广到全国范围实施的通知》（财税〔2017〕39号） |
| | | 房产税正在研究中 |
| 5 | 按照统一税制、公平税负、促进公平竞争的原则，加强对税收优惠特别是区域税收优惠政策的规范管理。税收优惠政策统一由专门税收法律法规规定，清理规范税收优惠政策 | 《关于清理规范税收等优惠政策的通知》（国发〔2014〕62号文） |
| | | 《关于贯彻落实国务院清理规范税收等优惠政策决策部署若干事项的通知》（财预〔2014〕415号） |
| 6 | 完善国税、地税征管体制 | 《关于加强国家税务局、地方税务局互相委托代征税收的通知》（税总发〔2015〕155号） |

## （一）清理税收优惠政策

为推动区域经济发展，近年来一些地区和部门对特定企业及其投资者（或管理者）等，在税收、非税等收入和财政支出等方面实施了优惠政策（以下统称税收等优惠政策），一定程度上促进了投资增长和产业集聚。但是，一些税收等优惠政策扰乱了市场秩序，影响国家宏观调控政策效果，甚至可能违反我国对外承诺，引发国际贸易摩擦。为此，2014年国务院出台了《关于清理规范税收等优惠政策的通知》（国发〔2014〕62号），提出要切实规范各类税收等优惠政策，包括统一税收政策制定权限、规范非税等收入管理、严格财政支出管理，同时，全面清理已有的各类税收等优惠政策，建立健全长效机制。2015年5月，就国发〔2014〕62号文中涉及的相关事项，国务院又发布了《关于税收等优惠政策相关事项的通知》（国发〔2015〕25号），对进一步推进清理税收优惠政策进行了说明。一是国家统一制定的税收等优惠政策，要逐项落实到位。二是各地区、各部门已经出台的优惠政策，有规定期限的，按规定期限执行；没有规定期限又确需调整的，由地方政府和相关部门按照把握节奏、确保稳妥的原则设立过渡期，在过渡期内继续执行。三是各地与企业已签订合同中的优惠政策，继续有效；对已兑现的部分，不溯及既往。四是各地区、各部门今后制定出台新的优惠政策，除法律、行政法规已有规定事项外，涉及税收或中央批准设立的非税收入的，应报国务院批准后执行；其他由地方政府和相关部门批准后执行，其中安排支出一般不得与企业缴纳的税收或非税收入挂钩。五是国发〔2014〕62号文中规定的专项清理工作，待另行部署后再进行。

## （二）营业税改征增值税

"营改增"是此轮税制改革的重点。2011年，经国务院批准，财政部、国家税务总局联合下发营业税改征增值税试点方案。从2012年1月1日起，在上海的"1+6"行业率先试点。"1"为包括陆路、水路、航空、管道运输在内的交通运输业，"6"为研发、信息技术、文化创意、物流辅助、有形动产租赁、鉴证咨询等部分现代服务业。新增两档税率，按照试点行业营业税实际税负测算，陆路运输、水路运输、航空运输等交通运输业转换的增值税税率水平基本在11%—15%之间，研发和技术服务、信息技术、文化创意、物流辅助、鉴证咨询服务等现代服务业基本在6%—10%之间。为使试点行业总体税负不增加，改革试点选择了11%和6%两档低税率，分别适用于交通运输业和部分现代服务业。自2012年8月1日起至年底，国务院扩大"营改增"试点至北京、江苏、安徽、福建、广东、天津、浙江、湖北等8省市；2013年8月1日，"营改增"范围已推广到全国试行，将广播影视服务业纳入试点范围。2014年1月1日起，将铁路运输和邮政服务业纳入营业税改征增值税试点，至此交通运输业已全部纳入"营改增"范围；2014年6月1日，电信业在全国范围实施"营改增"试点。2016年5月1日起，我国全面推开"营改增"试点，将建筑业、房地产业、金融业、生活服务业全部纳入"营改增"试点，至此，营业税退出历史舞台，增值税制度将更加规范。这是自1994年分税制改革以来，财税体制的又一次深刻变革。

自2017年7月1日起，简并增值税税率结构，取消13%的增值税税率，将原制度中规定征收13%税率的农产品（含粮食）、自来水、暖气等税率降为11%。同时，为了进一步规范增值税发票管理，增值税普通发票必须有纳税人识别号或统一社会信用代码，否则不能税前扣除。销售方开具发票时，通过销售平台系统与增值税发票税控系统后台对接。导入相关信息开票的，系统导入的开票数据内容应与实际交易相符。

**（三）消费税改革**

消费税改革体现了政策调节作用，重在对高能耗和高档消费品征收重税。2014年11月，财政部、国家税务总局发布了《关于调整消费税政策的通知》（财税〔2014〕93号），规定取消气缸容量250毫升（不含）以下的小排量摩托车，气缸容量250毫升和250毫升（不含）以上的摩托车继续分别按3%和10%的税率征收消费税，取消汽车轮胎税目，取消车用含铅汽油消费税，汽油税目不再划分二级子目，统一按照无铅汽油税率征收消费税，取消酒精消费税。取消酒精消费税后，"酒及酒精"品目相应改为"酒"，并继续按现行消费税政策执行。同时，为促进环境治理和节能减排，财政部、国家税务总局发布了《关于提高成品油消费税的通知》（财税〔2014〕94号），将汽油、石脑油、溶剂油和润滑油的消费税单位税额在现行单位税额基础上提高0.12元/升，将柴油、航空煤油和燃料油的消费税单位税额在现行单位税额基础上提高0.14元/升，航空煤油继续暂缓征收。2015年发布《关于对电池 涂料征收消费税的通知》，开始对电池、涂料等征收消费税。2016年10月1日起，财政部取消对普通美容修饰类化妆品征收消费税，消费税征收目录中的"化妆品"税目名称调整为"高档化妆品"，税率也从30%降至15%。同年12月1日起，开始对零售价格130万元及以上的乘用车和中轻型商用客车在零售环节加征消费税，税率为10%。

**（四）资源税改革**

新一轮资源税制改革始于2010年。从2010年6月1日起，在新疆开采原油、天然气的纳税人缴纳的资源税实行从价计征，税率为5%。2010年7月，国务院西部工作会议决定，在西部12省区对煤炭、石油、天然气等资源税由从量征收改为从价征收。

2016年5月，财政部、国家税务总局《关于全面推进资源税改革的通知》（财税〔2016〕53号），对资源税改革的指导思想、基本原则、主要目标和主要内容等进行了部署。改革的主要内容包括：一是扩大资源税征收范围，开展水资源税改革试点工作，逐步将其他自然资源，如森林、草场、滩涂等纳入征收范围。二是实施矿产资源税从价计征改革，对《资源税税目税率幅度表》中列举名称的

21种资源品目（如铁矿、金矿、铜矿等）和未列举名称的其他金属矿实行从价计征，计税依据由原矿销售量调整为原矿、精矿（或原矿加工品）、氯化钠初级产品或金锭的销售额，对《资源税税目税率幅度表》中未列举名称的其他非金属矿产品，按照从价计征为主、从量计征为辅的原则，由省级人民政府确定计征方式。三是全面清理涉及矿产资源的收费基金，在实施资源税从价计征改革的同时，将全部资源品目矿产资源补偿费费率降为零，停止征收价格调节基金，取缔地方针对矿产资源违规设立的各种收费基金项目，地方各级财政部门要会同有关部门对涉及矿产资源的收费基金进行全面清理。四是合理确定资源税税率水平。五是加强矿产资源税收优惠政策管理，提高资源综合利用效率。此次资源税从价计征改革及水资源税改革试点，自2016年7月1日起实施，已实施从价计征的原油、天然气、煤炭、稀土、钨、钼等6个资源品目资源税政策暂不调整，仍按原办法执行。

为进一步明确改革事项，财政部、国家税务总局发布了《关于资源税改革重点政策问题的通知》（财税〔2016〕54号），对资源税计税依据的确定、税率的确定以及税收优惠政策等做了进一步的说明。

### （五）环境保护税改革

为了保护和改善环境，减少污染物排放，推进生态文明建设，2016年12月25日第十二届全国人民代表大会常务委员会第二十五次会议通过《中华人民共和国环境保护税法》，自2018年1月1日起施行。在中华人民共和国领域和中华人民共和国管辖的其他海域，直接向环境排放应税污染物的企业事业单位和其他生产经营者为环境保护税的纳税人，应当依照本法规定缴纳环境保护税。其中，应税污染物是指大气污染物、水污染物、固体废物和噪声等。

### （六）房地产税改革

此轮房地产税改革始于2011年。2011年1月28日起，上海市和重庆市开始房产税改革试点。上海市对部分个人住房征收房产税。征收范围包括上海市居民家庭在上海市新购且属于该居民家庭第二套及以上的住房和非上海市居民家庭在当地新购的住房。上海市居民家庭人均不超过60平方米的，其新购的住房暂免征收房产税。税基暂按应税住房市场交易价格的70%计算缴纳，适用税率暂定为0.6%。对住房每平方米市场交易价格低于当地上年度新建商品住房平均销售价格2倍（含2倍）的，税率暂减为0.4%。重庆市对个人新购的高档住房价格超过均价两倍，按照0.5%税率征收房产税，全部独栋商品房收房产税。独栋商品住宅和高档住房建筑面积交易单价在上两年主城九区新建商品住房成交建筑面积均价3倍以下的住房，税率为0.5%；3倍（含3倍）至4倍的，税率为1%；4倍（含4倍）以上的，税率为1.2%；在重庆市同时无户籍、无企业、无工作的个人新购第二套（含第二套）以上的普通住房，税率为0.5%。

### （七）个人所得税改革

2011年6月30日十一届全国人大常委会第二十一次会议表决通过关于修改个人所得税法的决定。法律规定，工资、薪金所得，以每月收入额减除费用3500元后的余额为应纳税所得额，适用超额累进税率，税率为3%至45%，修改后的个税法于当年9月1日起施行。但这次的修改并没有改革个人所得税实行的"分类征收制"，而以家庭为单位进行综合所得税改革一直是业界探讨的热点。2017年7月1日起，我国开始将商业健康保险个人所得税税前扣除试点政策推至全国，对个人购买符合条件的商业健康保险产品的支出，允许按每年最高2400元的限额予以税前扣除。

### （八）税收征管改革

2015年1月国务院法制办公室发布了关于《中华人民共和国税收征收管理法修订草案（征求意见稿）》公开征求意见的通知。此次征管法修改的主要内容包括：一是增加对自然人纳税人的税收征管规定；二是进一步完善纳税人权益保护体系；三是进一步规范税收征管行为；四是实现与相关法律，如行政强制法、刑法修正案、预算法的衔接；五是健全争议解决机制的内容。2015年12月，中办、国办印发的《深化国税、地税征管体制改革方案》已正式向社会公布，明确了国税、地税合作不合并的改革方向，要求理顺征管职责划分，创新纳税服务机制，转变征收管理方式。2015年12月，国家税务总局发布了《关于加强国家税务局、地方税务局互相委托代征税收的通知》（税总发〔2015〕155号），对国税、地税如何委托代征税收进行合作进行了规范。

### 三、建立事权和支出责任相适应的制度

合理划分中央与地方财政事权和支出责任是政府有效提供基本公共服务的前提和保障，是建立现代财政制度的重要内容，是推进国家治理体系和治理能力现代化的客观需要。相对于预算制度和税收制度改革，建立事权和支出责任相适应制度改革难度更大。根据党的十八大和十八届三中、四中、五中全会提出的建立事权和支出责任相适应的制度、适度加强中央事权和支出责任、推进各级政府事权规范化法律化的要求，为进一步推进中央与地方财政事权和支出责任划分改革，2016年国务院发布了《关于推进中央与地方财政事权和支出责任划分改革的指导意见》（国发〔2016〕49号），首次全面提出划分中央与地方事权和支出责任的原则和改革的主要内容。划分中央与地方事权和支出责任的原则主要有：体现基本公共服务受益范围，兼顾政府职能和行政效率，实现权、责、利相统一，激励地方政府主动作为，做到支出责任与财政事权相适应。

2018年，国务院又发布了《基本公共服务领域中央与地方共同财政事权和支出责任划分改革方案》，对基本公共服务领域中央与地方共同财政事权和支出责任划分改革进行了部署。

### （一）推进中央与地方财政事权划分

1. 适度加强中央的财政事权。坚持基本公共服务的普惠性、保基本、均等化方向，加强中央在保障国家安全、维护全国统一市场、体现社会公平正义、推动区域协调发展等方面的财政事权。强化中央的财政事权履行责任，中央的财政事权原则上由中央直接行使。中央的财政事权确需委托地方行使的，报经党中央、国务院批准后，由有关职能部门委托地方行使，并制定相应的法律法规予以明确。对中央委托地方行使的财政事权，受委托地方在委托范围内，以委托单位的名义行使职权，承担相应的法律责任，并接受委托单位的监督。

要逐步将国防、外交、国家安全、出入境管理、国防公路、国界河湖治理、全国性重大传染病防治、全国性大通道、全国性战略性自然资源使用和保护等基本公共服务确定或上划为中央的财政事权。

2. 保障地方履行财政事权。加强地方政府公共服务、社会管理等职责。将直接面向基层、量大面广、与当地居民密切相关、由地方提供更方便有效的基本公共服务确定为地方的财政事权，赋予地方政府充分自主权，依法保障地方的财政事权履行，更好地满足地方基本公共服务需求。地方的财政事权由地方行使，中央对地方的财政事权履行提出规范性要求，并通过法律法规的形式予以明确。

要逐步将社会治安、市政交通、农村公路、城乡社区事务等受益范围地域性强、信息较为复杂且主要与当地居民密切相关的基本公共服务确定为地方的财政事权。

3. 减少、规范并明确中央与地方共同财政事权。考虑到我国人口和民族众多、幅员辽阔、发展不平衡的国情和经济社会发展的阶段性要求，需要更多发挥中央在保障公民基本权利、提供基本公共服务方面的作用，因此应保有比成熟市场经济国家相对多一些的中央与地方共同财政事权。但在现阶段，针对中央与地

方共同财政事权过多且不规范的情况，必须逐步减少并规范中央与地方共同财政事权，并根据基本公共服务的受益范围、影响程度，按事权构成要素、实施环节，分解细化各级政府承担的职责，避免由于职责不清造成互相推诿。

要逐步将义务教育、高等教育、科技研发、公共文化、基本养老保险、基本医疗和公共卫生、城乡居民基本医疗保险、就业、粮食安全、跨省（区、市）重大基础设施项目建设和环境保护与治理等体现中央战略意图、跨省（区、市）且具有地域管理信息优势的基本公共服务确定为中央与地方共同财政事权，并明确各承担主体的职责。当前，首先将涉及人民群众基本生活和发展需要、现有管理体制和政策比较清晰、由中央与地方共同承担支出责任、以人员或家庭为补助对象或分配依据、需要优先和重点保障的主要基本公共服务事项，纳入中央与地方共同财政事权范围，目前暂定为八大类 18 项：一是义务教育，包括公用经费保障、免费提供教科书、家庭经济困难学生生活补助、贫困地区学生营养膳食补助 4 项；二是学生资助，包括中等职业教育国家助学金、中等职业教育免学费补助、普通高中教育国家助学金、普通高中教育免学杂费补助 4 项；三是基本就业服务，包括基本公共就业服务 1 项；四是基本养老保险，包括城乡居民基本养老保险补助 1 项；五是基本医疗保障，包括城乡居民基本医疗保险补助、医疗救助 2 项；六是基本卫生计生，包括基本公共卫生服务、计划生育扶助保障 2 项；七是基本生活救助，包括困难群众救助、受灾人员救助、残疾人服务 3 项；八是基本住房保障，包括城乡保障性安居工程 1 项。暂未纳入上述范围的基本公共文化服务等事项，在分领域中央与地方财政事权和支出责任划分改革中，根据事权属性分别明确为中央财政事权、地方财政事权或中央与地方共同财政事权。

4. 建立财政事权划分动态调整机制。财政事权划分要根据客观条件变化进行动态调整。在条件成熟时，将全国范围内环境质量监测和对全国生态具有基础性、战略性作用的生态环境保护等基本公共服务，逐步上划为中央的财政事权。对新增及尚未明确划分的基本公共服务，要根据社会主义市场经济体制改革进展、经济社会发展需求以及各级政府财力增长情况，将应由市场或社会承担的事务交由市场主体或社会力量承担，将应由政府提供的基本公共服务统筹研究划分为中央财政事权、地方财政事权或中央与地方共同财政事权。基本公共服务领域共同财政事权范围，也要随着经济社会发展和相关领域管理体制改革相应进行调整。

### （二）完善中央与地方支出责任划分

1. 中央的财政事权由中央承担支出责任。属于中央的财政事权，应当由中央财政安排经费，中央各职能部门和直属机构不得要求地方安排配套资金。中央的财政事权如委托地方行使，要通过中央专项转移支付安排相应经费。

2. 地方的财政事权由地方承担支出责任。属于地方的财政事权原则上由地方通过自有财力安排。对地方政府履行财政事权、落实支出责任存在的收支缺口，除部分资本性支出通过依法发行政府性债券等方式安排外，主要通过上级政府给予的一般性转移支付弥补。地方的财政事权如委托中央机构行使，地方政府应负担相应经费。

3. 中央与地方共同财政事权分情况划分支出责任。根据基本公共服务的属性，体现国民待遇和公民权利、涉及全国统一市场和要素自由流动的财政事权，如基本养老保险、基本公共卫生服务、义务教育等，可以研究制定全国统一标准，并由中央与地方按比例或以中央为主承担支出责任；对受益范围较广、信息相对复杂的财政事权，如跨省（区、市）重大基础设施项目建设、环境保护与治理、公共文化等，根据财政事权外溢程度，由中央和地方按比例或中央给予适当补助方式承担支出责任；对中央和地方有各自机构承担相应职责的财政事权，如科技研发、高等教育等，中央和地方各自承担相应支出责任；对中央承担监督管理、出台规划、制定标准等职责，地方承担具体执行等职责的财政事权，中央与地方各自承担相应支出责任。

其中，国家基础标准由中央制定和调整，要保障人民群众基本生活和发展需要，兼顾财力可能，并根据经济社会发展逐步提高，所需资金按中央确定的支出责任分担方式负担。参照现行财政保障或中央补助标准，制定义务教育公用经费保障、免费提供教科书、家庭经济困难学生生活补助、贫困地区学生营养膳食补助、中等职业教育国家助学金、城乡居民基本养老保险补助、城乡居民基本医疗保险补助、基本公共卫生服务、计划生育扶助保障9项基本公共服务保障的国家基础标准。地方在确保国家基础标准落实到位的前提下，因地制宜制定高于国家基础标准的地区标准，应事先按程序报上级备案后执行，高出部分所需资金自行负担。对困难群众救助等其余9项不易或暂不具备条件制定国家基础标准的事项，地方可结合实际制定地区标准，待具备条件后，由中央制定国家基础标准。法律法规或党中央、国务院另有规定的，从其规定。

规范基本公共服务领域中央与地方共同财政事权的支出责任分担方式。根据地区经济社会发展总体格局、各项基本公共服务的不同属性以及财力实际状况，基本公共服务领域中央与地方共同财政事权的支出责任主要实行中央与地方按比例分担，并保持基本稳定。具体明确和规范如下：

一是中等职业教育国家助学金、中等职业教育免学费补助、普通高中教育国家助学金、普通高中教育免学杂费补助、城乡居民基本医疗保险补助、基本公共卫生服务、计划生育扶助保障7个事项，实行中央分档分担办法：第一档包括内蒙古、广西、重庆、四川、贵州、云南、西藏、陕西、甘肃、青海、宁夏、新疆12个省（区、市），中央分担80%；第二档包括河北、山西、吉林、黑龙江、安徽、江西、河南、湖北、湖南、海南10个省，中央分担60%；第三档包括辽宁、福建、山东3个省，中央分担50%；第四档包括天津、江苏、浙江、广东4个省（市）和大连、宁波、厦门、青岛、深圳5个计划单列市，中央分担30%；第五档包括北京、上海2个直辖市，中央分担10%。按照保持现有中央与地方财力格局总体稳定的原则，上述分担比例调整涉及的中央与地方支出基数划转，按预算管理有关规定办理。

二是义务教育公用经费保障等6个按比例分担、按项目分担或按标准定额补助的事项，暂按现行政策执行，具体如下：义务教育公用经费保障，中央与地方按比例分担支出责任，第一档为8:2，第二档为6:4，其他为5:5。家庭经济困难学生生活补助，中央与地方按比例分担支出责任，各地区均为5:5，对人口较少民族寄宿生增加安排生活补助所需经费，由中央财政承担。城乡居民基本养老保险补助，中央确定的基础养老金标准部分，中央与地方按比例分担支出责任，中央对第一档和第二档承担全部支出责任，其他为5:5。免费提供教科书，免费提供国家规定课程教科书和免费为小学一年级新生提供正版学生字典所需经费，由中央财政承担；免费提供地方课程教科书所需经费，由地方财政承担。贫困地区学生营养膳食补助，国家试点所需经费，由中央财政承担；地方试点所需经费，由地方财政统筹安排，中央财政给予生均定额奖补。受灾人员救助，对遭受重特大自然灾害的省份，中央财政按规定的补助标准给予适当补助，灾害救助所需其余资金由地方财政承担。

三是基本公共就业服务、医疗救助、困难群众救助、残疾人服务、城乡保障性安居工程5个事项，中央分担比例主要依据地方财力状况、保障对象数量等因素确定。

对上述共同财政事权支出责任地方承担部分，由地方通过自有财力和中央转移支付统筹安排。中央加大均衡性转移支付力度，促进地区间财力均衡。党中央、国务院明确规定比照享受相关区域政策的地区继续按相关规定执行。中央与新疆生产建设兵团财政事权和支出责任划分,参照中央与地方划分原则执行;财政支持政策原则上参照新疆维吾尔自治区执行,并适当考虑兵团的特殊因素。在一般性转移支付下设立共同财政事权分类分档转移支付,原则上将改革前一般性转移支付和专项转移支付安排的基本公共服务领域共同财政事权事项,统一纳入共同财政事权分类分档转移支付,完整反映和切实履行中央承担的基本公共服务领域共同财政事权的支出责任。

### (三) 加快省以下财政事权和支出责任划分

省级政府要参照中央做法,结合当地实际,按照财政事权划分原则合理确定省以下政府间财政事权。将部分适宜由更高一级政府承担的基本公共服务职能上移,明确省级政府在保持区域内经济社会稳定、促进经济协调发展、推进区域内基本公共服务均等化等方面的职责。将有关居民生活、社会治安、城乡建设、公共设施管理等适宜由基层政府发挥信息、管理优势的基本公共服务职能下移,强化基层政府贯彻执行国家政策和上级政府政策的责任。

省级政府要根据省以下财政事权划分、财政体制及基层政府财力状况,合理确定省以下各级政府的支出责任,避免将过多支出责任交给基层政府承担。

中央财政要加强对省以下共同财政事权和支出责任划分改革的指导。对地方承担的基本公共服务领域共同财政事权的支出责任,省级政府要考虑本地区实际,根据各项基本公共服务事项的重要性、受益范围和均等化程度等因素,结合省以下财政体制,合理划分省以下各级政府的支出责任,加强省级统筹,适当增加和上移省级支出责任。县级政府要将自有财力和上级转移支付优先用于基本公共服务,承担提供基本公共服务的组织落实责任;上级政府要通过调整收入划分、加大转移支付力度,增强县级政府基本公共服务保障能力。

## 第五节 财税改革助推新时代中国特色社会主义建设

2012 年以来,国家治理视野下的现代财政制度建设,凸显了全局性、系统性,有力地发挥了财政在国家治理体系中的基础性和支柱性作用,推动了"四个全面"战略布局和"五位一体"总体布局的贯彻实施,推进了新时代中国特色社会主义建设。

### 一、依法理财成为实施财税体制改革的基础

十八大报告将"法治"的要求引入财税领域,契合于国家法治化发展的趋势,既肯定了财税法治建设在我国社会治理中的重要地位,又主张通过财税法律制度建设来提升治国理政的能力。2014 年 8 月全国人大修订了《预算法》,这一举措意义重大,为深化财税体制改革全局奠定了法律基础。这部预算法最大的突破在于,将预算从作为政府手里分钱的一个工具,变成了约束和规范政府活动范围与行为的一种制度安排。

一是现代预算管理制度的基本理念得以确立。通过新《预算法》明确了一些基本的现代预算管理制度理念,如《预算法》的目的在于规范政府收支行为,强化预算约束;明确了政府的全部收入与支出都须纳入预算管理,接受监督;明确了政府的全部收入与支出都须规范透明;明确了经人民代表大会批准的预算,非经法定程序,不得调整;等等。

二是建立了公开透明的全口径预算体系。新预算法明确要求政府的全部收入和支出都应当纳入预算,预算外资金的历史在法律层面被彻底终结。同时,新预算法保障建立了由"四本预算"——一般公共预算、政府性基金预

算、国有资本经营预算和社会保险基金预算构成的全口径预算体系，并横向打通了各账户之间的联系，国有资本经营预算调入一般公共预算的力度逐步加大，部分政府性基金逐渐纳入一般公共预算管理。预算信息公开被正式纳入法制化轨道，制度化建设也进一步加快。目前，在新预算法对预算信息的公开内容、公开时间、公开主体做了明确具体规定的基础上，我国充分依托互联网政务平台建设，多渠道推进预决算信息公开制度建设，包括利用门户网站、微信公众号、手机APP、电视媒体、报刊年鉴等多种媒体渠道发布财政预决算信息，部门预决算和地方政府预决算账单都在规定时间被"晒出来"，接受全国人民监督，预算信息公开逐步成为常态。

三是从法律层面对地方政府举债进行了规范。新《预算法》及相关配套文件均规定，地方政府可以举债，但必须采取政府债券方式，筹措的资金只能用于公益性资本支出而不得用于经常性支出，举债规模需由全国人大或全国人大常委会批准。同时，对地方政府年度发债限额、审批程序、资金用途、预算管理、风险管理做出了明确规定。2015年顺利发行新增地方政府债券6000亿元，置换发行3.2万亿元；2016年，全国人大批准新增地方政府限额11800亿元，置换发行5万亿元。建立健全债务风险预警和应急处置机制，综合运用债务率、偿债率、逾期率等指标，组织评估了截至2014年末各地级政府债务风险情况，督促债务风险较高地区多渠道筹集资金化解债务风险。改革夯实了地方政府债务规范管理的工作基础，减少了地方政府债务利息负担，既有利于防范和化解地方政府债务风险，也积极有效地探索地方融资新模式，有利于促进地方经济社会可持续发展。

四是在法律层面对财政转移支付提出了系统性、规范性要求。对财政转移支付的种类、原则和目标以及一般性转移支付、专项转移支付和管理制度等，均作了明确细致的规定。新预算法将均衡地区间基本财力的一般性转移支付确定为财政转移支付的主体，并要求按照国务院规定的基本标准和计算方法编制预算；同时规定市场竞争机制能够有效调节的事项不得设立专项转移支付，除上下级政府共同承担的事项外，不得要求下级政府承担配套资金。改革中逐渐加大了一般性转移支付比重，特别是增加对革命老区、民族地区、边疆地区、贫困地区的转移支付；修订公布了新的专项转移支付管理办法，注重从源头抓起，明确了专项转移支付项目设立、调整和退出等规定，并出台规定强化对专项转移支付的绩效管理；建立审计查出突出问题整改情况向全国人大常委会报告机制，2015年末首次进行报告审议。从实际改革效果来看，转移支付结构得到进一步优化，2016年一般性转移支付占比为60.5%，专项转移支付项目由2013年的220个压缩到94个，并对新设专项转移支付进行严格管控。规范的财政转移支付，有利于提高转移支付资金分配的效率与公平，规范政府转移支付行为，尤其是有利于倒逼中央与地方事权与支出责任划分改革迈出实质性步伐。

五是跨年度预算平衡机制逐步建立。2015年财政部开始研究编制2016—2018年全国财政规划，并在水利投资运营、义务教育等5个领域开展3年滚动规划试点。权责发生制政府综合财务报告制度相关细则已公布，2016年进入试点编制阶段。一些地方政府也开始试点编制三年滚动预算。

## 二、税制改革成为推进财税体制改革的起点

十八大以来，税制改革从具体税种的改革和税收征管体制改革两个方向共同发力，一方面自身改革成效显著，另一方面也有力地支持了供给侧结构性改革。

一是"营改增"全面推开。在具体税种改革方面，"营改增"不仅引领着我国间接税制改革乃至整个税制改革，而且成为此轮深化财税体制改革的起点，具有深刻的历史性意义。自2012年上海试点到行业扩围，到2016年5月1

日起全国范围内全面推开，建筑业、房地产业、金融业、生活服务业等全部营业税纳税人均纳入试点范围，由缴纳营业税改为缴纳增值税，营业税正式退出历史舞台，既体现了全面深化税制改革的魄力，也开启了地方税体系建设的新征程。"营改增"的全面推开，标志着1994年税改遗留下来的增值税"扩围"和"转型"两大改革任务均已完成，有利于减少市场扭曲，促进服务业发展。与国际主流接轨且有中国特色的现代增值税制度，已渐入定型阶段。这是迄今为止最大规模的税制改革行动。

二是个人所得税改革方向的确立。十八届三中全会明确提出逐步建立综合与分类相结合的个人所得税制的改革方向，为重新进行个人所得税制设计，充分发挥其调节收入分配差距的功能提供了历史性机遇，同时也体现出坚定的改革信心。虽然个税改革方案还未正式发布，但已经确定这次税制设计将结合经济、社会发展统筹规划，并充分考虑各项手段、措施的可操作性，对课税模式的转变、费用扣除的确定、税率的优化调整、征管流程的重构等做出通盘考虑，以期强化个税在调节收入分配差距方面的功能，兼顾培养纳税意识和培育中等收入阶层。2017年5月，财政部、税务总局、保监会联合下发有关通知，2017年7月1日起，将商业健康保险个人所得税税前扣除试点政策推至全国，对个人购买符合条件的商业健康保险产品的支出，允许按每年最高2400元的限额予以税前扣除，算是一个小小的尝试。

三是资源税改革顺利推进。2014年，全国实现煤炭资源税从价计征改革，并调整了原油、天然气资源税适用税率。财税〔2016〕53号文明确，自2016年7月1日起，全面推进扩大资源税征收范围、清费立税、从价计征改革。改革要求在河北省启动水资源税试点；各地根据实际情况逐步将森林、草场、滩涂等资源纳入资源税范围；实施矿产资源税从价计征改革；同步全面清理涉及矿产资源的收费基金，理顺资源税费关系。资源税改革将有效发挥税收杠杆调节作用，促进资源行业持续健康发展，推动经济结构调整和发展方式转变。

四是消费税调节作用逐渐增强。2015年，电池、涂料被列入消费税征收范围；其后三次提高燃油消费税税负。2016年10月1日起，取消了对普通美容修饰类化妆品征收消费税，消费税征收目录中的"化妆品"税目名称调整为"高档化妆品"，税率也从30%降至15%。同年12月1日起，开始对零售价格130万元及以上的乘用车和中轻型商用客车在零售环节加征消费税，税率为10%。

五是税收征管体制改革的支撑能力逐渐加强。当前，《税收征管法》（修订稿）正处于公开征求社会意见阶段。2015年12月，中办、国办印发的《深化国税、地税征管体制改革方案》已正式向社会公布，旨在从征管的角度，支撑起整个税制改革的成果。此轮改革是一项系统化的综合改革，改革方案提出6大类31项具体举措，以期实现到2020年建成与国家治理体系和治理能力现代化相匹配的现代税收征管体制，降低征税成本，提高征管效率，增强税法遵从度和纳税人满意度。事实上，分设国税、地税两套税务机构进行税收征管源于分税制改革在中央、地方划分收入。此轮以问题为导向的税收征管体制改革，对于在新的历史条件下深化分税制改革具有重要意义。

### 三、中央与地方关系调整成为深化财税体制改革的重心

2016年《关于推进中央与地方财政事权和支出责任划分改革的指导意见》的出台直指财税体制改革的顽瘴痼疾，标志着中央和地方财政关系终于开始抽丝剥茧。特别是2018年2月，国务院办公厅印发《基本公共服务领域中央与地方共同财政事权和支出责任划分改革方案》（以下简称《方案》），中央和地方财政关系开始迈出实质性进展。《方案》提出，要坚持以人民为中心，坚持财政事权划分由中央决定，坚持保障标准合理适度，坚持差别化分担，坚持积极稳妥推进，力争到2020年，逐

步建立起权责清晰、财力协调、标准合理、保障有力的基本公共服务制度体系和保障机制。《方案》明确,一是将由中央与地方共同承担支出责任、涉及人民群众基本生活和发展需要的义务教育、学生资助、基本就业服务等基本公共服务事项,列入中央与地方共同财政事权范围。二是制定基本公共服务保障国家基础标准。参照现行财政保障或中央补助标准,制定义务教育公用经费保障、免费提供教科书、中等职业教育国家助学金、城乡居民基本养老保险补助等9项基本公共服务保障的国家基础标准。三是规范基本公共服务领域中央与地方共同财政事权的支出责任分担方式,主要实行中央与地方按比例分担。四是在一般性转移支付下设立共同财政事权分类分档转移支付,对共同财政事权基本公共服务事项予以优先保障。《方案》要求,加快推进省以下支出责任划分改革,明确部门管理职责,加强基本公共服务项目预算管理,推进基本公共服务大数据平台建设,强化监督检查和绩效管理。《方案》自2019年1月1日起实施。

### 四、财政支出改革促进市场决定性作用发挥

十八大以来,财政支出领域进行了多项卓有成效的改革,包括重点支出同财政收支增幅或者生产总值"脱钩",打破财政支出结构的固化局面;改革支出经济分类科目,与当前预算管理改革与发展的实际紧密结合;全速推进公务支出管理改革的同时,加速提升基本公共服务保障水平;规范支出标准体系以及支出绩效管理制度,打下"支出有依据,花钱必问效,无效必问责"的制度基础。

值得一提的是,与党的十八大提出的"让市场在资源配置中起决定性作用"相适应,财政支出领域有三项改革可圈可点。

一是促进地方政府融资模式向市场化转向的地方债置换改革。2015年新预算法施行之后,开始以债务置换的方式处理2014年底的14.34万亿元包括地方融资平台等在内的地方政府负有偿还责任的存量债务,化解地方债务潜在风险。其中,2015年地方置换债务3.2万亿元,2016年地方政府置换债务5万亿元,2017年预计地方政府置换债务约为3万亿元。经过近三年时间的改革,地方存量债务成本已经从10%左右降至3.5%左右,为地方政府每年节省利息2000亿元,有效缓解了地方政府债务集中还款的压力。同时,地方政府融资模式也开始向市场化、规范化和透明化模式转变。

二是有效缓解地方财政融资压力的政府与社会资本合作(PPP)改革。十八大以来,我国PPP模式的制度化改革提上议事日程,逐渐形成由法律法规、管理机构、操作指引、标准化工具和专业培训构成的相对完整的PPP政策框架,地方财政长期健康可持续的融资渠道正逐渐拓宽。2015年被誉为"PPP元年",截至2015年底,我国各地已推出的PPP项目多达1800多个,总投资达3.4万亿元。2016年PPP迎来发展大潮,PPP项目进展加速。截至2016年底,财政部PPP入库项目累计11260个,全年总投资额达13.5万亿元,PPP项目落地率呈逐月增加趋势,落地率达到31.6%。截至2017年6月底,PPP入库项目累计13554个,2017年上半年投资额16.3万亿元。其中,已签约落地2021个,投资额3.3万亿元,落地率34.2%。全国PPP入库项目和落地项目均呈逐月持续稳步上升态势。PPP模式将政府的监管、监督、公共服务职能与社会资本的管理高效、技术创新等方面有机结合,通过签订项目合同,以契约的形式规定了作为项目参与方的政府的权利与义务,明确了政府"责任清单"。PPP模式通过契约利益共享、风险共担,借助市场"看不见的手"提高公共服务效率,有利于政府简政放权,管住"看得见的手",从而更好地实现政府职能,提升财政治理能力。

三是有待进一步发力的政府购买服务改革。政府购买服务是转变政府职能、改进公共服务供给效率和供给水平、缓解财政支出压力的重要举措,这一改革与财政作为国家治理的

基础和重要支柱的定位是一致的，同时，通过政府购买服务改革的推行，能在一定程度上减缓供给侧结构性改革和"新常态"背景下"减收"和"增支"的双重压力。但从目前看，受改革定位不够清晰、事业单位改革尚需到位等因素的影响，这一改革的效果还未完全发挥出来。

**五、财税体制改革支撑了供给侧结构性改革**

在我国经济步入新常态后，中央提出供给侧结构性改革，明确提出"去产能、去库存、去杠杆、降成本、补短板"五大改革任务。改革实施以来，财税政策工具充分发挥作用，全力服务发展大局，有力地促进了供给侧结构性改革。从财税政策工具的运用上看，主要包括两类：一是减税，减税是供给侧结构性改革的重要政策手段。从字面来看，供给侧改革的税收政策其实包括增税和减税两类，前者在于让污染排放成本太高之类的企业退出，后者则是降低企业成本，引导企业按照国家预定的经济、资源、环境和人口目标发展。二是增加财政支出，包括专向奖补资金，以及由供给侧结构性改革引发的财政兜底责任。

一是在去产能方面，中央针对我国工业领域出现的产能过剩现象，尤其是煤炭钢铁等行业，运用财税政策，积极化解过剩产能。五年来，在淘汰水泥、平板玻璃等落后产能基础上，以钢铁、煤炭等行业为重点加大去产能力度，中央财政安排 1000 亿元专项奖补资金予以支持，用于分流职工安置。退出钢铁产能 1.7 亿吨以上、煤炭产能 8 亿吨，安置分流职工 110 多万人①。

二是在去库存方面，国务院充分运用税收杠杆作用，调节消费需求，积极促进房地产行业去库存。2016 年 2 月 20 日开始执行房地产契税新政，普遍降低房屋买卖契税税率，这是推动房地产市场去库存的重要举措。2016 年 5 月 1 日起全面推开"营改增"试点后，个人二手房交易税率由 5% 降低到 4.76%，并将新增不动产纳入增值税抵扣范围，进一步推动了房地产市场去库存。因城施策分类指导，三四线城市商品住宅去库存取得明显成效，热点城市房价涨势得到控制。

三是在去杠杆方面，2016 年 12 月财政部和国家税务总局发布《关于落实降低企业杠杆率税收支持政策的通知》，要求各级财政部门认真落实好有关税收政策，充分发挥税收职能作用，为企业降杠杆创造良好的外部环境，对企业在债务重组、兼并收购以及信贷资产证券化方面，都提出了明确的税收优惠政策。积极稳妥去杠杆，控制债务规模，增加股权融资，工业企业资产负债率连续下降，宏观杠杆率涨幅明显收窄，总体趋于稳定。

四是在降成本方面，通过全方位的减税降费为企业降低成本。一是推进简政放权，降低企业制度性交易成本。2015 年底税务总局公布的 87 项税务行政审批事项中，除 7 项行政许可予以保留外，其余 80 项非行政许可审批事项已全部清理。二是继续推进减税政策，降低企业税收成本。2016 年 5 月全面推行"营改增"以来，已经累计直接减税 8500 多亿元，实现所有行业税收负担只减不增。从 2017 年 7 月 1 日起，增值税率由 4 档变 3 档，预计 2017 年全年将再减轻各类市场主体税负 3800 多亿元，截至 2017 年 8 月"营改增"累计实现减税 1.61 万亿元。三是降费与清理不合理收费同步进行。2015 年 1 月 1 日起，对小微企业免征组织机构代码证书费等 42 项行政事业性收费。2016 年取消违规设立的政府性基金，停征和归并一批政府性基金，扩大水利建设基金等免征范围。同时，将 18 项行政事业性收费的免征范围，从小微企业扩大到所有企业和个人，全年为企业和个人减轻税负 5000 多亿元。五年来，多措并举降成本，压减政府性基金项目 30%，削减中央政府层面设立的涉企收费

---

① 2018 年政府工作报告。

项目60%以上，阶段性降低"五险一金"缴费比例，推动降低用能、物流、电信等成本①。

五是在补短板方面，充分运用财税政策工具，通过打好脱贫攻坚战、支持培育发展新兴产业、城乡基础设施建设等方式扩大有效供给，突出重点，补齐发展短板。2016年中央财政扶贫资金补助地方部分660.95亿元，比2015年增长43.4%，同时，增加绩效评价和扶贫成效奖励资金规模。2016年1月国家发改委正式批复"国家新兴产业创业投资基金"，财政投入规模达400亿元，重点支持处于"蹒跚"起步阶段的创新型企业。在经济面临下行趋势、财政收入增速放缓情况下，中央财政没有降低对农村短板问题的投入力度，例如2015年和2016年一般公共预算支出中用于农林水的财政支出分别为17242亿元和18442亿元，占一般公共预算支出的比重保持在9.8%的水平。

此外，随着供给侧结构性改革的深入推进，"三去一降一补"深入发展，增量改革、存量调整中的矛盾日益显现。在推进供给侧结构性改革过程中，特别是化解过剩产能、处置"僵尸企业"，必然带来一些冲击，而且这些冲击很可能会从经济领域延伸到社会领域，涉及企业破产、职工安置、养老保险等职工切身利益。必须加大财政支持力度，财政兜底任务异常艰巨。

**六、财税体制改革成为参与全球治理的引擎**

习近平总书记倡导共商共建共享的全球治理理念，提出打造人类命运共同体等主张，实施了包括推进"一带一路"建设、成立亚投行、设立丝路基金等一系列的战略举措，为全球治理体系变革贡献更多中国智慧，推动了全球治理理念创新和实践发展。与此相适应，财政部党组2013年底提出了构建"大国财政"的工作思路，我国财政正在努力实践"大国财政"之"主动出题、妥为应对、积极参与国际财经事务，努力维护和增进国家利益"的目标，不断推出实现形式，持续挖掘理论内涵，取得了阶段性成果。

一是努力服务于我国提出的"一带一路"战略构想。"一带一路"战略是党中央做出的重要决策，是实现大国战略的重要抓手，既是一个实现各国共赢的重要国际合作形式，也是一个影响人类社会未来发展重大格局的点睛之作。2014年12月，国家设立丝路基金，首期资本金100亿美元。2017年5月，为加大对"一带一路"建设资金支持，我国宣布向丝路基金新增资金1000亿元人民币，并宣布未来3年向参与"一带一路"建设的发展中国家和国际组织提供600亿元人民币援助，建设更多民生项目。2015年12月，我国主导设立亚洲基础设施投资银行，我国初始认缴资本目标为500亿美元左右，用于支持"一带一路"基础设施建设，产能、金融合作。

二是支持南南合作和非洲发展。我国采取包括建立"中国气候变化南南合作基金"、建立"南南合作援助基金"、增加对最不发达国家投资、免除对有关最不发达国家债务、推行"支持中非十大合作计划"等措施，在环境保护、应对气候变化、国际扶贫、基础设施建设等领域开展国际合作，支持南南合作和非洲发展，体现了大国担当。

三是提出"中国方案"，推动全球经济治理，防范全球风险。习近平总书记将发展问题置于全球宏观政策框架的突出位置，并强调结构性改革和宏观政策创新，"要针对全球经济增长低迷出现的突出问题，在宏观经济政策上进行创新，把财政货币和结构性改革政策有效组合起来。"

---

① 2018年政府工作报告。

# 第六章 全球财经治理下的大国财政

2013年9月7日,习近平总书记在哈萨克斯坦纳扎尔巴耶夫大学演讲,正式提出了"丝绸之路经济带"的倡议,同年,李克强总理在出席中国—东盟博览会时亦强调面向东盟的海上丝绸之路问题,"一带一路"成为中国在21世纪重要的对外经济构想和倡议,开启了中国外交和国际关系的新格局。中国在上海合作组织的基础上,进一步丰富了亚洲国家间国际事务合作框架,将国家间经济发展拧成一股绳,积极发挥亚洲大陆对于世界经济的拉动作用。这不仅仅意味着中国更有信心和决心承担国际事务、肩负大国责任,同时也是对国内外经济社会形势的重大挑战。2013年12月15日的全国金融工作会议上,时任财政部部长楼继伟提出"构建一个大的国家的财政理念",并在2014年12月全国财政工作会议上强调,"要牢固树立'大国财政、统筹内外'理念和全球意识、安全意识,积极参与国际经贸规则制定,主动参与国际财经交流和全球经济治理"。

面对经济全球化的挑战,财政治理须匹配全球经济治理的需要,也须促进全球命运共同体的形成。构建大国财政是财政领导班子确定的中国财税改革的工作思路,同时也是中国顺应世界发展潮流的必然选择。中国经济总量居世界第二、国际话语权以及国际地位不断提升,说明中国已经步入世界大国行列,新时期的国家治理要求财政建设必须与时俱进。在全球化大背景下,只有明确中国的国际定位、厘清中国扮演的角色和承担的责任,才能有效指导中国财政建设、充分发挥财政在实现国家治理中的基础性作用。这就要求我们放眼全球,加快建立现代财政制度,坚持走大国财政建设之路。2016年10月15日国家主席习近平出席金砖国家领导人第八次会晤时提出,"我们要继续做全球治理变革进程的参与者、推动者、引领者,继续提升新兴市场国家和发展中国家代表性和发言权,继续做国际和平事业的捍卫者,推动构建合作共赢的新型国际关系"。但同年6月,英国举行全民公投并正式脱离欧盟,保守党党魁特蕾莎·梅成为新一任英国首相。在美国,随着唐纳德·特朗普总统的上台,美国的保守势力崛起。2017年1月,特朗普签署行政命令,美国至此退出了《跨太平洋伙伴关系协定(TPP)》。在法国,总统候选人、右翼政党"国民阵线"主席玛丽娜·勒庞将"法国优先"纳入竞选纲领之中,并表示"若当选会弃用欧元及脱离欧盟"。但是随着各国联系日益紧密,共同利益和集体利益的交叉重叠部分逐渐增加,自我中心的"逆全球化"发展模式必然不能适应世界形势。西方世界的"反全球化"浪潮正意味着国际社会迫切需要负责任的大国来推动世界经济发展和保持经济秩序的稳定。中国在践行大国承诺的同时,既要切实维护中国的合法权益,也需要公平、公正的国际环境以及合作共赢的新型国际关系。"打铁还需自身硬",中国要想成为全球治理变革进程的引领者,需要有强大的财政实力作为支撑。这种财政实力需要财政收入总量和财政制度的现代化建设水平。

财政实力是国家能力度量的标尺之一,增强财政硬实力、提升财政软实力、加快大国财政建设,对于完善国家治理和全球治理都是至关重要的。随着中国总量规模的不断增加和经济结构复杂化,特别是国家"一带一路"战略的深入推进,"大国财政"逐渐成为财税学者热议的问题之一。大国财政是财政服务于国家新时期大国战略而提出的新的工作思路[①]。邓力平、曾聪较为系统地论述了大国财政的含义,提出构建大国财政应该体现"两特两统筹"[②]。"两特"指的是,应具有"中国特色"与体现"时代特征";"两统筹"指的是,应在"统筹国内外两个大局"进程中发挥作用,应在"统筹推进国家财政治理现代化与参与国际财政治理体系构建"进程中有所建树。中国进入"大国财政"格局已经是不争的事实,并进一步提出了大国财政的首要特征是"强国财政"的观点[③]。随着国际化、全球化进程的不断加快,各国财政政策的联系越来越紧密,大国财政需要不断地应对财政主权和税收主权的挑战,在全球治理中提升水平[④]。大国财政应该更关注社会治理,大国财政需要保护社会秩序和市场经济稳定,同时也要激发社会的活力[⑤]。

更为重要的是,大国财政在参与全球治理中具有特殊地位和作用,是维护大国地位、责任和权利的重要保障。在全球经济治理背景下,在人类命运共同体理念、中国梦与各国梦共同实现的愿景下,大国财政的建立具有重要的战略意义。大国崛起与国家治理相辅相成,我们必须高度重视崛起中出现的各种风险,并及时加以化解,否则势必制约大国崛起。在此背景下,中国作为一个"大国",怎样在全球化背景下通过"大国财政"解决当前我国经济社会的矛盾,实现持续快速发展,提高国际地位和影响力,是值得深入研究的一个命题。

## 第一节 转型升级中的中国与全球经济治理变革

目前世界经济仍处于国际金融危机后的深度调整中,主要经济体的发展前景逐步分化,部分新兴经济体的经济增长震荡加剧。在此背景下,包括中国在内的新兴经济体如何加速经济转型以获取可持续发展的新动力成为各方的焦点所在。经济转型升级是一场深刻的社会变革,要按照经济转型升级的内在要求不断深化供给侧结构性改革。经济转型升级蕴藏了丰富

---

① 邓力平:《大国财政理念与实践的再认识》,《地方财政研究》,2016 年第 1 期。
② 邓力平、曾聪:《浅议"大国财政"构建》,《财政研究》,2014 年第 6 期。
③ 白彦锋:《大道至简:我国现代税收制度建设的"黄金法则"》,《公共财政研究》,2015 年第 2 期。
④ 刘尚希:《财政与国家治理:基于三个维度的认识》,《公共经济与政策研究》,2015 年第 38 期。
⑤ 吕冰洋:《2015 年税制改革展望》,《中国财政》,2015 年第 2 期。

的经济发展潜力和市场发展空间。建立现代化的经济体系就是在经济转型升级的大背景下寻找新动能、新增长的过程。

## 一、新时代下中国经济的转型升级

中国经济转型升级正处于十分重要的历史性关口。从国内来看，中国经济转型对经济增长方式转变、经济结构转型升级均具有深远的影响，并有助于提升经济增长的治理；但从国际来看，中国经济转型升级形成的巨大内需市场是全球经济复苏的突出亮点，将推动自由贸易新格局的加快形成，促进经济全球化进程和全球经济治理的深度变革。党的十九大报告明确指出，中国特色社会主义已经进入了新时代，中国社会的主要矛盾已经转化为人民日益增长的美好生活需要和不平衡不充分的发展之间的矛盾。针对这一历史性转化，发展是推动中国经济转型升级、建设现代化的经济体系的第一要务，有助于推动中国经济发展的高质量、可持续的新模式。作为世界第二大经济体，中国经济转型升级在推动自身转型发展的同时促进全球经济复苏和经济增长，为全球经济转型发展和全球经济治理变革注入新活力。

目前中国经济转型升级正处于历史性的关节点。经过了近40年的改革发展，中国经济进入了工业化的后期，产业结构正逐步由工业主导转向服务业主导。转型升级往往伴随着"增长阵痛"与"经济潜力"之间的较量。一方面，"三高一低"的经济产业正在逐步趋于淘汰，在环保风暴和产业升级的双重压力下，高污染企业被关停撤并，低端制造业迁移海外；另一方面，高技术、高附加值的高端制造业正在兴起，大飞机、核电、云计算、北斗导航卫星等产业正在逐步成为中国未来的新增长点。2017年前三季度的服务业在产业结构中的占比达到53%，根据这一趋势，2020年服务业占比将达到60%。在服务业经济比重不断提升的同时，新产业、新业态、新模式不断成为中国产业变革的新动能。与此同时，消费结构也正在由物质型消费逐步转向服务型消费。预计2020年，居民的服务型消费占比将提升至50%左右，由此中国开始步入新消费时代。建立现代化经济体系是迎合经济转型升级IDE新趋势、新结构下新动能形成的根本。预计在2020年中国服务业的规模将逐步上升至50亿元，继而优化经济结构成为新经济发展的重要动力。城乡结构变革将进一步释放农村市场的重要潜能。全球范围的新一轮科技革命与中国经济的转型升级交融，形成现代化经济体系的新动能。数字经济加快推动制造业的转型升级，也加快创新驱动进程，创新、创业成为转型发展的新引擎。经济转型升级不仅决定增长速度，而且决定增长质量。过去几年，在内外发展环境发生深刻复杂变化的背景下，中国经济总量从54万亿元增长到80万亿元，其背后是经济转型与结构升级的明确进展。

中国经济从高速增长走向高质量发展，从依赖要素投入转向科技创新，需要发展更高层次的开放型经济。全球经济复苏和经济增长需要中国经济转型升级后获得的市场空间。经济全球化、区域一体化离不开中国的参与和推动。推动全球开发新格局，赢得国内外竞争的主动权，使得中国成为全球经济增长的重要贡献者和全球经济治理的重要推动者。以"一带一路"建设为重点形成双向互济的开放格局。在经济全球化新的十字路口，"一带一路"建设为经济全球化与区域经济一体化提供了新动力、新平台。中国进入发展新时代，以"一带一路"建设为重点扩大开放，重在加快形成与沿线国家和地区双向互济开放的新格局。在此背景下，中国正在加快由货物贸易为主向服务贸易为重点的开放转型。一方面，中国全面实行准入前国民待遇加负面清单管理制度，大幅度放宽市场准入，扩大服务业对外开放，优化区域开放布局，提高国内自贸区水平，在条件具备的区域探索建立自由贸易港；另一方面，中国正在积极探求国际社会对中国服务贸易市场的开放。服务贸易的双向开放将有助于国内经济转型升级所形成的市场需求与国际先进技术的有效对接，其裂变出的能量可以形成经济全球化的新动力和全球经济增长的新活力。

中国经济的转型升级是建设现代化经济体系的务实选择，也是中国为经济全球化做出的重要贡献。从国内来看，中国经济的转型升级对经济增长方式转变、经济增长潜力转换、产业结构升级均具有深远的影响，有助于经济增长质量的明显提升。从国际来看，中国经济转型升级形成的巨大内需市场将成为全球经济复苏增长中的突出亮点，其推动的自由贸易新格局将推动经济全球化进程和全球经济治理的重要变革。

## 二、中国方案引领全球经济治理变革

在过去的几十年中，全球经济能保持强劲增长取决于两方面的力量：一方面是以中国为代表的新兴经济体逐步成长，凭借着高储蓄率、廉价劳动力和能源优势积累了充足的生产能力；另一方面美国、欧洲的强劲需求得以维持，但欧美等发达国家曾经的制造业优势正在逐步丧失，生产环节转移到生产成本更低的新兴经济体。在美元、欧元主导的国际货币体系下，全球经济的基本特征支撑了全球经济近30年的繁荣发展，欧美制造了巨大的政府债务和贸易逆差，新兴经济体获取巨额的贸易顺差和外汇储备。2008年世界金融危机的爆发完全摧毁了全球经济增长的基础，导致全球经济不平衡发展的问题集中爆发。

全球经济增长动能不足、发展失衡，全球经济治理滞后是当前不可忽视的重要问题。目前全球经济格局正在发生巨大变化，发展中国家的地位在不断上升，全球经济治理体系的变革越来越突出。全球经济治理的滞后性已经难以适应世界经济的新变化。全球经济失衡的问题充分体现在每一个国际经济体参与过的经济发展结构中。全球经济再平衡战略实施必须完成的两个环节：其一是欧美国家从供给和需求两个维度实现经济结构的转型升级，其二是中国等新兴经济体通过内需政策提振消费并转型生产结构。与此同时，国际货币体系的变革也势在必行，新兴经济体在国际货币体系制定中提升力量，才能避免欧美回归过度消费的增长路径。作为世界第二大经济体，中国正在为发展中国家代言，立足人类命运共同体，秉承共商共建共享的发展理念，深度参与全球经济治理变革，推动世界各国在各个领域上的互联互通，共同发展、共享繁荣，致力于从根本上找出和平赤字、发展赤字、治理赤字产生的深层次根源，解决世界经济增长、治理、发展模式中存在的问题，为国际经济秩序的不断完善做出努力。

当今世界新兴经济国家都面临经济转型、提升经济增长水平的紧迫任务。然而，由于各国的国情不同，所处的经济发展阶段和水平不一样，各国推进经济转型和经济增长的做法与路径也必然不相同。中国经济的快速增长是全球经济稳定和持续增长的重要保障。在贸易投资领域，中国积极维护WTO作为世界贸易多边体制的主渠道地位，推动多哈回合取得进展，同时寻求与有关贸易伙伴谈判和签署双边或区域贸易协议，推进区域全面经济伙伴关系协定（RCEP），促进贸易投资的便利化。欧盟前主席巴罗佐认为中国参与全球经济治理的努力已经得到了全球的欢迎；在国际税收领域，中国在实施增长友好型的税收政策的同时，帮助发展中国家提高税收征管能力，促进包容性发展。中国不断加大对发展中国家的税收培训与技术援助，支持国际货币基金组织、经济合作与发展组织、联合国和世界银行共同成立税收合作平台，积极参与平台建设以及其他相关工作，并与金砖国家一道提高税收征管能力，并向其他发展中国家给予援助。在国际货币体系领域，中国正积极推进人民币国际化进程，中国正通过自己的力量修正现有的国际货币体系，最终将改变由欧美国家掌控的国际货币体系，而促成一个更加包容与多元化的国际货币新体系。与此同时，中国推动建立亚投行，逐步完善现有的国际经济体系。这不仅有助于提升新兴经济体在全球经济体系中的影响力，同样有助于世界经济成果的共享。针对全球经济增长动能不足问题，中国着眼于"人类命运共同体"，倡议共建"一带一路"，将其建成和平之路、繁荣之路、开放之路、创新之路、文明之路，同一大批国家联动发展，使全球经济发展更加平衡。

总的来看，中国方案正在引领全球经济变革。中国经济的系列改革推动了全球经济增长方式的创新升级，完善了经济金融治理体系，促进了国际贸易和全球投资，包容、联动式发展为全球经济增长注入了新动力。这种治标以求眼下稳增长、治本以谋长远添动力的改革被国际社会誉为引领全球经济治理变革的"中国药方"。

## 第二节　全球经济治理需要与中国大国财政实践

在中国经济增长步入"新常态"的同时，全球经济也步入了"新平庸"时代，主要表现为全球增长乏力、不确定性风险提升、逆全球化思想抬头。然而，全球化不断深入，全球联系和相互依存关系更加紧密，国际分工不断深化、细化。同时，随着全球化进程的推进，大国参与全球化的程度不断加深，全球公共风险不断累积。防范和化解全球公共风险的全球治理需要世界各国共同参与，跨越有形国界，借助国际社会共同的力量来形成全球治理的有效制度安排。在开放经济背景下，国家利益不能局限在一国内部，而应在全球视野进行审视。大国的财政体系和制度安排是大国在全球范围内配置资源的基础，因此，全球财政治理需要适应全球经济治理的需要，加速全球命运共同体的形成，实现全球互利共赢[①]。

### 一、中国大国财政建设面临的新难题

伴随着中国经济的飞速发展，中国经济总量稳居世界第二位，国际话语权和影响力在逐步提升，大国财政建设已经取得了重要的阶段性成果。在国际社会中，"大国"和"小国"发挥的作用存在明显的差异，承担的国际责任也不尽相同。作为综合实力上的大国，中国需要突破国内的财政框架体系，在全球视角下重新定位财政职能和财政政策框架。在全球治理的背景下，中国经济有了长足进步，但前所未有的挑战也在不断累积，同时财政建设过程中的发展不平衡、不协调、不可持续等问题仍然突出，动荡的国际环境以及中国发展阶段的变化决定了大国财政建设之路充满挑战。

1. 蒂布特模型国际化。从总体来看，统筹国内外两个大局是中国大国财政建设的长期任务，统筹国家治理现代化和参与全球财经治理现代化是当前必须重点考虑的问题[②]。一是在国内外两个大局中发挥财政作用；二是推进国家治理现代化的同时为全球财经治理现代化的建设做贡献。在全球一体化的大背景下，各国之间的依赖程度加强，任何一个国家的宏观经济波动都会影响周边国家的经济稳定，而蒂布特模型[③]国际化趋向给统筹国内外的战略方针带来压力。

在财政分权体制下，普通公民"用手投票"和生产要素所有者"用脚投票"的双重机制使地方政府比中央政府更了解本地居民的需求，因此可以通过改善当地的公共产品的供给水平，提高居民的社会福利水平。近年来，随着全球经济一体化进程的不断加快，以及中

---

[①] 杨志勇、樊慧霞：《新财政治理理论：大国财政与全球经济新秩序》，《地方财政研究》，2016 年第 1 期。
[②] 邓力平、曾聪：《浅议"大国财政"构建》，《财政研究》，2014 年第 6 期。
[③] Tiebout CM, 1956, "A Pure Theory of Local Expenditures", Journal of Political Economy, 64：416 - 424.

国居民生活水平的提高,越来越多的民众选择跨国消费,"用手投票"和"用脚投票"双重机制的国际化倾向日趋明显。随着各个国家和地区之间形成竞争,各国政府为了吸引海外投资,促进本国经济的发展及就业,会通过降低实际税率等方式提高税收竞争力。开放经济条件下,中国对外投资增长迅速,在促进中国企业"走出去"的同时,税源减少的风险也大大增加。从图6-1可以看出,外商及港澳台商投资工业无论是亏损企业数量,还是亏损额度,都处在较高水平,外商企业大面积的亏损状况以及可能出现的国际避税问题势必给中国的税收收入带来巨大损失,在给跨国公司带来利润的同时,损害了中国的权益。

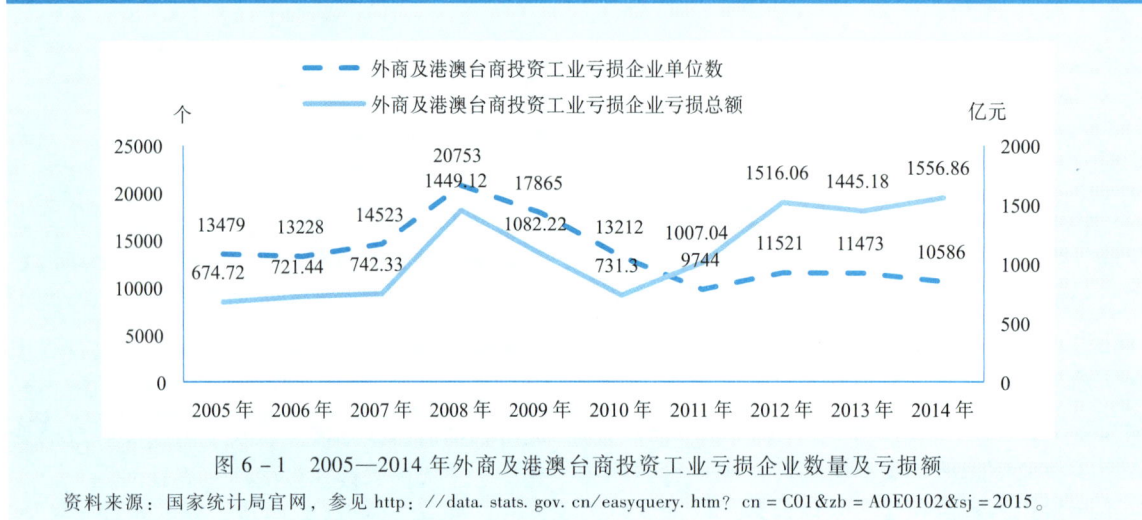

图6-1  2005—2014年外商及港澳台商投资工业亏损企业数量及亏损额

资料来源:国家统计局官网,参见http://data.stats.gov.cn/easyquery.htm?cn=C01&zb=A0E0102&sj=2015。

在世界范围内来讲,美国总统特朗普减税新政要将美国企业所得税从35%降至15%,减税规模达万亿美元。英国首相特蕾莎·梅也批准在2020年前把英国企业所得税税率降到17%。法国总统的热门竞选人弗郎索瓦·菲永也表示,上台后将使法国的企业所得税税率从当前的33%降到25%。世界越来越多的经济体都将采取减税措施。国际税源竞争加剧造成税率的下降,这会直接减少财政收入,同时开放的经济使外部风险也随之增大,政府的支出也会增加。随着中国大国财政建设进程的深入,蒂布特模型的国际化不可避免,这是全球经济一体化的产物。一方面,财政收入流向国外公共产品丰富、税率优惠的国家和地区;另一方面,为避免中国财政收入的来源过度流失,财政支出增加。蒂布特模型国际化的出现与发展使中国出现了"墙内开花墙外香"的窘境,给中国继续推进大国财政建设带来了严峻的挑战。

2. 财政作为国家主权面临新挑战。国家治理现代化是实现"四个全面"战略布局和"两个一百年"奋斗目标的助推器。财政作为国家治理的基础和重要支柱,在国家治理中始终发挥着制度、保障和支撑的作用,只有充分认清财政在国家治理中的重要作用,才能有效推进国家治理体系和治理能力现代化。经过改革开放近40年的发展,中国财政建设取得了巨大成就,财政实力稳步提升,宏观调控和管理水平不断提升,为社会主义现代化建设做出了卓越贡献。然而随着国内外形势的变化,现行财政体制面临一些新挑战。

大国治理需要大国财政思维,大国财政除制定财政政策、实施预算管理和制定税收政策外,在国内外经济事务中也发挥着重要作用。中国经济总量虽居世界第二位,但是相比其他国家,中国的财政经济职能依然较弱,在国际事务中的话语权不大、影响力甚微。在国际经济交流与合作方面,中国与其他大国之间存在

"同台不同位"的问题。2016 年全球 GDP 总量为 74 万亿美元,其中美国与中国以总量 18.03 万亿美元、11 万亿美元位居第一、二位[①],在全球 GDP 中占比分别为 24.32%、14.84%。从全球贸易角度而言,根据世界贸易组织发布的数据,2013 年中国取代美国成为全球第一大贸易国,2015 年中国、美国在全球贸易中的占比分别为 11.9% 和 11.5%,中国高出美国 0.4 个百分点,但 2016 年美国的货物贸易总额达到 3.706 万亿美元,中国为 3.685 万亿美元。

作为全球名列前茅的经济体,中国已经是综合实力上的大国,但相应的话语权并未体现出来。2015 年 11 月 30 日(美国东部时间),国际货币基金组织正式宣布,将人民币纳入特别提款权(Special Drawing Right,SDR)货币篮子,并于 2016 年 10 月 1 日生效。从图 6-2 可以看出,人民币在 SDR 篮子中位列第三位。但这并不意味着人民币成为世界第三大货币,其权重与美元与欧元之间还有较大差距,短期内甚至不能与英镑和日元同日而语。从表 6-1 可以看出,中国在世界银行国际复兴开发银行中的投票权比例为 4.64%,仅占美国投票权比例的 27.9%;中国在世界银行国际开发协会中的投票权比例为 2.05%,相对于其他国家而言,中国的投票权比例还处于很低的水平;中国在国际金融公司中的持股比例为 6.65%,是美国持股比例的 18.9%。中国作为全球第二大经济体和第一大贸易国的话语权没有体现出来,只有相应地提高中国的影响力和话语权,才能在国际交流与合作中维护国家的主权。

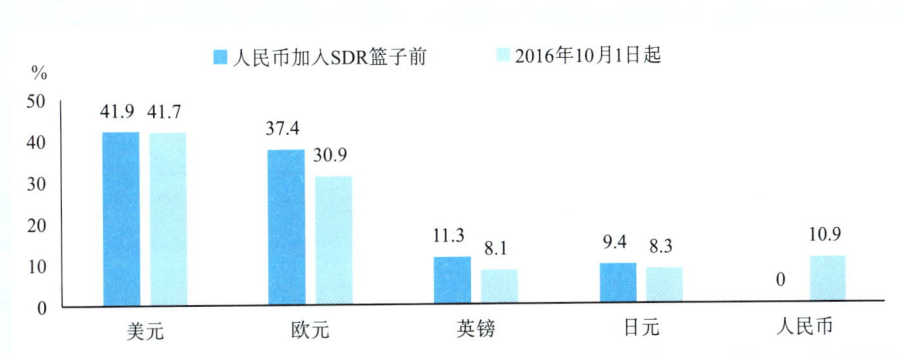

图 6-2 SDR 各货币权重对比

资料来源:国际货币基金组织公布的数据。国际货币基金组织每 5 年会对特别提款权货币篮子进行评估,人民币加入 SDR 篮子之后,IMF 对各货币的权重重新进行了调整。

表 6-1　　　　　　　　中美两国在世界银行各机构中的比例　　　　　　　　单位:%

|  | 美国 | 中国 |
|---|---|---|
| 国际复兴开发银行中的投票权比例 | 16.63 | 4.64 |
| 国际开发协会中的投票权比例 | 11.24 | 2.05 |
| 国际金融公司中的持股比例 | 35.17 | 6.65 |

随着全球化趋势进一步增强,国家和地区之间的区域合作逐渐增多,原来国内的公共产

---

① 数据来源:国际货币基金组织于 2016 年 4 月 12 日发布的《世界经济展望》。

品衍变为全球性的产品。世界逐渐成为一个相互影响的整体，经济、政治、文化、生态等治理问题已经超越国家的范畴，各国只有加强合作才能提高区域和全球利益。但是国际公共产品不同于国家范畴的公共产品，"免费搭车"问题始终伴随着公共产品的提供。国际规则的制定易受强国政治的影响，不能合理地反映各国的利益诉求，各国往往以本国利益为出发点。财政建设的国际合作充满挑战，在国际交往中，中国的主权和利益难免会受到损害，内外危机凸显，中国大国财政建设之路任重而道远。

改革开放以来，中国经济取得了令人瞩目的成绩。根据国际货币基金组织在 2017 年 1 月 6 日发布的《世界经济展望》，2016 年中国经济增速达 6.7%，超越印度居世界第一位。中国是世界经济发展的主要推动力，中国经济增长是世界经济复苏的关键支撑因素[①]。2010 年中国经济总量首次超过日本，从表 6-2 可以看出，近几年中国的 GDP 总量持续增长，稳居世界第二位。同时，中国经济总量与美国的差距在逐渐减少，2016 年中国 GDP 总量达 109828 亿美元，相当于美国经济总量的 61.2%。

## 二、大国财政建设在中国的实践与探索

表 6-3  2010—2015 年全球前 4 位国家的 GDP 总量  单位：亿美元

| | 2010 年 | 2011 年 | 2012 年 | 2013 年 | 2014 年 | 2015 年 |
|---|---|---|---|---|---|---|
| 美国 | 145266 | 150940 | 156847 | 167997 | 173481 | 179470 |
| 中国 | 59304 | 72981 | 82270 | 91814 | 104307 | 109828 |
| 日本 | 54884 | 58695 | 59640 | 49015 | 45962 | 41232 |
| 德国 | 32865 | 35770 | 34006 | 36360 | 38744 | 33576 |

资料来源：国际货币基金组织（International Monetary Fund，IMF）发布的《世界经济展望》。

各国分摊联合国会费的比重情况从侧面反映出一个国家的综合国力水平，是联合国会员国在国际事务中话语权的体现。在 193 个会员国中，中国会费增长幅度是最大的，每 3 年就会发生一次较大幅度的提升。从图 6-3 可以看出，美国会费的分摊比例基本保持稳定，中国与美国之间的差距在逐渐缩小，综合国力总体呈上升态势。根据联合国秘书委员处公布的最新数据，2017 年中国在联合国会费中所占比重为 7.92%，仅次于美国的 22% 和日本的 9.68%，居世界第三位[②]。联合国会费的分摊比例是由过去几年国民收入总量在全球收入中的占比决定的，以各国支付能力为原则，中国分摊会费比重的上升也说明了中国国际影响力的提高。此外，中国按时、足额缴纳联合国会费，积极主动参与国际事务，体现了大国的责任和担当，在全球范围内树立起负责任大国的形象。

根据财政部国库司在 2017 年 1 月 23 日发布的最新数据，2016 年全国一般公共预算收入为 159552 亿元，比上年增长 4.5%；一般公共预算支出 187841 亿元，同比增长 6.4%[③]，财政收支规模可观。从财政收支总量占 GDP

---

① 《世界经济展望》报告的主要作者、IMF 首席经济学家莫里·奥伯斯的最新经济预测，参见：https://blog-imfdirect.imf.org/2017/01/16/a-shifting-global-economic-landscape-update-to-the-world-economic-outlook/。
② 数据来源：http://www.un.org/zh/members/contribution.shtml。
③ 数据来源：财政部官网，参见：http://gks.mof.gov.cn/zhengfuxinxi/tongjishuju/201701/t20170123_2526014.html。

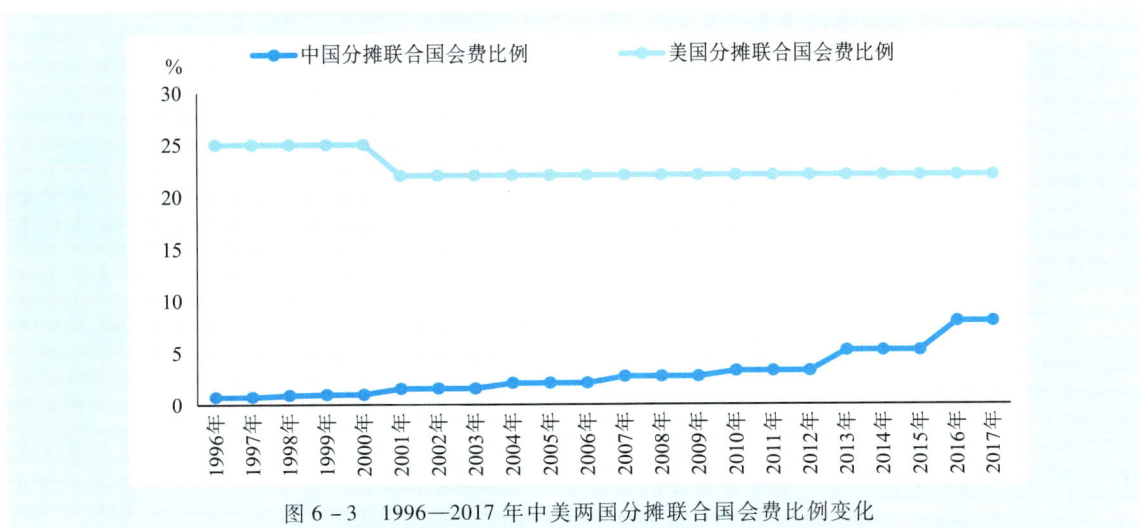

图 6-3　1996—2017 年中美两国分摊联合国会费比例变化

资料来源：联合国会费委员会秘书委员处（Secretariat of the United Nations Commission），参见：http://www.un.org/en/ga/contributions/budget.shtml。

的比重上看，只有适当提高收支占比，发挥好财政在政府管理中的重要作用，才能保障和改善民生。各国财政部不仅在财政政策制定、税收征管和预算管理中发挥重要作用，而且在其他宽泛的经济管理领域也发挥着重要作用，这就需要强大的财政实力作为支撑。从表 6-3 中可以看出，世界主要大国的收支比重都处于比较高的水平，中国的财政收支比重虽然不是很高，但一直处于增长状态。除此之外，2016 年中国境内投资者对外直接投资额首度破万亿元，累计投资 11299.2 亿元人民币，同比增长 44.1%[①]，投资额仅次于美国，居世界第二。中国地广人多、经济总量居世界第二、财政收支规模大、国际话语权不断提升等一系列数据和事实都证明中国已步入"大国财政"时代。为此，需要及时转变观念，重新定位，加快推进大国财政的建设。

| 表 6-3 | 大国财政收支比重历史数据 | | | | | | | 单位:% |
|---|---|---|---|---|---|---|---|---|
| | 2000 年 | | 2005 年 | | 2010 年 | | 2015 年 | |
| | 收入占比 | 支出占比 | 收入占比 | 支出占比 | 收入占比 | 支出占比 | 收入占比 | 支出占比 |
| 法国 | 50.17 | 51.69 | 50.60 | 53.57 | 49.60 | 56.40 | 53.50 | 57.40 |
| 意大利 | 44.95 | 45.86 | 43.42 | 47.92 | 45.60 | 49.90 | 47.90 | 50.50 |
| 德国 | 46.23 | 45.10 | 43.58 | 46.91 | 43.00 | 47.30 | 44.70 | 44.10 |
| 加拿大 | 44.05 | 41.11 | 40.75 | 39.20 | 38.40 | 43.20 | 39.10 | 40.40 |
| 英国 | 40.35 | 36.76 | 40.67 | 44.09 | 35.30 | 44.90 | 40.00 | 35.80 |
| 澳大利亚 | 34.91 | 35.63 | 35.51 | 33.93 | 32.00 | 37.10 | 34.60 | 37.50 |
| 日本 | 29.64 | 37.28 | 29.36 | 34.21 | 29.60 | 38.90 | 34.10 | 39.30 |
| 俄罗斯 | 36.17 | 32.84 | 40.96 | 32.80 | 32.20 | 35.40 | 32.90 | 36.30 |
| 巴西 | 31.91 | 35.29 | 35.77 | 39.30 | 36.10 | 38.80 | 31.70 | 42.00 |
| 美国 | 35.35 | 33.88 | 31.83 | 42.46 | 29.10 | 40.00 | 31.60 | 35.00 |
| 中国 | 13.78 | 17.05 | 17.22 | 18.61 | 24.60 | 24.00 | 28.60 | 31.40 |
| 印度 | 16.98 | 26.99 | 19.10 | 25.78 | 18.80 | 27.20 | 21.10 | 28.00 |

资料来源：IMF 数据库官网。

---

① 数据来源：商务部官网，参见：http://www.mofcom.gov.cn/article/tongjiziliao/。

2. 大国财政建设的中国实践。从过去三年多以来的中国实践可知,中国的大国财政建设已经取得了重要的阶段性成果,并用实践证明大国财政已经成为新时期中国"大国战略"的重要组成部分。目前中国经济社会政治发展步入全新阶段,中国已经从发展中的大国转变成在国际关系中起重要作用的大国,国际社会对中国在国际关系中的角色定位也有了新的认知。面对越来越多的国际性新问题,对中国承担更多国际责任的呼声也在不断增加。党的十八大以来,以习近平同志为总书记的党中央在中国特色大国战略建设方面做出重要决策和举措,为大国财政建设指明了方向。大国财政建设需要服务于国家提出的"一带一路"战略构想,为我国在新时期打造新型大国关系奠定基础,切实推动国家"深耕亚太、经略周边"的区域战略。

在过去三年多的实践中,大国财政建设始终坚持统筹好内外两个大局的主要原则。第一,为应对经济下行压力,财政部门在没有大规模刺激条件下促进市场配置资源,着力调结构、稳增长、惠民生,并着力防范和化解诸如地方债务等财务风险,在此基础上服务国家的大国战略。第二,涉外财政基于"统筹内外算大账"的原则坚持长远与眼前相结合、国内与国际相结合、政治与经济相结合,对与大国财政相关的涉外支出活动做到好牌打成好局。第三,大国财政与大国税务、大国金融之间协同配合。大国税务是指运用税收政策支持国家"一带一路"战略实施,加强国际税收合作、打击逃避税行为,促进国际税收新秩序的建立;大国金融是指站在国家战略高度谋划与大国经济相匹配的大国金融发展。第四,财政部门与全国人大及其常委会紧密配合,迅速审批涉外财政相关条约和协定,推动大国财政建设。

在具体实践操作中,大国财政实践主要体现"合作共赢、遵循规则、组合出招、策略灵活"等基本特征。具体来看,第一,倡议成立亚投行、金砖国家新开发银行与丝路基金构建组合政策推动国际经济治理体系建立,服务国家利益和各国间互利共赢。第二,大国财政与金融银行等形式相结合,体现大国财政与大国金融之间的关系,反映了政府力量与市场运作间的相互关系。第三,国际合作坚持策略灵活,并做出必要让步,协调大国财政运行体系和机制。

总的来看,在大国财政概念提出以来,中国积极实践大国财政,在大国关系和区域平衡等方面做出巨大贡献,并通过亚洲基础设施投资银行、丝路基金、金砖国家新开发银行等途径发挥中国在国际经济治理体系中的作用,取得了较大的阶段性成果,但问题依然存在。邓力平等学者总结,近两年的大国财政实践之路可以归纳为准确站位、服务大局,统筹内外、相互配合,持续实践、创新形势[①]。

### 三、中国大国财政建设急需解决的核心问题

尽管中国在大国财政建设方面已积极展开实践并取得阶段性成果,但现行财政体制难以保障有限财政资源在国内外实现优化配置,在保障政府职能正常发挥和均等化公共服务有效提供的同时,在国际经贸规则、标准制定、资源定价和公共风险规避等事务上扩大中国影响力和话语权。目前中国已经步入全面建设小康社会的决定性阶段,但经济发展过程中的不平衡、不可持续等问题依旧突出。新中国成立以来,中国财政体制改革经历了"统收统支"的高度集权制、"分灶吃饭"的包干制、"分税制"等三个阶段,其中分税制改革是中国财政体制改革的里程碑,对社会主义市场经济体制、对外开放和现代财政制度的建立奠定了基础。随着社会经济发展,现代财政体制的制度优势正在逐渐消退,财权和事权不匹配、地方政府债务风险增大、转移支付制度不完善、逆

---

① 邓力平:《大国财政理念与实践的再认识》,《地方财政研究》,2016年第1期。

全球化思潮等问题都是中国大国财政建设急需解决的核心问题。

1. 财政职能有待进一步加强，财政支出结构还需持续优化。现代财政制度要求财政是国家治理的重要支柱，人均财政实力不足引发财政实力与财政职能间的冲突。如果将预算内财政和相关政府经济活动纳入综合考虑，不难发现，目前中国政府的财政职能仍然更多地偏向于经济性支出（其占比超过50%），而从政府层级划分来看，中国地方财政支出占全球财政支出的比重依然超过85%。财政支出的经济偏向实际是地方政府在政绩目标下竞相扩大可以提升引资竞争力项目的资源投入所引发。分税制体系下，中央政府与地方政府财政利益存在不一致性问题，中央政府需要通过专项转移支付来解决地方政府对教育、卫生等民生支出意愿不足的问题①。虽然总量指标显示中国GDP总量已处于世界第二，但人均GDP仍处于中等偏上收入国家水平，且主要民生财政指标仍然处于较低水平。按照中等收入国家的平均水平来看，民生类公共支出占GDP的比重需要达到12%（其中公共教育支出占比为4%，公共医疗卫生支出占比为3.1%，社会保障支出占比为5%），而中国的民生公共支出占GDP的比重仅为8.31%。由此可见，中国的民生类支出距离中等收入国家平均水平还存在一段距离，这就意味着财政职能有待进一步加强，财政支出结构还需持续优化。大国经济需要有大国财政作为支撑，而大国财政也需要像大国经济一样实现一体化发展。

2. 中央政府与地方政府间财权与事权不匹配问题依然突出。1994年启动的"分税制"财税体制改革在财政体制方面，按照中央政府和地方政府各自的事权，划分各级财政的支出范围，并以此划分了中央和地方收入；在税收体制方面，按照"统一税法、公平税负、简化税制、合理分权"的要求，建立以增值税为主体的流转税体系，统一了内资企业所得税，合并了内外资个人所得税，开征了农业特产税，并根据经济社会发展变化，调整和完善了增值税、消费税等税种。提升全国财政收入占GDP的比重和地方财政收入占全国财政收入的比重是本轮改革的两大初衷。分税制改革后，全国财政收入占GDP的比重由1994年的10.8%上升至2014年的22.7%，地方财政收入在全国财政收入中的比重由1993年78%下降至1994年的44.3%，中央财政收入在全国财政收入中的比重由1993年的22%上升至55.7%。

在地方财政收入占全国财政收入的比重大幅下滑的背景下，中央和地方的事权责任划分却沿用改革前的做法，地方财政支出占全国财政支出的比重基本没有变化，2012年后上升至85%以上，导致地方事权与收入能力不匹配，中央与地方财权、事权不匹配问题突出。造成这一问题的原因主要从两方面加以分析：第一，政府与市场间的职能边界较为模糊，越权的事情相对较多，存在不恰当竞争；第二，目前的行政管理制度是垂直型，政府间事权和支出责任划分缺乏法律界定，上级政府容易将支出责任推给下级，导致"支出责任在下，财力分配在上"。

3. 地方政府债务风险高举。1994年的分税制改革虽然采用了国际通用的分税制原则，但仅仅在中央和省级地方政府之间规范性分税，在市级及以下政府间收入分配有失标准化，税种的共享机制、共享比例、收入分成比例和支出责任划分是省级政府制定的。同时，中央政府可以通过税权、支出责任法律性规定、强制性命令、转移支付等诸多手段对地方政府的财政体系实施实质性控制。税权集中和统一安排在一定程度上阻碍地方政府组织财政资源，加剧部分地方政府的财政困难。

在缺乏自主征税权力的背景下，地方政府只能避开公共财政预算约束，通过地方融资平台等非正式方式筹措资金，导致地方政府债务规模加速扩张。2015年新预算法正式实施以

---

① 杨龙见、尹恒：《中国县级政府税收竞争研究》，《统计研究》，2014年第6期。

来,地方政府债务限额在不断提高,每年限额提高额度均与当年批准地方新增债务规模一致。2015年清理甄别地方政府存量债务确定为15.4万亿元,2015年新增地方债务规模6000亿元,可知2015年地方政府债务限额为16万亿元;2016年新增地方债券规模为1.18万亿元,则2016年地方债务限额为17.18万亿元;2017年地方政府新增债务规模为1.63万亿元,其中一般债券8300亿元,专项债券8000亿元,则预计2017年地方债限额将达到18.8万亿元。因此,虽然地方债务余额略有下降,但地方债务限额并没有调整,还随着新增债券规模上升。截至2016年底,中国地方政府债务余额为15.3万亿元,较2015年下降4.3%。地方债务风险仍在不断累积,这在一定程度上威胁银行信贷资产的质量和金融系统的稳健运行。

4. 转移支付制度尚待完善。中国政府间转移支付规模较大,但财政转移支付结构并不合理。目前,地方政府财力和事权间的缺口长期维持在20%—34%之间,巨大的资金缺口主要依靠地方债务和中央政府的转移支付,在2012年以后中央转移支付资金在中央财政支出中的比重已经超过79%。但从转移支付结构来看,中央财政转移支付资金包括一般性转移支付、专项转移支付和税收返还。2008年以来,中国财政转移支付结构有了较大改善,但结构仍然不合理,其中,一般性转移支付所占比重不断增加(55%左右),而专项转移支付和税收返还所占比重却不断下降。需要注意的是,一般性转移支付占比虽在上升,但并没有突出其主体地位,无法实现真正的财力均等化功能。此外,中央政府对地方的转移支付资金在省、市、县、乡等各级地方财政部门层层下拨,造成管理成本高企和管理效率低下,最终导致地方政府事权责任和积极性之间的不一致。然而转移支付制度改革牵涉中央和地方、地方政府间利益分配博弈,改革困难相对较大。

5. 大国经济地位需要大国财政的支撑。中国经济总量已经处于世界第二位,但大国经济地位存在较多的缺位,同台不同位、对口不对等等现象层出不穷,这意味着中国的国际话语权仍然不大,影响力依然不足。美国作为全球第一大经济体,其GDP在全球GDP占比约为23%,全球贸易占比约为11.5%,美元的SDR权重为41.7%,世界银行国际复兴开发银行的投票权占比为15.9%。对中国而言,虽然人民币在SDR中位列第三,但人民币的权重距美元、欧元、英镑、日元仍有一段差距。中国在世界银行国际开发协会中的投票权比例为2.05%,在国际金融公司中的持股比例为6.65%,是美国持股比例的18.9%。这就意味着,中国作为全球第二大经济体和第一大贸易国的话语权远未体现,中美在国际组织中的地位悬殊,不利于中国大国经济地位的提升。中国影响力和话语权的提升需要依靠大国财政的支撑。

6. 逆全球化思潮下国际财政合作困难。国际公共品具有消费的非竞争性和受益的非排他性,"搭便车"行为在国际公共品提供过程中难以避免。2016年以来,逆全球化思潮涌起,英国脱欧、反对贸易全球化的特朗普当选、意大利修宪公投占优势等一系列事件频出。但"逆全球化"不是凭空出现,具备其自身的社会基础和经济基础,其根源在于全球化发展过程中科技进步和产业升级带来就业问题、劳动和资本间收益差距带来贫富差距、金融资本扩张引发金融风险。全球性公共产品决策过程和执行过程难以避免会受强国政治的影响,这就意味着全球性公共品的供给与国际政治无法分离,但在逆全球化思潮下国际财政合作困难进一步加剧。在此背景下,国际组织的决策难以真正实现国际社会整体资源配置效率的最优化配置。

## 第三节 中国大国财政制度框架与风险防范体系

### 一、经济转型期中国大国财政建设肩负的历史使命

大国财政建设要与大国地位相辅相成，中国虽已取得了瞩目的成就，但仍属于发展中国家，因此要对中国大国财政的建设做出理性、清楚的认识。经过近些年的大国财政建设，中国积累了一些经验，取得了阶段性成果。在中国大国财政的建设过程中，既要遵循大国财政建设的一般规律，又要体现中国特色，开辟适合自己的发展道路。在此背景下，中国大国财政的历史使命的艰巨性和紧迫性依旧十分突出，既需要回应短期稳增长的诉求，也需要解决长期增长难题和财政机制体制法制化等问题。

1. 提振投资，确保经济稳定发展。大国财政作为国家治理的基础，要服从和服务于中华民族伟大复兴的战略布局。中国已经是全球公认的"大国"，如何构建与之相匹配的大国财政成为必须考虑的问题。综合而言，大国既要求具有强大的"真金白银"硬实力，也体现在软实力上，即在国际上具有较强的话语权和影响力等。过去由于中国过于追求经济发展速度、过度依赖政府拉动投资，经济社会发展的结构性矛盾越来越突出，经济下行压力加大。中国财政实力与大国体量的要求相比还有一定的差距，如何确保国民经济在新常态之下平稳发展、再上新台阶至关重要。

在财政支出方面，政府需要灵活运用财政手段，以政府为主导，抓住基础设施建设等"投资"这个"抓手"，以投资促消费，实现经济复苏，获得较大发展。投资、出口和消费是拉动经济增长的"三驾马车"，投资规模的适度扩大对GDP的增长具有拉动和推动作用。

在宏观经济下行的大趋势下，只有积极调整需求结构、深挖需求潜力，才能真正拉动经济增长。财政政策在促进产业结构升级方面具有无可替代的作用。一方面，通过税收优惠、财政补贴和财政拨款等政策，直接支持中国产业结构的优化调整；另一方面，采取政府统一采购、产学研相结合、打造共享平台以及注资参股等方式提供间接支持。一直以来中国政府致力于加大基础设施投资的投入力度，为二、三产业的发展注入了新的活力，直接提高了第二和第三产业的边际回报率，同时使从事第一产业的机会成本增加。

教育支出的不断增长以及国家"精准扶贫"力度的增强有效地促进了优质人力资本的形成。一方面使有能力从事二、三产业的劳动力人数增加，加快了中国产业结构优化升级的步伐；另一方面提高了偏远和贫困地区的教育普及程度，增强贫困地区的"造血功能"，缩小了城乡差距和区域差距。财政政策作为宏观调控的手段之一，在稳定经济增长方面发挥着显著作用，积极的财政政策为民营经济的快速发展创造了条件，劳动密集型产业的迸发提供了大量的就业岗位。改革开放近40年来，中国产业结构实现了从"二三一"到"三二一"的历史跨越；城乡差距、区域差距明显缩小。这些成效的取得和中国重视基础设施投资、稳定经济增长的财政政策密不可分。

粗放型的发展方式问题凸显，产能过剩问题严重，基础设施建设存在缺口。基础设施是富民强国的重要支撑，政府应该以基础设施建设等投资作为缓周期的措施，实现经济复苏增长。从图6-4可以看出，在过去的20年间，财政收支规模一直处于不断扩大的趋势，财政支出与财政收入呈现正向变化。增加财政支出能够刺激国内需求，国内生产总值也随之增

加，对经济发展产生积极作用。从图 6-5 可以看出，中国经济增速趋缓明显，2014 年后，财政收支增速跌至 10% 以下，找到经济复苏发展的抓手和着力点刻不容缓。

图 6-4　1996—2016 年中国财政收支规模
资料来源：1996—2015 年数据来自国家统计局；2016 年数据来自财政部官网。

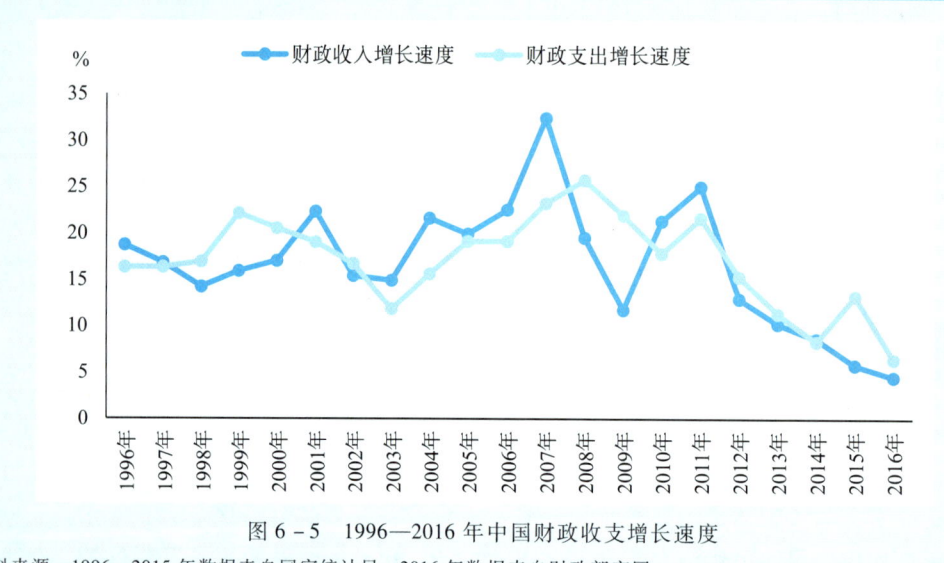

图 6-5　1996—2016 年中国财政收支增长速度
资料来源：1996—2015 年数据来自国家统计局；2016 年数据来自财政部官网。

2014 年 12 月举行的中央工作会议明确提出，在基础设施互联互通、发展新模式大量涌现的前提下，必须善于把握投资方向，消除投资障碍，使投资继续对经济发展发挥关键作用。基础设施建设等投资等不得，拖不得，更"虚"不得，要积极创新投融资机制，充分发挥民间资本的作用，调动社会积极性，为推动国家发展战略积累强大的后劲。从中国的实际出发，具体问题具体分析，提出中国的理论，积累中国经验，发展中国模式。

2. 解决长期经济可持续增长难题，适应全球经济治理的需要。目前中国经济增长的压力不仅仅体现在短期经济下行压力，还包括能否真正挖掘经济增长潜力实现长期经济可持续发展。财政政策有助于稳定宏观、微观预期，促进经济规则和治理形态的塑造，其调控能力体现在调控时机选择、政策力度把握和实施措施选取等方面。财政政策不仅需要在短期内稳增长，还需要不破坏经济的长期可持续发展能力。尤其是在地方政府债务高企的背景下，在保持财政刺激的政策下，保证资金有效投入到重点领域。财政机制体制上的创新是解决长期经济可持续增长难题的关键。中国税收和支出的法制化任务依然艰巨。现行税收中，只有少数税收得以立法，增值税等相关税种尚未真正意义上获取法律支撑。支出法定工作尚需进一步研讨。大国财政建设需要适应全球经济治理的需求，促进全球命运共同体的形成，实现各国经济的互利共赢。国际税收治理、全球公共品供给、各国财政政策协调、汇率政策改革等方面对中国大国财政建设提出了新要求，需要适应全球经济治理的需要。

## 二、匹配全球财经治理需求的现代财政制度框架建设

1. 完善分税制改革，赋予地方政府充分特权。财政收入作为政府参与社会财富分配的方式，是政府履行经济、政治等多项职能的前提和保障。财政职能与国家职能互相映射，一个国家的财政能力是国家能力水平的真实刻画，是国家职能保障程度的度量。在国际上的话语权、强大的国防实力、居民生活水平的提高都需要稳固的财政作为支撑，要实现中国的大国崛起之路也必须建设与大国地位向匹配的稳固财政。保持财政汲取能力和财政集中度，壮大财政实力，政府才能"集中力量办大事"，将财政资金投入到社会建设的各个方面。为此，在建设大国财政的道路上，必须做大财政"蛋糕"，为国家建设提供财力保障。

改革开放以来，中国财政经历了从统收统支到"分灶吃饭"、包干制，再到分税制财政体制的变化。包干制打破了传统的高度集权体制，在特定的时期发挥了重要的作用，但是包干制弱化了税收的调节作用，不利于地区间的协调发展，税收收入流失严重，也不利于中央政府的宏观调控。1994年分税制改革，较为合理地明确了中央和地方的财政事权，消除了包干制的弊端，同时税收返还政策充分调动了中央和地方两个积极性，实现了政府间财政关系的有效治理。分税制下的税收返还以既得利益为基础，直接与地方的经济增长挂钩。采取"基数加增长"的方式对地方进行返还，形成一种激励机制，会提升地方政府的税收努力程度。在长期内，税收返还制度的设计使得中央获得的增量比例提升，保证了中央的财力集中的作用和宏观调控的地位。同时，保护了地方政府的既得利益，维持了地方的合理收入比例。从财政角度而言，分税制改革稳步增加了财政收入，初步构建了现代税制，中央与地方的财政关系趋于稳定；从宏观角度而言，分税制保证中央财政收入充足及时入库，中央调控经济的能力增强。

中国遵循"效率优先，兼顾公平"的收入分配原则，形成了以流转税为主的税制结构。流转税有税基广、税源稳定、避免重复征税等特点，在增加财政收入方面发挥了无法比拟的作用。随着商品经济的进一步发展，一方面要继续发挥流转税的优势，保证基本的税收收入；另一方面注重公平的实现，激发更大的税收潜能，助推经济跨越式发展。

从图6-6可以看出，自1994年分税制改革以来，税收收入占GDP的比重在逐渐攀升，从1995年的10.00%增加至2015年的18.30%[①]。从图6-7可以看出，税收收入加速增长，增速总体超过国内生产总值。1995—2015年，中国税收收入从6038.02亿元增加到

---

① 资料来源：由国家统计局公布的数据计算而来，参见 http://data.stats.gov.cn/easyquery.htm? cn = C01。

124922.20亿元①，年均增长16.57%，GDP从60356.60亿元增加到682635.10亿元②，年均增长13.54%，国家财政收入大大增加，有力地支持了国家的重点建设。根据图6-6、图6-7中的数据不难看出，国家步入经济新常态后，增速逐步放缓，经济下行压力加大。在新的形势下，为适应国家治理现代化的要求，中央要给予地方政府充分的特权，让其放开手脚，这是分税制改革的成功密码，对大国财政的继续成功至关重要③。

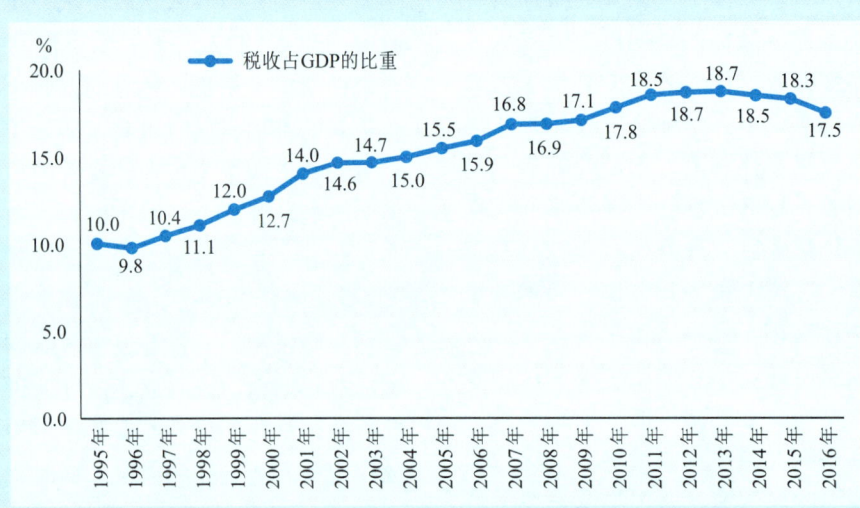

图6-6  1995—2016年中国税收收入占GDP的比重
资料来源：由国家统计局和财政部官网公布的数据计算而来。

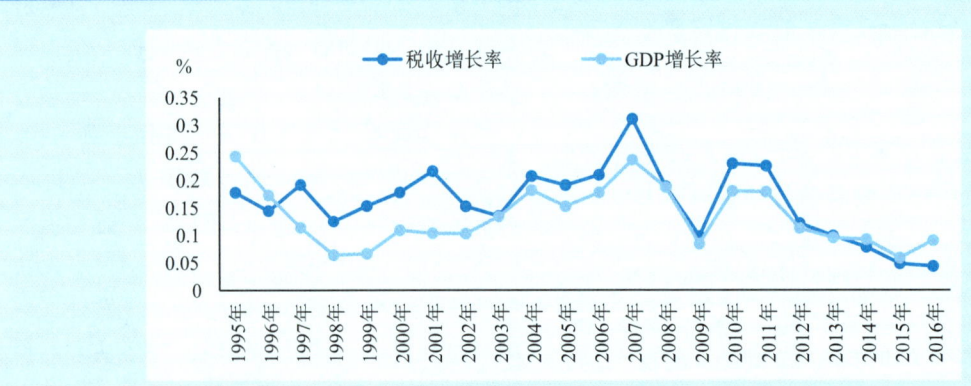

图6-7  1995—2016年中国税收收入和GDP增长率
资料来源：由国家统计局和财政部官网公布的数据计算而来。

2. 积极务实推进财政事权与支出责任改革。1994年分税制改革较为清晰地界定了财政事权和支出责任的划分，初步构建了中国特色社会主义制度下中央和地方财政事权和支出责任划分的体系框架，为中国财政建设奠定了基础。随着现代社会的发展变革，原

---

① 资料来源：国家统计局官网，参见 http：//data. stats. gov. cn/easyquery. htm？cn = C01。
② 资料来源：国家统计局官网，参见 http：//data. stats. gov. cn/easyquery. htm？cn = C01。
③ 白彦锋：《调动央地积极性 化解激励难题》，《中国经济时报》，2016年11月23日。

有的财政事权与支出责任的划分逐渐变得不适应,出现划分不清晰、不合理、不规范等问题。政府职能定位不清、央地事权和支出责任划分不合理、划分缺乏法律依据等问题凸显,推进财政事权与支出责任的划分改革势在必行。

一是重视中央与省级政府之间的财政事权与支出责任。随着中国区域经济逐步形成规模效应,长三角、珠三角、京津冀等经济带在中国经济发展中发挥了极为重要的作用,但是区域间的负外部性外溢范围也在不断扩大,对于地区经济发展产生了负面影响。以环境污染为例,空气污染、水污染等具有较强的扩散效应,由于中国的地理、气候等客观原因,往往导致污染物的扩散呈现出污染现象发生间断、扩散范围广泛等特征。一方面,由于污染现象的不连续,导致政府缺失持续有效的监督,从而影响政府治理环境污染的效率;另一方面,污染的大幅扩散使得政府若要承担完全的成本则需要耗费大量的财政资金,从而使得政府在治理负外部性中出现失灵现象[①]。

对于跨区域公共产品供给,消费者需要中央政府作为更高一级的行政机关统筹地区间经济与社会福利平衡。目前中央政府使用专门小组(如京津冀协同发展领导小组)、转移支付等方法从事权和财权等两个方面解决统筹地区间发展以及跨区域公共产品提供的问题,但是依然需要在外部性原则的基础上不断完善激励相容原则的制度设计[②],要充分通过财税体制改革发挥地方政府的积极性,将央地政府的"冲突矛盾"通过合理的政府博弈框架进行调节,以求得各个层级公共产品提供的"最优解"。二是重视省以下政府的支出责任划分改革。目前中国对于省以下政府支出责任划分已经有了明确框架,但是仍然需要进一步细化改革措施。

从表6-4可以看出,基本公共服务的支出责任主要在省级以下政府,而对于全省经济结构和宏观调控的支出责任则主要由省级政府承担。同时,随着"省直管县"和"乡财县管"改革的全面推进,基层政府的支出责任存在上移趋势:一方面进一步调整省以下政府的分权结构和分权层次,另一方面有效地帮助基层财政缓解困难,提高政府财政能力和财政效率。但是中国的省直管县模式可能并不利于促进县级政府经济增长,其负向机制来自于省级政府监管县级数量上升导致的监管难度增加。监管困难不但导致改革县的公共投资和增长类投资显著下降,也有可能提高腐败发生的概率[③]。这要求中国预算公开以及政务公开改革不断深化,大国财政更加透明,严肃财政纪律,从而对相关改革产生有利的影响。同时也需要我们不断探索政府间财政关系改革路径,有效构建现代大国财政体系下的政府间事权与支出责任关系。

改革不可能一蹴而就,财政事权与支出责任匹配的体制建设不求"一步到位"、一劳永逸,而是务实为主,在"摸着石头过河"的动态博弈过程中不断完善。财政事权的划分既要求有稳定性和确定性,又需要不断进行动态调整。中国宪法第三条第四款规定:"中央和地方的国家机构职权的划分,遵循在中央的统一领导下,充分发挥地方的主动性、积极性的原则。"中国地域广阔、人口众多,各地区间的经济、政治和文化等发展状况迥异,在财政问题上难以实现"一刀切",因此只能根据地域差异进行相应的调整。目前中国处于体制改革的关键时期,面对复杂多变的国际环境和艰巨的改革任务,中央与地方的关系处理绝非一成不变,体制建设的目标和方案要随着客观情

---

① 席鹏辉、梁若冰:《空气污染对地方环保投入的影响——基于多断点回归设计》,《统计研究》,2015年第9期。
② 楼继伟:《中国政府间财政关系再思考》,中国财政经济出版社2013年版。
③ Li P, Lu Y, Wang J, 2016, "Does flattening government improve economic performance? Evidence from China", Journal of Development Economics, 123: 18–37.

| 表 6-4 | 省以下政府间支出责任划分 |
|---|---|
| 省（直辖市、自治区）本级支出责任 | 一般而言，省级主要承担省（直辖市、自治区）级国家机关运转所需经费，调整全省（直辖市、自治区）国民经济结构、协调地区发展、实施宏观调控等方面的支出自己由本级直接管理的事业发展支出。按照政法经费分类保障机制改革的要求，省级承担了办案费和业务装备费的绝大部分。 |
| 地市州与县（市）级的支出责任 | 市县政府承担的事务主要包括：本级行政管理费，农林水部门事业费，城市维护和建设费，抚恤和社会福利救济，专项支出等。 |
| 省、市、县政府共同承担的事务 | 共同承担的事务有：基本建设支出，公检法司、文化、教育、科学、卫生、社保等各项事业发展支出。各省按照保发展、惠民生的要求，省、市较大比例地承担了农村义务教育中小学的生均公用经费补助、免费提供教科书补助、寄宿生生活费补助、农民参加新型保险补助、医疗公共改革支出。 |

资料来源：钟晓敏：《地方财政学》，中国人民大学出版社 2012 年版。

况的变化随时调整、不断完善。在财政事权与支出责任的划分上仍存在较大的进步空间，2016 年 8 月 16 日国务院印发的《关于推进中央与地方财政事权和支出责任划分改革的指导意见》（国发〔2016〕49 号）中为循序渐进推动改革也分批次进行了不同的试点。财政事权与支出责任匹配的体制建设需要各部门合理分工、协调配合，配套的改革措施也要求抓紧跟上，划分只是一个良好的开端，"摸着石头过河"是必然过程。在中国大国财政的建设过程中，要紧抓时代步伐，不断完善财政事权与支出责任匹配的体制建设。

3. 财政赤字与债务风险需要引入全口径预算管理。全口径预算管理是预算改革的核心内容，是防范赤字和债务风险的核心环节。将全口径预算管理纳入赤字与债务风险管理，结合权责发生制，完善财务信息制度改革。未来的年度赤字和债务余额需要在原有的预算分类基础上进行风险评估，并纳入财政总风险的评估体系中。需要注意的是，全口径赤字与债务风险涉及中国不同层级的政府，相应的风险责任可能分摊到不同层级政府的财政部门。因此，财政部门需要引入分类风险防控办法，并逐步建立风险阻断机制，避免赤字和债务风险在政府间纵向和横向传递。同时，赤字和债务风险的全口径预算管理需要提升财政风险管理精确度，重点关注风险的收敛性，避免无序扩张引发"庞氏骗局"。

4. 实施精细化的价税财联动改革。在市场经济发展的新阶段，价税财联动改革需要有全新的策略和方法。在改革开放初期，价税财联动有助于压缩市场经济初期的泡沫，为 30 多年来中国经济的快速发展奠定了坚实的基础。往后看，价税财联动改革需要在积极财政政策下实现，推进公共服务领域的价格市场化，逐步解决市场经济中遗漏的价格管制问题，并基于中国经济的宏观预测模式来探索中国价税财联动改革的最优路径和实施策略。

5. 加强涉外财政制度建设及相关法律工作。在中国综合国力逐步提升的背景下，政府始终秉承"和平共处"的外交原则，在国际关系中弘扬民主、和睦、协作、共赢的精神，向世界各国传递"和谐世界"的外交新理念。往后，政府需要不断完善涉外法律法规体系，发挥财政在全球经济治理和国际财政合作中的作用，推动国际财政治理体系的改革建设，参与并推进中国标准的确立，不断增强中国在国际经贸事务里的话语权和影响力，依法处理利益领域交叉中的国际合作。

### 三、完善大国财政所需的风险防范体系建设

在开放经济环节下，国家利益不再局限在国内，财政建设需要关注国与国之间的利益关系调整，在风险防范的基础上在全球范围内提供公共产品。随着中国经济总量跃升世界第

二,政治、文化方面的影响力也越来越大,作为综合实力大国,中国财政政策的调整会影响全球其他经济体。大型经济体的财政政策需要兼顾政策对他国的影响状况,中国需要尽快摒弃局部观的财政思想,以全局、长远视野布局财政建设工作①。2008 年中国政府的"四万亿救市"计划虽然在国内造成部分产业的产能过剩,但提振了全球经济信心,增强了中国在国际环境中的话语权。中国积极组织设立金砖国家开发银行、亚洲基础设施投资银行,提出"一带一路"发展战略,从大国视角整合各国资源,形成合力促进世界各国共同发展。

大国财政为中国未来发展提供方向的同时也带来新挑战。在中国财政政策影响范围不断扩大的同时,财政体制运行风险倍增。原有的财政管理体制中的粗放式管理和预算编制体制等问题逐步暴露,"江西李华波侵吞 9400 万元""桂林女接待侵吞 1340 万元""广西白色黑心棉"等事件的发生充分体现了中国财政管理的不完善。真正从源头上实施财政监督管理,做到与时俱进是防止此类事件出现的根本性措施。同时,财政部门需要强化事后监督,每年定期和不定期地组织审计等相关工作。

大国财政要求处理财政收支问题时不能局限于国内,例如美国就采取了一系列措施来防范跨国公司转移资产、避税漏税等行为。此类财政收支问题在中国也同样存在,例如 2014 年"中国反避税第一案"中,中国向微软补征 8.4 亿元税款,就是一个典型案例。过去中国的大国财政意识并不强烈,未来需要尽快转变思想以避免中国税收主权遭受侵害。

2016 年 G20 杭州峰会上,习近平主席提出创新、活力、联动、包容的中国方案,需要大国财政的支撑。未来世界的结构性改革和全球经济的可持续增长都需要大国财政的不断发力。在"一带一路"和"大国财政"战略实施背景下,中国财政资金规模快速增长,财政风险也在不断累积,通过强化财政监督有助于从源头上预防风险,做好财政资金的引领作用,推进中国国家治理体系和治理能力的完善。

## 第四节 中国大国财政建设的路径与方向思考

财政实力弱的国家难以成为真正意义上的强国,在经济、文化、生产要素迅速传播和扩散的全球化大背景下,中国要加快推进大国财政的构建。财政在国家发展过程中起重要的支撑作用是不争的事实,分析借鉴各大国财政治理的成功经验,对中国大国财政的定位和建设具有借鉴意义。新时期要在服务国家战略的前提下,牢固树立大国财政的理念,根据时局变化发挥好积极财政政策的作用,使中国财政成为全球财经治理的引导者。卢洪友指出,中国的大国财政建设要坚持统筹国内国际两个大局和量力而行、量入为出原则,夯实财政硬实力、提升财政软实力,处理好国内治理与全球性治理、国内财政支出与国际性财政支出、国内公共品提供与国际性公共品提供之间的关系②。

### 一、大国财政建设的两种模式与三个发展阶段

以全球财政汲取能力作为分析标准,对世界主要大国的财政建设经验进行提炼,不难发现全球的大国财政建设一般分为两种模式。一

---

① 刘尚希:《财政与国家治理:基于三个维度的认识》,《公共经济与政策研究》,2015 年第 38 期。
② 卢洪友:《中国的大国财政定位及建设之路》,《地方财政研究》,2016 年第 1 期。

是以瑞士（雀巢公司）、比利时（巧克力）、瑞典（宜家公司）为典型代表的"一枝独秀"型。很明显这些国家的经济总量不大，但是国内的某些企业在该行业和产品领域做到了极致和垄断，甚至达到了"大树底下不长草"的全球"赢者通吃"，同样实现了小国经济之下的大国财政"单项冠军"，在全球经济一体化当中占据了一席之地。二是美国、日本等大国经济之下的"全能型"。美国不仅拥有美元的世界霸权，而且还拥有可口可乐、通用等人们耳熟能详的全球品牌，甚至还包括《疯狂动物城（Zootopia）》《冰雪奇缘（Fozen）》等迪士尼的文化企业全产业链衍生产品的输出，更有微软、苹果公司、特斯拉占据了世界高科技的发展前沿。日本则拥有本田、丰田等为广为世人所认可的全球品牌。因此，美日等老牌资本主义国家的大国财政是羽翼丰满的"全能型"高级类型。

从财政收入的全球汲取角度来讲，大国财政建设通常划分为下述三个阶段。第一阶段是以巴西、中东国家等输出大宗商品（bulk stock）为主要特征的初级阶段。虽然这些国家可以依靠输出铁矿石、石油等原材料在全球财政收入中分得一杯羹，但是这些大宗商品的资源有限性决定了发展的可持续性较差，财政收入的汲取非常脆弱，一旦遇到世界经济危机的风吹草动则可能朝不保夕。第二阶段是以输出产品为特征的中国"世界工厂"的中级阶段。中国原材料和市场"两头在外"经济模式在过去取得重大成功的同时，也带来了两方面较为突出的问题。一是利润微薄，特别是随着劳动力成本的上升，优势不再，必须转型；二是粗放型的经济发展模式虽然获得了"刀片般"微薄的利润，但是污染严重，给本土带来了巨大的生态危机，注定是难以持续的。第三阶段是以发达经济体输出资本、专利技术和知识为主要特征的高级阶段。发达国家以跨国公司为载体，利用世界市场实现生产要素和资源的优化配置，最大限度获得全球财政收入。

## 二、中国大国财政建设的国际经验借鉴

纵观世界主要大国的财政建设经验，从英国、美国的崛起，到德国、日本的复兴，大国财政治理发挥了至关重要的作用。刘尚希和李成威研究发现，大国财政要内外兼修，在提高自身能力的同时，要在全球化过程中主动作为，在维护国家利益和治理全球风险方面发挥应有作用[1]。要实现中国大国财政收入的全球汲取，第一是稳扎稳打走出去。构建大国财政首先要转变观念，打破国内财政的界限，立足全球视野分析财政职能和政策，稳扎稳打走出去是开放经济下中国国家治理的必然选择。坚持"走出去"的发展战略，拓展对外直接投资，这是适应经济全球化进程的重要举措，有助于优化产业结构，合理配置资源，开拓市场空间，增强中国企业的国际竞争力，提高全球收入的汲取能力。与周边国家以及全球其他国家展开友好合作，充分利用区域财政金融合作的重要平台，在提高中国财政实力的同时主动参与全球化过程，在全球治理中发挥积极作用。在"一带一路"的大背景下，大国财政的构建要服从于这一战略构想，努力将中国自身发展与区域财政金融合作战略对接，实施支持企业"走出去"的财税政策，亚洲基础设施投资银行和丝路基金的构建就是成功的实践。积极实施走出去战略，提高中国的对外开放水平，突破贸易保护壁垒，培育具有国际竞争力的跨国公司，才能在国际一体化竞争中游刃有余，求得生存和发展。

第二是借鉴日本经验，在财政收入筹集上采用"鸵鸟战术"，以退为进。首先，发挥好中国流转税的优势。流转税作为中国的主体税种，是财政收入的主要来源，随投资规模的扩大而增加，不受企业生产经营状况的影响。在

---

[1] 刘尚希、李成威：《大国财政：理念、实力和路径》，《地方财政研究》，2016年第1期。

国家治理和财政建设过程中，相比其他税种，流转税更能及时、稳定地汲取财政收入，在多个环节进行监督，发挥税收调节作用。因此，现在以及今后相当长的一段时期内依然要将流转税作为中国的主体税种，继续发挥流转税的优势作用。其次，采用企业所得税查账征收与核定征收相结合的方式。核定征收方式与税收法定和税收公平原则相悖，不能营造良好的税收环境，而且在所得税征收管理中存在着税务部门自由裁量权过大、企业易于规避税收等风险。企业所得税查账征收方式固然能够克服核定征收的缺点，但是由于中国目前存在着大量难以准确进行财务核算的行业，比如服务业和农业，这时查账征收方式就"失灵"了。两种征收方式的优缺点以及中国目前的经济环境，决定中国要采取查账征收与核定征收相结合的企业所得税征收方式。最后，强化个人所得税的资本利得税功能，加强对"消极所得"的课税。从中国的具体国情来考虑，资本利得带来的财富差距较大，从而加大了居民的贫富差距。从公平角度来讲，要将资本利得纳入征收范围，加强个人所得税的资本利得税功能，充分发挥税收调控功能。通常情况下，对"消极所得"也就是证券投资所得的征税权由来源国和居住国共同拥有，由于国际上税收协定的税率上限，居住国对"消极所得"征税的难度越来越大。为了维护中国的税收利益不受损害，必须加强对"消极所得"的课税。

第三是深刻分析苹果公司避税案例，学习美国经验，适应跨国公司全球产业链和价值链建设，在 BEPS 行动下，通过税收优惠实现"藏税于企"、收放自如。在全球产业链条中，苹果公司夸大了其知识产权在价值创造环节中的作用，关联公司利用本公司持有的知识产权任意支配着产品定价环节。苹果公司为实现利益最大化，依据各国税率调整知识产权的持有机构，最终在爱尔兰实现大规模的避税。相应地，全球产业链和价值建设中的其他环节被过分地低估，以中国、印度为代表的从事生产和制造活动的发展中国家处于链条的最低端，只能获得微薄的利润。为打破中国各行业在全球价值链体系中的被动局面，维护中国企业的合法权益，应该主动出击，加大对无形资产的主张，在全球范围内合理设计税收筹划。随着"一带一路"战略的落实以及对外开放的深入，完善国内税法的同时加大国际税收调节的力度是今后中国税收工作的重点。BEPS 行动计划是中国提升税收管理能力、增强税收国际规制制定话语权的重要机遇，改变发达资本主义国家垄断国际规则制定的现状。但是 BEPS 行动给中国带来契机的同时也带来了一些不利影响，中国对外投资企业在国外的税收遵从和税收优惠受到影响，可能导致对企业的双重征税。中国在应对 BEPS 行动中，要维护好中国的地域优势和征税权，为跨国公司带来利润和成功的同时，争取应有的税收收入回报。

第四是防范系统性财政风险，以"四个意识"统筹大国财政工作。大国财政意味着财政治理在国内外经济社会形势中起了更为重要的作用，同时也意味着对国家财政能力的巨大挑战，亦是对国家财政政策、财政部门的巨大挑战。故而防范系统性财政风险，保持可持续发展的财税政策，实现经济包容性增长[1]，就成为大国财政建设的重要一步。在进一步完善"G20"全球多边财政货币政策协调机制的情况下，深化供给侧结构性改革，强调财政在国家治理的基础和重要支柱作用。同时要以"四个意识"统筹大国财政工作，财政系统、财政部门人员要讲政治、顾大局、守核心，不断提高工作水平和工作效率，严格遵守财政纪律。要进一步提高部门预算的透明公开程度，协调财政货币政策，适应社会经济发展的需要，创新管理模式，通过制度牢固树立"四个意识"。应厘清政府与市场之间的界限，确保财政管理的公共性，强调公共价值目标的优化。

---

[1] 白彦锋、乔路：《防范系统性财政风险的财政治理研究》，《财政研究》，2016 年第 1 期。

### 三、中国大国财政建设的路径思考与政策设计

大国财政虽然已经开始对我国国内外政治经济生活发挥重大影响,但在全球化视角下全方位地构建大国财政框架仍处于探索阶段。中国大国财政框架体系的构建需要围绕经济治理体系改革逐步展开,不断推进国家治理的现代化和国际化。

1. 搭建现代财政制度,提高财政集中性和可持续性。逐步构建现代财政制度,稳步提升财政的国家治理能力,使其成为国家治理的重要支柱。

首先,现代财政制度的建设需要优化现代财政职能。现代财政制度的建设,以增强国家能力为第一要务。现代财政制度必须服务于国家治理能力和治理体系的现代化[①]。因此,作为国家治理体系的重要内容和推进国家治理能力现代化的重要保障,财政需要实现优化资源配置、维护市场统一、促进社会公平、实现国家长治久安等制度保障功能。区别于过往财政职能(资源配置、调节收入分配和促进经济稳定),现代财政制度在十八届三中全会中被置于国家治理的层面,其财政职能应当是优化资源配置、维护市场统一、促进社会公平、实现国家长治久安[②]。

具体来看,第一,优化资源配置需要放在大政府、大财政范畴下考虑。国有企业肩负着提供公共品、解决外部性、实现收入分配等方面的职能。国有金融企业也肩负着维持国家的金融稳定、实现金融发展等职能。大财政,作为国企的股东,在公共预算和国有资本经营预算之间应当形成对接机制,共同作用于政府的政策目标,从而实现国家层面的资源优化配置。因此,大财政的概念需要跳出财政本身,将国企、金融、资源等所含的国有成分融入进去,摆脱原先的财政仅是政府的一本账,而非所有家底的境况,实现政府资源的大融合,发挥财政在市场起资源配置中的决定性作用。第二,维护市场统一,这表明财政应当保证商品和劳务的自由流通和各类经济行为主体制度待遇的公平,同时需要清除市场壁垒,使市场资源配置遵循公平、公开、透明的市场规则。基本公共服务均等化应是政府无条件地提供给所有居民,在一国范围内,每个居民有权利平等地享受均等化的公共服务。公共财政通过收入再分配职能来缩小和熨平由于市场经济初始条件的不公平、市场经济本身的不公平、非市场经济的不公平等多因素带来的区域间、城乡间居民享受基本公共服务方面的差距,有利于提高资源配置效率。现代财政体系的建立有助于实现在全社会统筹提供基本公共服务,并不断缩小区域间、城乡间、贫富间的社会成员在享有公共服务水平方面的差距,缓解社会矛盾,促进社会协调发展。第三,促进社会公平。社会公平包括收入分配的结果公平、起点公平和过程公平。财税制度应调节社会各阶层之间明显的收入差距,做到横向公平和纵向公平;更应将创造公平的发展机会、平等发展、维护社会正义放在更为突出的位置,注重机会均等的起点公平和过程公平。第四,实现国家长治久安。当前我国经济社会的发展已进入了全面深化改革的关键时期,经济发展而非增长;经济与资源、环境之间的矛盾日益突出,资源和环境的可持续性日益受到了挑战;地方政府在预算的约束下无法自行发债,通过地方投融资平台实现了基础设施的投资,完成了体制内无法完成的大量工作,但是却积累了财政风险和金融风险。现代财政制度能有效控制并化解风险,关系国家的长治久安[③]。

其次,建立全面规范、公开透明的现代预算制度,建立有利于科学发展、社会公平、市场统一的税收制度体系,调整中央和地方政府

---

[①] 郭代模:《谈谈大国财政的主要特征》,《中国财政》,2017年第3期。
[②] 刘尚希、李成威:《国家治理与大国财政的逻辑关联》,《财政监督》,2015年第15期。
[③] 李玉双:《大国财政政策的宏观经济效应:基于中国视角的分析》,格致出版社、上海人民出版社2015年版。

间财政关系，建立事权和支出责任相适应的制度，提高财政管理能力。第一，在贯彻新《预算法》的基础上建立全面规范、公开透明的现代预算制度。这是国家治理体系和治理能力现代化的基础和重要标志，是强化预算约束、规范政府行为、实施有效监督的基础。第二，建立健全有利于科学发展、社会公平、市场统一的税收制度体系，优化税制结构、完善税收功能、稳定宏观税负、推进依法治税，充分发挥税收筹集财政收入、调节分配、促进结构优化的职能作用。第三，调整中央和地方政府间财政关系，进一步理顺中央和地方收入划分，合理划分政府间事权与支出责任，促进权力与责任、办事与花钱相统一，全面提升国家治理效率。

2. 提高财政集中性是实现大国财政的重要保障。通过荷兰和英国两个国家在发展过程中的财政地位和作用的分析，认为现代财政制度的建设，以增强国家能力为第一要务，税收与国债是达到这一目的的两种重要工具，其中税收的作用更为基本，因为它是国债发行和偿还的基础。在我国市场经济体制改革尚在进行、社会矛盾日益激化的当下，不能削弱国家能力，妨碍现代化进程。财政强国要通过财政集中来实现，因此现代财政制度必须具有较高的集中性，这种集中性体现在财政收入是政府收入的主要甚至是唯一来源，中央政府也应当成为全部财政收支活动的中心，要节制地方政府的行为，避免由于政府内耗削弱国家推进改革的能力[①]。

财政的集中性是指政府通过财政渠道所支配的资源数量的比例较大，也意味着中央政府需要通过合理的政府间财政关系，掌握主导权，确保在财政收支中份额较大的地方政府财政的行为符合国家的需要。在提高集中性方面，要重视我国的具体国情：一是针对大量国有企业、国有土地、国有资源，做好国家财富管理。当前国有土地、国有企业及其他国有资源，都可以转换为政府可支配财力，与财政收入以及政府可直接支配的资金没有本质的差别，有必要采取统一的财政管理。二是应让分散的财政功能回归财政部门。过去众多财政功能分散在政府各个不同部门，适应了特定时期发展的需要。但是，这也带来了问题，不利于国家财政合力的发挥，且易固化为部门利益和地方利益，从而导致制度僵化，财政管理低水平，活力不易释放。事实上，各部门都是大大小小的财政部门，各部门有收费或征收政府性基金的权限。而财政功能从其他部门到财政部门的回归，从形式上会表现为行政上的财政部门集权。做大做强财政部门，才有可能保证大国财政——"财政是国家治理的基础和重要支柱"定位的实现，最终实现强国财政。三是适度提高中央财政在全国财政中的地位和作用。保持必要的财政汲取能力和财力集中度，提升国家预算能力。深化财政体制改革，强化两级治理架构，国家层面的财政体制要与国家治理架构相适应。

3. 提升财政的可持续性，是大国财政持久性的重要保障。结合西方国家的发展历程可知，经济、财政可持续性的缺乏引发财政与经济间无法形成良性互动的关系，这是多数大国难以变成强国的主要原因。以荷兰的发展经验为例，出于财政需要的考虑，荷兰政府大肆举借债务，但税收和财政的持续性无法得到保障，引发财政陷入无本之源的境地，促使经济增长的可持续性难以为继，最终导致荷兰这个经济大国无法变成经济强国。如何实现财政的可持续性引发深思。良性的税制改革促进经济增长和社会正义，保证财政的可持续性。需要注意的是，大国财政的可持续性不仅是中央财政的可持续性，还是地方政府的可持续性。在中国，这一现象尤其显著，地方政府的财政可持续性对中国财政的可持续性的实现至关重要。中国是一个集权型的单一制国家，地方财政风险与国家的整体财政风险是一体的，无法

---

① 刘晓路：《财政分权与经济增长：第二代财政分权理论》，《财贸经济》，2007年第3期。

隔离。

实现大国财政可持续性的第一步就是摸清地方政府债务的产生根源。在当前中国债务风险高企的背景下，中国地方融资平台债务/地方政府债务的规模和风险受到前所未有的关注，摸清地方财政债务的产生根源以明晰控制地方财政债务规模至关重要。巨额"隐性"债务风险的可控性直接影响中国经济的健康状况。传统的解释认为，主要是由于分税制改革之后，地方财政状况吃紧，扣除经常性支出之后的地方财政，无力承担公共基础设施建设所需要的项目资金，由于预算软约束和金融危机时的信贷宽松，使得地方政府不顾偿债能力而盲目扩张举债规模。但实际上，随着中央对地方转移支付规模和比例的不断提高，中央与地方的实际财政收入比已发生显著的变化。如果中央将支出责任层层下压给地方政府，导致地方不堪重负而不得不举债，地方政府性债务资金应主要用于当地的经常性开支，那么越贫困地区的欠债应越多。事实却正好相反，相对发达地区的债务规模远远大于落后地区。化解地方政府债务风险，应该主要扩宽地方政府收入来源。如果地方债务的激增主要是由于地方政府投资过度，治理之道则在于构建遏制地方政府过度投资的决策机制。

财政体制造成的地方财政困难主要源于体制外的地方财力扩张，体制内财政收支遵循预算收支平衡①。需要注意的是，中国目前地方财政困难不仅发生在东部经济发达地区，也发生在西部经济欠发达地区。截至目前，中国东部地区的债务规模达到 46338.77 亿元，中部地区为 22882.36 亿元，西部地区为 15392.13 亿元。从债务规模占区域财政收入的比重来看，东部地区明显高于其他地区，这说明并非发达地区的债务规模小而欠发达地区的债务规模大。由此可以判断，目前的债务并非由财政体制中的地方财权不足引发的地方财力与支出责任的不匹配所造成的，更多的是由于地方主动负债的结果，是经济发展过程中地方政府对基础设施建设的自然诉求和不彻底的财政分权体制下地方建设资金不足的矛盾，是地方政府面临的财政激励和财政体制中地方债务管理的缺失带来的。因此解决地方债务问题、化解地方政府债务风险的对策主要是构建遏制地方过度投资的决策机制。

实现大国财政可持续性的第二步是积极推进城市基础设施投融资领域的市场化改革，以化解融资平台对地方财政带来的压力，化解地方政府过度投资的冲动。城市基础设施投融资机制的市场化改革包含三个方面：一是转变地方政府职能，从当前的"生产建设型"政府向"公共服务型"政府转变。城市基础设施投融资体制领域，是当前政府与市场职能转变的关键环节。在城市基础设施投融资方面，更多地强调和发挥政府的作用，政府（尤其是地方政府）承担资金提供者和基础设施生产者的责任，但是国外经验和国内事实均证明，基础设施作为准公共品，应当充分和积极发挥市场在资源配置中的决定性作用。二是将融资主体由政府部门为主转向政府与私人部门相结合，扩充资金来源，引导社会资金进入。在理顺市政公共产品和服务价格形成机制、放宽行业准入的基础上，地方政府通过特许经营权、合理定价、财政补贴等途径支持 PPP（公私合作）项目，鼓励社会资本参与城市公共设施投资运营。三是地方政府通过发行债券、公共设施市场化改革、架构城市建设基金、提供财税优惠政策等多种方式，拓宽城镇化建设融资渠道。针对不同项目性质，设计差别化的融资模式与偿债机制。这有助于减轻地方政府的筹资压力，缓解地方政府对融资平台、银行间接融资和土地财政的高度依赖，降低融资平台与地方政府的负债率，打破城市基础建设领域政府主导的局面，更能科学合理地界定政府和市场的职能范围。

实现大国财政可持续性的第三步是重视地

---

① 吕冰洋：《大国财政与社会治理》，《财政监督》，2015 年第 15 期。

方政府债务制度的完善和债务规模的可控性。首先,需要严格控制地方政府发行规模,控制债务风险。其次,制定合理的财政风险标准,建立健全我国地方政府债务风险管理体系。建立和完善地方政府的信用评级制度,为地方财政风险的判断和预警提供依据,是完善地方政府债券制度的重要前提。设立具体的财政风险评价标准,构建地方财政风险和风险定价、预警、评价体系,构建财政风险评价模型。将地方债务纳入地方政府的预算管理过程。

4. 提升财政实力,助力大国财政与大国经济的一体化发展。财政作为政府参与社会财富分配的方式,是政府履行经济、政治等多项职能的前提和保障。一个国家的财政能力是国家能力水平的真实刻画,是国家职能保障程度的度量。国际上的话语权、强大的国防实力、居民生活水平的提高都需要稳固的财政作为支撑,要实现中国的大国崛起之路也必须建设与大国地位相匹配的稳固财政。保持财政汲取能力和财政集中度,壮大财政实力,政府才能"集中力量办大事",将财政资金投入到社会建设的各个方面。为此,在建设大国财政的道路上,必须做大财政"蛋糕",为国家建设提供财力保障。"保增长"成为吸纳我国财政资金的无底洞,挤占了原本应该用于化解社会矛盾、优化经济结构、缩小收入分配差距的财政资金。在新常态下应该将可持续发展、优化经济结构和共同富裕作为财政的重要使命,实现财政实力与经济实力的一体化发展。西方国家的公共财政困境是:经济不增长,依赖于增量税的财政收入就无法得到保障。为了刺激经济增长而借债,债务不断累积,最终陷入借新债还旧债的困境,直至主权债务危机爆发、政府破产——政权倒台、社会紊乱,这是财政与经济无法形成良性互动的典型代表。大国财政通过财政建设强化了国家对经济的控制,将一国的经济实力转化成对内对外的国家实力。

首先,大国财政体系应当利用其国家治理体系的基础和重要支柱的地位,注重提高对经济运行的驾驭能力和管理能力。在现代财政制度的框架下,财政应当提高国家动员、引导全社会经济资源的能力;提高服务国家重大利益关系调整和重大改革举措的资源配置能力。健康的财政体系在架构财政基本框架的同时,有利于经济社会文化等全面发展,大国财政与大国经济之间形成良性的合力,大国财政成为国家治理体系的基础和重要支柱。同时,财政政策的宏观调控体系应当在适度扩大总需求的同时,着力加强"供给侧"结构性改革,着力提高供给体系质量和效率,增强经济持续增长动力,推动我国社会生产力水平实现整体跃升。当前宏观经济管理重点将向供给管理侧重,财政政策应积极发挥作用以配合供给侧结构性改革,确保稳增长与调结构的有机平衡,从而使国民经济实现中高速可持续发展。财政政策在适度扩大总需求的同时,需要着力加强供给侧结构性改革,促进经济发展动力顺利转换。

其次,大国财政应该构建良好的财政运行体制机制,实现大国财政的健康运行。进一步完善能够有效发挥中国特色社会主义制度优势的政府体制,既保障中央政府在国家改革发展重大方向、重大原则和重大决策上的主导地位,又充分发挥地方政府在提供公共服务和产品上的主动性和有效性;将财政作为实现国家目标的主要手段和工具,重点保障和服务好国家发展目标和政策重点;构建良好的财政运行机制,提高财政资金配置和管理效率,调整收支规模和结构①。

5. 统筹全球,承担大国责任,不断提升中国话语权。

第一,大国责任的承担要求中国提供与自身能力相匹配的国际公共物品。近年来,中国在参与国际援助、国际组织以及其他国际事务中表现积极,由中国提供的国际公共产品供给已经扩展到政治、经济、安全、环境、人权等

---

① 吕炜:《民生财政:中国财政改革的新坐标》,中国社会科学出版社2012年版。

各个领域，呈现出全方位、多层次、宽领域的特征，诸如更多地承担联合国会费摊派、减少温室气体排放等。由此可见，中国在国际公共产品的提供中做出了突出贡献，在国际事务中也承担了与自身实力相当的责任。特别是相对于美国等传统大国，中国提供没有附加条件的国际公共品，逐渐树立起一种"负责任"的大国形象，中国理应受到各方尊重。但是，应当意识到，我国开展国际援助的前提是自身具有足够的经济实力，能够优先保证本国发展的需要，在拥有保证本国经济建设所需资金的基础上，再对世界其他国家提供援助。

未来中国提供国际公共产品与服务的过程中，一是要以自身经济实力为限度，坚持量力而行的原则。除了履行自身的责任之外，也要注重维护自己的合法权益。要用"大国财政、转型财政和发展财政"三位一体的理念来应对新型大国关系构筑中的具体问题，回应西方社会提出的"中国责任论"，向世界各种力量表明，我们是负责任的大国，但不是承担无限责任的大国。二是要继续加大对于国际组织的参与度。目前我国参与的各类国际组织数量约为世界主要发达国家参与数量的1/3左右，与世界主要发达国家相比，中国对于国际组织的参与度仍然处于较低水平，因此今后要继续积极参与国际组织和事务。三是要加大在国际组织中的责任分担和投票权。在当前世界上主要的国际组织中，中国所承担的责任和投票权虽然与过去相比有了大幅的提升，但其总体影响力仍然十分有限，还有很大的提高空间。同时，由于主权国家在国际组织中的投票权是与其承担的责任和做出的贡献相对应的，因此，中国应当通过更多地在国际组织中承担责任，来获得更多的投票权，从而增加其对国际决策的影响力，发挥在国际谈判中的主导作用。四是在制定财政政策时，要抛弃过去着眼国内、服务国内的观念，注重国内国际双重影响，承担双重责任，有意识地站在全球经济一体化的角度通盘考虑。在规划财政收支时，主动将相关国际事务纳入考虑范围，如注重世界范围内公共物品及服务的提供、注意协调国际范围的税收等。五是将国际财经治理体系建立、国际财经秩序规则形成作为一种最重要的国际公共产品来看待与提供。大国责任在国际上的担当，也是以财政为基础的。要让大国财政真正发挥作用，就要按新的思维设计改革。这就要求大国财政给予充分的资金保障支持，在对外交流中服务于本国长远的战略布局。比如应对全球范围内的资产流动、利润转移等，要加强跨国监管，最大程度减少本国经济资源与利益的流失。又如，将财政资源在全球范围内进行有效配置，为中国公民提供更多、更好、更及时的公共服务；加强国与国的联系，促进区域经济一体化。再如，亚洲基础设施投资银行和"一带一路"战略，都需要财政在其中发挥重要作用。大国财政在涉外事务中发挥至关重要的作用，也会引起世界经济的连锁反应。因此，大国财政需要在本国的国际交往中主动承担责任，积极参与国际合作，协调国际利益关系，共同防范风险，推动国际资源合理配置，促进世界和平与发展，承担大国责任，提供与自身能力相符的国际公共产品，在国际上树立强国形象，最终实现强国之梦。

第二，中国话语权的提升需要中国在对外交流合作中主动设置议题，不断体现中国的发展理念。经过30多年的快速发展，中国经济进入一个新的阶段：增长速度放缓，产业结构需要调整，发展模式需要转型。30多年的大发展告诉我们，中国要解决自身的问题，关起门来是不行的。唯有坚持改革开放，与世界合作，才能找到妥善解决的办法。"一带一路"的倡议也适应了国际社会对中国的期望。随着中国接近世界舞台的中心，国际社会期待中国提供更多的公共产品。"一带一路"就是中国向国际社会提供的公共产品，也是中国向国际社会履行自己的职责。"一带一路"的根本目标是实现欧亚大陆的持久和平和共同繁荣。随着"一带一路"这个宏伟的倡议逐步地实施，东亚、南亚、中亚的合作会进一步加强，欧亚之间的经济关系会进一步深化，必定会对美国、欧洲、非洲、拉丁美洲的经济增长有很强劲的推动作用。习近平主席倡导以合作共赢为核心构建新型国际关系，"一带一路"的倡议就是中国为构建新型国际关系的具体行动。积极参与多边和双边对话机制，主动设置议题，体现大国理念。推动组建中国主导的多边开发机构，实施我国对外政策主张，体现大国政治意图，提升强国实力，如推动组建亚洲基础设施投资银行、金砖国家开发银行、上海合作组织银行等。积极参与GPA谈判，发挥大国市场和经济优势，为国内企业争取有利的国际环境。GPA是世界贸易组织多边协定之一，它不仅将政府采购标的从货物扩展至服务（包括工程服务），而且将采购实体范围从中央政府扩展至次中央政府和公用企业。加入GPA不仅可以节省开支、促进改革，而且能够提升国际话语权，为此，我国要加快从GPA观察国到成员国身份转变的步伐。积极参与国际税收治理，提升中国财税话语权。随着BEPS的提出，国际税收规则正进入近百年来最大规模的重塑时期，中国作为第二大经济体、发展中大国，在国际税收规则重塑过程中应当拥有重大话语权，发挥建设性作用。

第三，大国财政还需要增强财税支持，助力我国企业"走出去"。随着"一带一路"倡议的落实，越来越多的中国企业"走出去"，而财税政策关乎企业是否"走出去"、怎样"走出去"的经济决策。白彦锋和崔芮指出，为助力我国企业"走出去"，推动企业进行海外投资，需要充分发挥大国财政的支撑作用，加强政策支持。一是要适时完善税收协定网络[①]。分阶段推动未与我国签订协定国家的双边税收协定谈签以及已签订国家的协定更新工作，并尝试建立区域性的多边税收情报交换网络，加强在国际税收征收管理领域的深度合作。二是多举措支持外向型经济发展。鼓励我国企业"走出去"到沿线地区，"引进来"沿线国家企业到我国投资，已成为推进"一带一路"战略的重要途径之一。

建议从税收征管和国内税法的角度出发，结合"一带一路"的发展规划，加强税收征管服务工作，充分发挥税收的杠杆作用，调节资本、人才的跨境流动。首先，建议在特定行业试点实施支持吸引外资的税收政策，在短期内可采用减免税等直接激励方式，在中长期内侧重于间接激励税收政策，并逐步减轻企业对税收优惠政策的依赖性。其次，双边税收协定中的常设机构条款，股息、利息、特许权使用费的限定利率，税收饶让条款等，已为企业避免双重征税提供了有效保障，但是仍有不少"走出去"企业未能充分利用税收协定优惠。建议税务部门加强对"走出去"企业的税收协定政策宣传，帮助企业有效利用现有税收协定优惠。再次，对于我国企业"走出去"到沿线国家进行投资经营的情形，我国应加强对"走出去"企业的税收征管和服务工作，既包括涉税信息的管理，还需帮助协调企业在境外所面临的税务争议。最后，对于我国企业到税收透明度较低、名义税率较低但非税负担较高的国家进行投资经营的情形，建议税务部门在为企业计算境外税收抵免时，可以适当考虑对凭证确凿的非税负担进行一定比例的税收抵免。三是探索跨境经济合作区税收协调机制。充分发挥边境经济合作区、跨境经济合作区在"一带一路"战略中的地理优势，明确相应的跨境税收协调原则，探索特殊的跨境税收协调机制，给予更为便利、优惠的税收政策。

总的来看，构建大国财政是我国财税改革的重要思路，同时也是中国顺应世界发展潮流的必然选择。我国经济总量居世界第二、国际话语权以及国际地位不断提升说明我国已经步入世界大国行列，新时期的国家治理要求财政建设必须与时俱进。在全球化大背景下，只有明确中国的国际定位、厘清中国扮演的角色和承担的责任，才能有效指导我国财政建设、充分发挥财政在实现国家治理中的基础性作用。

---

① 白彦锋、崔芮：《"大国财政"让企业"大胆地走出去"》，《经济与管理评论》，2016年第5期。

这就要求我们放眼全球，加快建立现代财政制度，坚持走大国财政建设之路。为匹配中国经济转型期的全球财经治理需求，中国大国财政建设要从国家在实现民族复兴和谋求长远发展中的主体地位出发，围绕财政是国家治理的基础和重要支柱所要求的基本功能，探索和推进财政制度创新和实践创新，形成与大国治理要求相适应的财政体系和财政能力。大国财政要与我国综合国力相适应，与我国作为具有世界影响力的大国相适应。大国财政建设应紧紧围绕我国积极参与全球治理、推动全球治理体系变革的实践需要，支撑我国更好统筹国内国际两个大局，更好推进"一带一路"建设，在改革创新中实现和平发展，在和平发展中谋求世界共赢，在世界共赢中进一步强化我国的大国地位和国际影响力。更为重要的是，国家治理现代化视域下的大国财政建设，将在统筹考虑我国财政改革发展历史路径、现实基础和制度模式的基础上，形成立足中国实践、总结中国经验、体现中国特色的财政体系和财政能力，为进一步发挥中国特色社会主义的制度优势、更好解决人类发展所面临的共同问题做出贡献。

# 参考文献

1. 安体富:《民生财政:我国财政支出结构调整的历史性转折》,《地方财政研究》,2008年第5期。
2. 白彦锋:《大国财政 有容乃大》,《财政监督》,2015年第10期。
3. 白彦锋:《跨国公司发展与大国财政建设》,《中国财经报》,2016年9月10日。
4. 白彦锋、崔芮:《"大国财政"让企业"大胆地走出去"》,《经济与管理评论》,2016年第5期。
5. 白彦锋、刘畅:《中央政府土地政策及其对地方政府土地出让行为的影响——对"土地财政"现象成因的一个假说》,《财贸经济》,2013年第7期。
6. 白彦锋、乔路:《防范系统性财政风险的财政治理研究》,《财政研究》,2016年第1期。
7. 白彦锋、吴粤:《推进大国财政建设,加强我国财政监督》,《湖南财经经济学院学报》,2016年第2期。
8. 白重恩、王鑫、钟笑寒:《出口退税政策调整对中国出口影响的实证分析》,《经济学季刊》,2011年第3期。
9. 才国伟、黄亮雄:《政府层级改革的影响因素及其经济绩效研究》,《管理世界》,2010年第8期。
10. 才国伟、张学志、邓广卫:《"省直管县"改革会损害地级市的利益吗?》,《经济研究》,2011年第8期。
11. 陈东林:《1966—1976年中国国民经济概况》,四川人民出版社2016年版。
12. 陈国进、张贻军:《异质信念、卖空限制与我国股市的暴跌现象研究》,《金融研究》,2009年第4期。
13. 程谦:《财政制度变迁与政策选择》,中国财政经济出版社2006年版。
14. 崔联会:《中国财政制度研究》,经济科学出版社2004年版。
15. 邓力平:《大国财政理念与实践的再认识》,《地方财政研究》,2016年第1期。
16. 邓力平、曾聪:《浅议"大国财政"构建》,《财政研究》,2014年第6期。
17. 邓子基:《"国家分配论"与构建公共财政的基本框架》,《当代财经》,1999年第5期。

18. 杜方、朱军：《地方政府间财政支出竞争与民生财政的主动性——基于公共教育支出的实证研究》，《安徽大学学报》，2009 年第 3 期。

19. 范守信：《中华人民共和国经济恢复史（1949—1952）》，求实出版社 1988 年版。

20. 方齐云、陆新华、鄢军：《我国农村税费改革对农民收入影响的实证分析》，《中国农村经济》，2005 年第 5 期。

21. 冯俏彬：《国家治理与财税改革》，人民出版社 2018 年版。

22. 傅志华、陈龙：《学习领会习近平财政思想　深化财税改革和制度建设》，《财政科学》，2017 年第 11 期。

23. 高培勇：《公共化：公共财政的实质》，《人民日报》，2004 年 10 月 22 日。

24. 高培勇：《经济增长新常态下的财税体制改革》，《求是》，2014 年第 12 期。

25. 高培勇：《论国家治理现代化框架下的财政基础理论建设》，《中国社会科学》，2014 年第 12 期。

26. 高培勇：《新时代中国经济学研究面对的重大问题》，《人民日报》，2018 年 1 月 8 日。

27. 高培勇、汪德华：《本轮财税体制改革进程评估：2013.11—2010.10（上）》，《财贸经济》，2016 年第 11 期。

28. 高培勇、汪德华：《本轮财税体制改革进程评估：2013.11—2010.10（下）》，《财贸经济》，2016 年第 12 期。

29. 高培勇、杨之刚、夏杰长：《中国财政经济理论前沿（5）》，社会科学文献出版社 2008 年版。

30. 高培勇、张斌、王宁主编：《中国公共财政建设报告 2011》，社会科学文献出版社 2012 年版。

31. 高尚全：《中国改革开放 40 年的回顾与思考》，《同舟共进》，2018 年第 1 期。

32. 郭庆旺、吕冰洋：《中国分税制：问题与改革》，中国人民大学出版社 2014 年版。

33. 国家统计局工业交通物资统计司：《中国工业的发展统计资料（1949—1984）》，中国统计出版社。

34. 国家统计局国民经济综合统计司：《新中国六十年统计资料汇编》，中国统计出版社 2009 年版。

35. 何代欣：《大国财政转型轨迹及其总体框架》，《改革》，2016 年第 8 期。

36. 何振一：《我的公共财政观》，《山西财政税务专科学校学报》，2008 年第 2 期。

37. 侯一麟：《政府职能、事权事责与财权财力：1978 年以来我国财政体制改革中财权支出责任划分的理论分析》，《公共行政评论》，2009 年第 2 期。

38. 黄庆杰：《20 世纪 90 年代以来政府职能转变述评》，《北京行政学院学报》，2003 年第 1 期。

39. 贾俊雪、郭庆旺、宁静：《财政分权、政府治理结构与县级财政解困》，《管理世界》，2011 年第 1 期。

40. 贾康：《"十三五"时期的供给侧改革》，《国家行政学院学报》，2015 年第 7 期。

41. 贾康：《对公共财政的基本认识》，《税务研究》，2008 年第 2 期。

42. 贾康：《供给侧结构性改革与中国绿色财税体制》，《党政研究》，2017 年第 1 期。

43. 贾康、梁季、张立承：《"民生财政"论析》，《中共中央党校学报》，2011 年第 2 期。

44. 贾康、刘薇：《构建现代治理基础——中国财税体制改革 40 年》，广东经济出版社 2017

年版。

45. 贾康、于长革：《辖县大省"省直管县"财政改革情况探析——基于河北省的调研》，《地方财政研究》，2010 年第 11 期。
46. 贾康、赵厚全：《财政改革 30 年的基本经验和未来展望》，《经济研究参考》，2009 年第 2 期。
47. 贾康、赵全厚：《减负之后：农村税费改革有待解决的问题及对策探讨》，《财政研究》，2002 年第 1 期。
48. 贾康、赵全厚：《中国经济改革 30 年：财政税收卷》，重庆大学出版社 2008 年版。
49. 贾智莲、卢洪友：《财政分权与教育及民生类公共品供给的有效性——基于中国省级面板数据实证分析》，《数量经济技术经济研究》，2010 年第 6 期。
50. 江庆：《新中国财政管理体制的变迁与完善》，福建师范大学博士论文，2004 年。
51. 焦金波：《统购统销：中国工业化资本积累的主要形式》，《南都学坛》，2002 年第 22 期。
52. 李岚清：《健全和完善社会主义市场经济下的公共财政和税收体制》，《人民日报》，2003 年 2 月 22 日。
53. 李岚清：《深化财税改革确保明年财税目标实现》，《人民日报》，1998 年 12 月 16 日。
54. 李猛：《"省直管县"能否促进中国经济平稳较快增长？——理论模型和绩效评价》，《金融研究》，2012 年第 1 期。
55. 李芝兰、吴理财：《"倒逼"还是"反倒逼"——农村税费改革前后中央与地方之间的互动》，《社会学研究》，2005 年第 4 期。
56. 连家明：《财政治理：与国家治理相适应的财政新思维》，《地方财政研究》，2016 年第 10 期。
57. 刘明兴、徐志刚、陶然、苏雪燕：《农村税费改革前后农民负担及其累退性变化与区域差异》，《中国农村经济》，2007 年第 5 期。
58. 刘尚希：《大国财政的路径和建议》，《经济研究参考》，2016 年第 12 期。
59. 刘尚希：《论民生财政》，《财政研究》，2008 年第 8 期。
60. 刘尚希：《如何理解"大国财政"》，《党政干部参考》，2015 年第 9 期。
61. 刘尚希：《以大国财政治理大国》，《社会科学报》，2015 年 5 月 14 日。
62. 刘尚希、李成威：《财政"省直管县"改革的风险分析》，《当代经济管理》，2010 年第 10 期。
63. 刘尚希、李成威：《大国财政：理念、实力和路径》，《地方财政研究》，2016 年第 1 期。
64. 刘尚希、李成威：《国家治理与大国财政的逻辑关联》，《财政监督》，2015 年第 10 期。
65. 刘尚希等著：《大国财政》，人民出版社 2016 年版。
66. 刘晓路：《中国扩大内需的财政政策：一个长期视角》，中国人民大学出版社 2007 年版。
67. 刘佐：《"利改税"：逼出来的改革》，《中国财经报》，2004 年 8 月 17 日。
68. 楼继伟：《深化财税体制改革》，人民出版社 2015 年版。
69. 楼继伟：《中国政府间财政关系再思考》，中国财政经济出版社 2013 年。
70. 卢洪友：《中国的大国财政定位及建设之路》，《地方财政研究》，2016 年第 1 期。
71. 卢洪友：《中国的大国财政建设之路》，《经济研究参考》，2016 年第 12 期。
72. 吕冰洋：《大国财政与社会治理》，《财政监督》，2015 年第 10 期。

73. 吕炜：《民生财政：中国财政改革的新坐标》，中国社会科学出版社 2012 年。

74. 罗仁福、张林秀、黄季焜、罗斯高、刘承芳：《村民自治、农村税费改革与农村公共投资》，《经济学（季刊）》，2006 年第 3 期。

75. 罗仲伟：《中国国有企业改革：方法论和策略》，《中国工业经济》，2009 年第 1 期。

76. 马海涛、朱梦珂：《财政转移支付，财政努力与区域经济发展》，《经济与管理评论》，2016 年第 32 期。

77. 马海涛、和立道：《公共财政保障民生的次序研究——基于民生支出项目的"层级分布"要求》，《地方财政研究》，2010 年第 2 期。

78. 马海涛、肖鹏：《中国税制改革 30 年回顾与展望》，《税务研究》，2008 年第 7 期。

79. 马海涛主编：《中国财政理论与实践》，中国财政经济出版社 2014 年版。

80. 马海涛主编：《中国分税制改革 20 周年：回顾与展望》，经济科学出版社 2014 年版。

81. 马骏：《中国财政国家转型：走向税收国家？》，《吉林大学社会科学学报》，2011 年第 1 期。

82. 马骁、冯俏彬：《大省财政"省直管县"改革中的问题与对策》，《中国财政》，2010 年第 4 期。

83. 毛捷、汪德华、白重恩：《民族地区转移支付，公共支出差异与经济发展差距》，《经济研究》，2011 年第 2 期。

84. 毛捷、赵静：《"省直管县"财政改革促进县域经济发展的实证分析》，《财政研究》，2012 年第 1 期。

85. 欧文汉：《关于财政促进国家治理现代化的思考》，《财政研究》，2015 年第 8 期。

86. 秦晖：《"黄宗羲定律"与税费改革的体制化基础：历史的经验与显示的选择》，《税务研究》，2003 年第 7 期。

87. 人民网：《改革开放三十年大事记》，http：//cppcc.people.com.cn/GB/34952/8720004.html。

88. 史耀斌：《适应新常态 把握新机遇 做好 2015 年对外财经工作》，《中国财政》，2015 年第 5 期。

89. 宋新中：《当代中国财政史》，中国财政经济出版社 1997 年版。

90. 苏振东、洪玉娟、刘璐瑶：《政府生产性补贴是否促进了中国企业出口？——基于制造业企业面板数据的微观计量分析》，《管理世界》，2012 年第 5 期。

91. 孙秀林：《村庄民主、村干部角色及其行为模式》，《社会》，2009 年第 1 期。

92. 田秀娟：《从农村税费改革看乡镇财政的困境和出路》，《宏观经济研究》，2003 年第 9 期。

93. 汪海波：《新中国工业经济史（1979—2000）》，经济管理出版社 2001 年版。

94. 王保安：《30 年回顾与展望：我国财政体制改革的经验成就与目标诉求》，《财政研究》，2008 年第 11 期。

95. 王栋：《改革开放以来中国财政管理体制变迁研究（1978—2007）》，贵州财经学院博士论文，2011 年。96. 王雍君、赵国钦：《论大国财政的优势与劣势》，《地方财政研究》，2016 年第 1 期。

97. 魏立萍、刘晔：《民生财政：公共财政的实践深化》，《财政研究》，2008 年第 12 期。

98. 吴敬琏：《中国经济改革三十年历程的制度思考》，《21 世纪经济报道》，2009 年 9 月 4 日。

99. 习近平：《决胜全面建成小康社会　夺取新时代中国特色社会主义伟大胜利——在中国共产党第十九次全国代表大会上的报告》，人民出版社2017年版。

100. 席鹏辉、梁若冰：《空气污染对地方环保投入的影响——基于多断点回归设计》，《统计研究》，2015年第9期。

101. 项怀诚：《我国公共财政体制框架初步形成》，新华网，2002年11月21日。

102. 萧国亮、隋福民：《中华人民共和国经济史（1949—2010）》，北京大学出版社2011年版。

103. 肖捷：《加快建立现代财政制度》，《人民日报》，2017年12月20日。

104. 肖唐镖、董磊明、邱新友、肖晓腾：《中国乡村社会中的选举——对江西省40个村委会选举的一项综合调查》，《战略与管理》，2001年第5期。

105. 谢旭人：《健全中央和地方财力与事权相匹配的体制》，《财政研究》，2009年第2期。

106. 徐长玉：《中国经济改革30年：历程、成就与问题》，《延安大学学报》，2008年第12期。

107. 徐琰超、杨龙见、尹恒：《农村税费改革与村庄公共物品供给》，《中国农村经济》，2015年第1期。

108. 闫坤、于树一：《十八大以来我国财税体制改革回顾与展望》，《中国财政》，2017年第20期。

109. 杨德才：《中国经济史新论（1949—2009）》，经济科学出版社2009年版。

110. 杨志勇：《省直管县财政体制改革研究——从财政的省直管县到重建政府间财政关系》，《财贸经济》，2009年第1期。

111. 杨志勇：《现代财政制度探索：国家治理视角下的中国财税改革》，广东经济出版社有限公司2016年版。

112. 杨志勇、樊慧霞：《新财政治理理论：大国财政与全球经济新秩序》，《地方财政研究》，2016年第1期。

113. 尹恒、杨龙见：《地方财政对本地居民偏好的回应性研究》，《中国社会科学》，2014年第5期。

114. 尹恒、朱虹：《中国县级地区财力缺口与转移支付的均等性》，《管理世界》，2009年第4期。

115. 余雁刚：《中国税收制度变迁研究》，厦门大学博士论文，2002年。

116. 袁渊、左翔：《"扩权强县"与经济增长：规模以上工业企业的微观证据》，《世界经济》，2011年第3期。

117. 张雷宝、张连革：《浙江公共财政民生投入研究》，《浙江学刊》，2011年第3期。

118. 张馨：《论民生财政》，《财政研究》，2009年第1期。

119. 张星星：《毛泽东与中国社会主义建设规律的探索：第六届国史学术论文集》，当代中国出版社2007年版。

120. 张泽平：《BEPS行动计划对我国国内税收立法的影响及应对——以打击有害税收实践行动方案为视角》，《国际税收》，2015年第6期。

121. 张占斌：《加强省直管县改革的顶层设计》，《行政管理改革》，2011年第6期。

122. 章奇、刘明兴、单伟：《政府管制、法律软约束与村民基层民主》，《经济研究》，2004年6期。

123. 赵梦涵：《新中国财政税收史纲》，经济科学出版社 2002 年版。

124. 赵云旗：《中国财政改革三十年回眸》，《地方财政研究》，2008 年第 12 期。

125. 赵增延：《对农业合作化运动中第一次反冒进的再认识》，《中共党史研究》，1996 年第 2 期。

126. 郑小玲：《中国财政管理体制的历史变迁与改革模式研究（1949—2009）》，福建师范大学博士论文，2011 年。

127. 郑新业、王晗、赵益卓：《"省直管县"能促进经济增长吗？》，《管理世界》，2011 年第 8 期。

128. 郑毅：《推动央地事权和支出责任划分实现法制化局面》，《中国经济时报》，2016 年 9 月 1 日。

129. 中共中央文献研究室编：《建国以来毛泽东文稿》（第一册），人民出版社 1987 年版。

130. 周波：《省直管县改革应重点解决政府间财力与事权匹配问题》，《财政研究》，2010 年第 3 期。

131. 周春英：《"大国财政"构建之困境与出路》，《财政监督》，2015 年第 14 期。

132. 周飞：《改革开放以来中国国有企业改革的回顾与今后改革的展望》，山东大学博士论文，2004 年。

133. 周飞舟：《财政资金的专项化及其问题兼论"项目治国"》，《社会》，2012 年第 1 期。

134. 周黎安、陈烨：《中国农村税费改革的政策效果：基于双重差分模型的估计》，《经济研究》，2005 年第 8 期。

135. 周黎安、陈烨：《中国农村税费改革的政策效果：基于双重差分模型的估计》，《经济研究》，2005 年第 8 期。

136. 周淑莲：《20 年中国国有企业改革经验的理论分析》，《中国社会科学院研究生院学报》，2000 年第 3 期。

137. 邹东涛主编：《发展和改革蓝皮书：中国改革开放 30 年》，社会科学文献出版社 2008 年版。

138. Brandt L, Holz C A. *Spatial Price Differences in China：Estimates and Implications*. Economic Development and Cultural Change，2006，55（1）：43 – 86.

139. Hines J R, Thaler R H. *Anomalies：The Flypaper Effect*. The Journal of Economic Perspectives，1995，9（4）：217 – 226.

140. Koethenbuerger M, *How do local governments decide on public policy in fiscal federalism? Tax vs. expenditure optimization*. Journal of Public Economics，2011，95（11 – 12）：1516 – 1522.

141. Li H B, Zhou L A. *Political Turnover and Economic Performance：The Incentive Role of Personnel Control in China*. Journal of Public Economics，2005，89（9）：1743 – 1762.

142. Li P, Lu Y, Wang J, 2016, "*Does flattening government improve economic performance? Evidence from China*", Journal of Development Economics，123：18 – 37.

143. Oates, Wallace E. 1972. "*Fiscal federalism*", Harcourt Brace Jovanovich Press.

144. Qian Y, Weingast B. *China's Transition to Markets：Market - Preserving Federalism，Chinese Style*. Journal of Policy Reform，1996，1（2）：149 – 186.

145. Smart M. *The incentive effects of grants. Intergovernmental Fiscal Transfers*，Washington：Banco Mundial，2007.

146. Tiebout CM, 1956, "*A Pure Theory of Local Expenditures*", Journal of Political Economy, 64: 416–424.

147. Tsui K. *Local Tax System, Intergovernmental Transfers and China's Local Fiscal Disparities*. Journal of Comparative Economics, 2005, 33 (1): 173–196.

148. Wong, Christine, *Paying for Urbanization in China: Challenges of Municipal Finance in the Twenty-First Century*, in Financing Metropolitan Governments in Developing Countries, edited by Roy W. Bahl, Johannes F. Linn, and Deborah L. Wetzel, Lincoln Institute of Land Policy, 2013.

149. Zodrow G R, Mieszkowski P. *Property Taxation, and the Under Provision of Local Public Goods*. Journal of Urban Economics, 1986, 19 (3): 356–370.